让学习品质看得见

「灵智课堂」与「灵慧教师」

朱 英 / 主编

本书编委会

主　编 朱　英
策　划 胡立德
撰稿人（按姓氏音序排列）

尘婉婉	陈家曦	陈铭瑞	陈盼盼
党映婷	方雨婷	冯　仪	龚怡雯
顾凯婷	韩　姝	胡徐然	江　芸
雷雅蕾	李淑丹	李晓倩	林　倩
刘　莹	陆惠萍	陆建松	陆雨婷
彭　蕴	曲虹叡	翁翊舟	吴逸凡
武雪颖	宣超敏	杨传芳	杨晓莹
张金妹	张金燕	赵　慧	周　懿
朱翠萍	朱敏晔	朱怡迪	祖玉贞

序

培养可见的学习者

我从教三十多年,从入职至今,耳朵根里听到最多的词语大概就是"课改"了,课程改革、教学改革、评价改革等不一而足。随着话语系统升级到"核心素养"、深度学习、信息化融合、大概念、大单元、大任务、项目化学习、主题实践活动等新概念、新名词,让人眼花缭乱。可是,平日里只要进入中小学课堂,发现"涛声依旧",一切依然。

为什么一波接着一波的改革浪潮,却很难撼动传统的课堂和组织形式?有人责怪校长缺乏课程领导力,更多人批评教师不思进取,改革就是"向我开炮",教师缺乏改革动机,似乎所有改革失败都是教师的错。

是不是改革受阻挡道的都是校长和老师呢?我不这么认为。我深切地感受到整个教育行业还停留在"前现代",现代的科学观念没有在教育界扎下根。在教育这个专业领域,现代科学观念的重要标志就是"循证",有一分证据说一分话。开始我们不太注重"证据",甚至不愿意看到显而易见的事实,一些改革措施根本没有得到实际效果的支持,就这么强力推行下去,要是能成功,岂不是怪事了?有不少专家胆子也够大,一些明显不可能实施的"新方法",他们都敢"贩卖"。只要全行业"循证"思维没有建立起来,"吹牛不上税"的专家会层出不穷。

我为什么会这么关注马陆小学的实践和研究?我认为在朱英校长带领下,他们坚持"以终为始"的理念,将每个点滴的努力都投入可见的框架里。他们具备了基本的科学意识。

什么是"以终为始"?简单地说就是做事之前先想想我要的结果是什么,再去思考通过什么路径和方法能又好又快地通往目的地。为此,我们首先要做的并非选择某种特定的路径和方法,而是对"终点"做出精确的描述,再去寻找"最优解"。寻找最优解的过程是一个不断试错的过程,要经常去做评价和反思,但只要"终点"明确,就总能找到最优解。

其实,学校管理者、教师和学生都要建立"以终为始"的观念。这方面,朱英校长有清晰的认识,她拿出了马陆小学"育人目标",在达成全校广泛认同后,育人目标这个"终点"成为全校课程改革的指针。

而后,马陆小学的一班人做了三个基本假设:营造与培养目标相融合的学校文化,提升培养目标的课程领导力,实施有品质的课程教学。他们所做的一切努力,都可以被理解为对这些基本假设的验证。通过与育人目标的一系列"对标动作",我相信他们一定会修正他们的假设,并寻找到属于他们的最优解。获得真知的过程就是这么一个基本路数。

马陆小学发生根本性的变化,恐怕是源于教师建立了"以终为始"的观念。日常教学中,教师们一直在使用很多教学方法,教学多样化是我们对教学的基本要求,但这些方法是否真的促进学生的学习? 你也得有证据。因此我们需要让学习可见,以此评估教学方法的合理性。

这些年来,马陆小学的教师们一直在做"逆向"教学设计。首先要把学校育人目标和学科核心素养目标纳入单元和课时教学目标,而后拿出评价方案,让评价设计先于教学设计,目标和评价方案明确后,再来进行教学及学生学习过程的设计。这个设计过程的要害在于评价方案的制定。什么是评价? 评价不就是通过收集证据以验证教学是否有效的一种方式吗? 马陆小学的教师们在课堂教学中使用各种可视化工具的形式,其目的就是要让学习变得可见,让指向学习目标的学习过程变得可见。

这本书中提供了丰富的课例,正是马陆小学一线教师应用"循证"思维,通过可见的学习来寻找课堂最优解的范例。

这里要特别提一提互联网技术在课堂中的应用,这方面马陆小学做出了很有价值的探索。关于互联网技术与课堂教学的深度融合,在我看来,只有发挥互联网技术在让学习变得更为可见方面的优势,我们才能说两者"深度"融合了。

除了学校管理者和教师建立"以终为始"的观念,学生也要对自己的学习保持觉知,他们要有很强的目标感,不断通过"对标"行动,矫正自己的学习偏差,寻找到学习方法和策略的"最优解"。

《可见的学习》一书的作者哈蒂认为,学生作为学习的主体,必须掌握评估自身学习水平的能力,即成为可见的学习者。

为此,我们尤其要从小培养学生的"目标感",并教他们在学习中使用元认知策略。也就是要引导学生实现有效反馈,以此优化学习进程,同时引导学生学会反思与监控,发展学生的自主学习能力。

我认为,一名真正优秀的教师,不仅要能以"以终为始"的观念做好教学设计并有效实施和反思,更重要的任务是培养学生成为可见的学习者,即培养学生自我监控、自我评价、自我评估与自我反思的能力。具备了对自己学习目标、过程的自我觉知,才是真正的"小精灵"。

马陆小学是一所有历史文化积淀的老学校,因为可见的学习,现在变得越来越"眉清目秀"了。作为马陆镇的一所正在建设中的学校的校长,也作为朱英校长的朋友,我将认真学习马陆小学的经验,将他们取得的成果引入我们学校。毕竟,要造一辆车,何必重新发明轮子呢?

2023 年 11 月写于马陆小学

目录

上编　可见的思考

3　学校培养目标的哲学意蕴及实现路径
　　——以上海市嘉定区马陆小学培养目标为例
15　微项目化学习助力新课标下语文课堂转型
　　——以统编教材三年级上册第三单元为例
20　童心·童话·童趣
　　——统编教材语文三年级上册第三单元项目式学习案例
25　结构化+类比思想促量感生长
　　——核心素养观念下"平方千米"的教学思考
30　在计数活动中感悟数的本质
　　——以"万以内数的认识和表达"教学为例
37　新课标视域下小学英语单元整体教学设计的意义以及实施策略
42　践行新课标，提升思维品质
47　新艺术课标背景下教育戏剧融入小学唱游课堂的教学实践探析
　　——以沪教版教材一年级上册"可爱的动物"为例
51　劳动课转型的实践与研究
　　——以"套'银蛇'装置"项目为例

中编　可见的程序

57　基于逆向设计的小学语文教学初探
　　——以统编教材三年级上册第五单元为例

页码	标题
63	基于理解的小学语文逆向教学设计 ——以统编教材三年级上册第六单元为例
71	基于理解的小学语文逆向教学设计 ——以统编教材三年级下册第七单元为例
78	小学语文单元逆向教学设计 ——以统编教材四年级上册第二单元为例
85	基于逆向教学设计的文学阅读与创意表达学习任务群教学设计 ——以统编教材四年级上册第五单元为例
94	基于逆向教学设计的小学语文单元整体设计 ——以统编教材四年级下册第五单元为例
102	以终为始,综合性学习的模块解析与教学建议 ——以统编小学中高年级语文教材为例
108	基于逆向设计的小学语文教学初探 ——以统编教材五年级上册第三单元为例
115	基于逆向设计的小学语文教学初探 ——以统编教材五年级下册第四单元为例
121	小学数学逆向设计探索 ——以沪教版教材一年级下册"认识人民币"为例
127	基于理解的小学数学逆向教学设计探索 ——以沪教版教材一年级下册"100以内数的加减法"为例
133	从"前测和后测"看小学数学逆向设计 ——以沪教版教材三年级上册"轴对称图形"为例
140	指向理解的小学数学中高年级概念逆向教学设计的案例研究 ——以沪教版教材三年级下册第六单元为例
147	关注核心素养的单元逆向教学设计 ——以沪教版教材四年级上册"几何小实践"为例
153	浅谈小学数学逆向教学设计 ——以沪教版教材四年级上册"工作效率、工作时间、工作量"为例
159	指向学习品质提升的小学英语逆向教学设计探索 ——以上海牛津英语教材三年级上册第一单元为例
166	小学英语逆向设计探索 ——以上海牛津英语教材三年级上册第一单元为例

| 173 | 基于逆向设计的小学英语"灵智课堂"实践研究
———以上海牛津英语教材三年级下册第三单元为例
| 178 | 以终为始逆向设计，目标导向提升素养
———以上海牛津英语教材四年级上册第三单元为例
| 185 | 小学英语逆向教学设计探索
———以上海牛津英语教材四年级上册第三单元为例
| 193 | 提升核心素养的逆向教学设计
———以上海牛津英语教材四年级下册第二单元为例
| 200 | 基于核心素养的逆向教学设计
———以上海牛津英语教材五年级上册第二单元为例
| 206 | 提升"灵智课堂"品质的小学英语逆向教学设计
———以上海牛津英语教材五年级上册第三单元为例
| 212 | 基于结果导向的小学英语教学设计探索
———以上海牛津英语教材五年级下册第二单元为例
| 219 | 逆向设计在小学自然教学设计中的应用
———以远东版教材五年级上册第一单元"植物的生存"为例
| 227 | 指向核心概念理解的小学科学单元整体逆向教学设计
———以远东版教材五年级下册第三单元"动物的习性"为例
| 235 | 基于核心素养的逆向教学设计
———以小学信息科技"神奇的软件园"为例
| 242 | 基于理解的小学音乐逆向教学设计
———以沪教版教材三年级下册"童趣"单元教学为例

下编　可见的成长

| 253 | 指向学习品质的课堂探索
| 276 | 基于理解的逆向教学设计
———提升"灵智课堂"品质的实践研究

| 301 | 后记

上编

可见的思考

学校培养目标的哲学意蕴及实现路径

——以上海市嘉定区马陆小学培养目标为例

学校培养目标的规划和实现,宏观上要落实党和国家的教育目的和教育方针;中观上要落实教育部课程方案规定的培养目标,比如,义务教育阶段学校要落实义务教育课程方案规定的"有理想、有本领、有担当"的"三有"培养目标;微观上要融入学校特色和学生学情,完成培养目标的校本化过程。这是用认识论和政治论分析培养目标的具体内涵,用方法论设计路径实现培养目标的过程。

一、学校培养目标的哲学意蕴

培养目标是指各级、各类学校或各个学段具体应达到的目标,是根据国家的教育目的和所在学校的性质及任务,对培养对象提出的特殊要求,是教育目的的具体化。[1]《教育大辞典》对培养目标的这个定义,是根据一定的教育目的和约束条件,对教育活动的预期结果,即学生的预期发展状态所做的规定。[2]哲学意蕴指的是用哲学观点所揭示的事物蕴含的价值。培养目标的哲学意蕴指的是从内部性(internalities)视角,即从培养目标自身出发而进行的形而上的哲学思考,揭示蕴含在培养目标中的个人发展和社会发展相统一的价值。

(一)培养目标的内涵和特征

1. 培养目标的内涵

《义务教育课程方案(2022年版)》(以下简称《方案》)对培养目标的总体表述是:"义务教育要在坚定理想信念,厚植爱国主义情怀,加强品德修养,增长知识见识,培养奋斗精神,增强综合素质上下功夫,使学生有理想、有本领、有担当,培养德智体美劳全面发展的社会主义建设者和接班人。"[3]其中,"德智体美劳全面发展"是教育总目标,属于教育目的,也是国家层面的教育目标,是对培养人才预期结果规范性的高度抽象化表述。"有理想、有本领、有担当"是教育目标的三个要素。北京师范大学教授周作宇认为,"教育的核心任务是呵护自然自我、社会自我与精神自我的成长"[4]。这里的核心任务可以理解为指向培养目标,构成了培养对象精神自我(有理想)、个人自我(有本领)和社会自我(有担当)的成长结构框架。从《方案》对这三个要素的解析可以看出,"有理想"属于"追求融入国家富强、民族复兴、人民幸福的伟大梦想之中"的精神自我成长;"有本领"属于"初步掌握适应现代化社会所需要的知识与技能,具有学会学习的能力"的自然自我成长;"有担当"属于"具有集体主义精神,积极为社会做力所能及的贡献……初步具有国际视野和人类命运共同体意识"的社会自我成长[5]。三个要素蕴含的三个成长,"构成了一个从思想到行动的关联概念连续体。它们联系紧密,相互依托,是一个整体,但又各自有所侧重"[6]。"有理想"是学生学习动机的源泉,将国家富强、民族复兴和人民幸福作为内驱力,"是义务教育培养目标的方向,高度概括了时代新人应有的价值观念";"有本领"是学会学习,发挥个人全部潜能的自我实现和自我超越,"是义务教育培养目标的基石,是对时代新人应有的关键能力的总体描述";"有担当"是竭尽所能为实现更广泛的社会目标做出贡献的责任,"是义务教育培养目标的支撑,是对时代新人应有的必备品格的浓缩表述"。可见,"三有"培养目标是个构成性概念,对其内涵要有结构性的理解。

学校培养目标的制定必须以国家层面的培养目标为依据,将上述三要素融入学校培养目标,使之既体现《方案》中培养目标的内涵,又具有学校培养目标的特色。上海市嘉定区马陆小学的培养目标是"三灵":灵气、灵巧、灵通。将"有理想、有本领、有担当"的内涵融入其中之后,表述为:有理想,好品行,展灵气;会学习,能理解,呈灵巧;善合作,有担当,显灵通。

学校培养目标将成为学校制定课程目标、教学目标与学习目标的基本依据。课程目标"是培养目标质量规格素质结构的主体组成部分"[7],教学目标是教学时要达成的预期结果,学习目标是学生达成其预期的学习效果。

2. 培养目标的特征

培养目标作为对学生预期发展的价值观念、关键能力、必备品格之结果所做出的规定,具有如下基本特征。

一是多要素组合的整体性。培养目标对学生有精神自我、个人自我和社会自我发展的多要素要求,将人的发展与社会发展的需要联系起来,以全面提高学生的基本素质为根本目的。国家层面的"三有"目标是多要素的组合,虽然各有侧重,却是相互关联的整体性结构,是国家对教育界培养什么样的人所做出的整体刻画和规定。具体到马陆小学的"三灵"多要素组合目标,则是学校对其毕业生的整体性要求。

二是多要素指向的一致性。相对于德智体美劳全面发展的总教育目标,"三有"是其中的三个要素。德智体美劳除了融合性全面发展外,各自都存在着"三有"发展的要求,而且这种发展必须是与总体价值观念相一致的。譬如"德"与"智体美劳"都存在"有理想"的要求,虽然具体内涵不同,但都一致指向"国家富强、民族复兴、人民幸福"的价值观念。马陆小学的"三灵"目标要分别具体体现在德智体美劳之中,又都由"国家富强、民族复兴、人民幸福"的价值观念统领。

三是多层面相融的一致性。"培养目标是义务教育课程的总纲和蓝图,统领义务教育课程的发展方向"[8],国家层面的培养目标对学校教育而言具有政策的导向性和法定的规定性,学校层面的培养目标必须融合国家的培养目标,与其保持学术与政治方向的一致性,以培养"三有"新人,实现德智体美劳全面而有个性的发展。马陆小学的"三灵"目标有效地融入了国家层面的"三有"培养目标的内涵,成为既有学校特色,又融合了"三有"要素的培养目标。

(二)目标规划的认识论和政治论

哲学是规划学校培养目标的核心。它帮助规划者形成信念,对培养目标的个人价值和社会价值做出判断。学校在规划培养目标时,受教育哲学认识论和政治论的影响。约翰·西勒·布鲁贝克(John Seiler Brubacher)把高等教育的哲学流派分为认识论哲学和政治论哲学,认为认识论和政治论两种哲学要结合起来。一方面大学要恪守高等教育发展的内在逻辑;另一方面要走出象牙塔,充分发挥其为社会服务的职能,主动适应社会的需要。[9]本文借鉴布鲁贝克的观点,将两者在基础教育的关系也假定为个人价值与社会价值互为融合的统一关系。

1. 目标规划的认识论

认识论解决的是思维意识和客观存在是否统一的问题,认识论是规划培养目标的基础。从认识论的视角看,学校关注的是客观对象——学生精神自我发展与个人自我发展融合的价值,聚焦于解决学生自我发展过程中存在的理想与支撑实现理想的认知、能力之间的矛盾。学校要引导和帮助学生做到理想与认知、能力的匹配。学生的理想由自身内驱力驱使，又受自身认知和能力制约。学校要根据这些规律，在规划并确定培养目标内涵时，既能引导学生解决内驱力的问题，又能解决认知和能力的问题，促进学生全面而有个性的发展，实现其自我发展的价值。

按照教育哲学的认识论，马陆小学"三灵"的培养目标中，"灵气"反映了学生自我发展的品行和理想，是学习的内驱力；"灵巧"反映的是学生的认知和能力，是实现理想的重要支撑力量。只有实现"灵气"与"灵巧"的和谐统一，才能达到精神自我与个人自我的融合发展。

2. 目标规划的政治论

政治论解决的是个人发展与社会发展是否统一的问题，政治论是规划培养目标的方向。从政治论的视角看，学校关注的是学生精神自我发展与社会自我发展融合的价值，聚焦于解决学生发展过程中存在的自身理想与社会发展需要之间的矛盾。学生发展的动机需要发展方向的引导，而这个方向具有社会性。社会性首先体现为政治的规定性，受党和国家教育方针政策的指引，学校的政治服务属性决定了学校必须服从于党和国家的教育方针政策，促进学生德智体美劳的发展。其次体现为社会发展需求对个人发展的引导性，要为社会服务，就必须引导学生的发展适应社会发展的需求，做到个人愿望与社会需要的统一，发挥学校促进社会的发展与变革的作用。学校在规划并确定培养目标内涵时，必须使之具有政治的规定性和对个人发展的引导性。

按照教育哲学的政治论，马陆小学"三灵"的培养目标中"灵气"反映了学生自我发展的理想；"灵通"中的"担当"和"合作"具有社会属性，是社会自我发展的必要条件。只有将"灵气"融入"灵通"，实现两者的和谐统一，才能达到精神自我与社会自我的融合发展。

二、实现培养目标的路径

学校培养目标实现的过程是依据目标的政治规定性和社会发展的引导性，通过教学实践，促进学生精神自我、个人自我和社会自我的发展，成为"三有"新人。这个过程从"根本上说是'自我教育''内部教育'及个体借助各种影响要素，拓宽视野，提升能力，增长才干，升华精神，服务社会的学习和实践过程"[10]，解决的是自我发展过程中理想与支撑实现理想的认知、能力之间的矛盾，以及自身理想与社会发展需要之间的矛盾。这里的"各种影响要素"包括课程、课堂、教与学等。实现培养目标的路径与这些要素密切相关，是一个根据客观规律用方法论来联结相互作用的主客体的过程。具体说就是在方法论指导下，营造与培养目标相融合的学校文化，使之体现社会发展对学生发展的引导性；提升实现培养目标的课程领导力，使之引领学生理想与认知、能力的发展；实施有品质的课程教学，使之促进学生学习品质的形成。三个路径各有侧重、相辅相成，共同作用于培养目标的实现。

（一）营造与培养目标相融合的学校文化

实现培养目标要由学校文化引领。自英国人类学家爱德华·泰勒（Edward Taylor）于1871年给"文化"定义以来，中外学者对文化的定义已有几百种之多。尽管如此，大多数的定义中，均认为文化根植于人的实践活动，主要由人们的精神、行为习惯、物质环境等要素构成。学校文化是社会文化的亚文化，蕴含了社会发展对学校培养目标的要求。学校文化体系中，精神方面包括学校的愿景、办学理念、学校精神等，属于形而上的隐性层面的文化；行为方面主要指师生的行为规范和习惯，物质环境方面主要指学校建筑物和宣传栏等物质实体，行为和物质环境都属于形而下的显性层面的文化。学校文化的精神有引导和凝聚功能，行为是精神的表征，具有规范功能，物质环境具有激励和熏陶功能，三方面统一于政治的规定性和社会发展的引导性，发挥整体的育人功能。

1. 学校文化要融合培养目标内涵

从马克思实践观的视角看，学校文化的本质是育人实践活动，依据的是党和国家的教育目的和教育方针，"面向的是人的行动的善及人本身的完善"[11]。学校实践活动的这种政治规定性和价值取向，体现的是社会发展的要求，用以引导学生的全面发展。因此，学校文化要融合培养目标的内涵，使之成为学校文化的核心。这就要求学校在建构文化体系时思考四个与培养目标相关的问题：第一，学校愿景、办学理念、学校精神、学风、教风、校风等方面，是否融合了培养目标的内涵，发挥了引导和凝聚力的作用？第二，培养目标的内涵是怎样融入学校文化的，是否体现了对师生行为的规范功能？第三，师生用什么实践行动表明对培养目标的内涵有了自己的理解？第四，学校的物质环境能对师生的发展起到激励和熏陶的作用吗？比如马陆小学的"三灵"培养目标具有责任感、担当意识和合作精神的内涵，解决以上四个问题的办法是：第一，从学校愿景到学风、教风、校风等方面都融入这些内涵,体现学校文化育人的本质特征,引导师生的发展方向。第二,在学校愿景、办学理念、学校精神的内涵阐述中,对责任感、担当意识和合作精神等内涵有明确的定义和特征分析;在学风、教风和校风的阐述中,对责任感、担当意识和合作精神有具体的行为表现规定,有规范的评价量规,能以评价师生的具体表现。第三,学校领导能明确培养目标的具体内涵和特征,能明确实现培养目标的具体路径;教师能在教学实践中,将培养目标的内涵与教学内容和形式联系起来;学生能用自己和他人的言行举例说明培养目标的内涵。第四,围绕培养目标的内涵动态布置学校所有用于宣传的物体。

2. 实践共同体对培养目标内涵有共识

学校不是教育的孤岛,学校文化并不是孤立地存在于学校,而是存在于与之相联系的、打上人的文化烙印的生活世界,存在于学校、家庭、社区的组织关系中。这种组织关系是一个"实践共同体"(Community of Practice),其成员有不同的社会实践经验,了解社会的各种不同需求,在讨论学校培养目标时,可以从社会发展需求对个人发展引导性的视角,充分表达各自对培养目标内涵的理解,形成对培养目标内涵的共识,为今后对培养目标的共享实践奠定基础。譬如马陆小学的文化内涵之一是"合作精神",其核心是信任。信任是社会互动与合作的基础,能维持相互依存关系的有效性。这是在学校、家委会和社区教育干部组成的实践共同体的联席会议上,从社会价值的视角,专项讨论学校培养目标内涵取得的共识。实践共同体还对学校、家长、社区在信任方面提出了具体行为要求:不仅要共享"合作精神"的内涵,还要用自己的言行对学生起示范作用。现代社会既有人际信任,还有系统信任,当家长信任学校时,他们往往觉得有义务以满足学校需求的方式教育孩子;同样,信任家长的学校也总是想方设法地满足他们的需求和期望。因此,共同体要求避免教师抱怨家长、家长抱怨学校、校长抱怨社区等现象的发生,避免这些由缺乏信任所引发的负能量,直接或间接地影响学生合作精神的形成。

同时,实践共同体可以创建一个数字信息平台,将相关培养目标的碎片化资源进行重构和整合,形成清晰的、关联性强的资源脉络体系,共同体成员可以共建共享这些信息,以形成教育的合力。

(二)提升实现培养目标的课程领导力

实现培养目标的载体是课程,课程领导力是课程发展的关键。发挥课程领导力的前提是要将当前的行政领导转变为课程领导,形成共同体领导课程发展的现代领导方式。课程领导力是否有效,关键体现在制定学校使命、规划并落实培养目标上。为此,校长可以用"分布式领导"(Distributed Leadership)模式——邀请相关教师一道组成课程领导团队,充分利用整个团队的群体智能(Swarm Intelligence)分阶段做好以下规划培养目标的工作:

1. 将国家培养目标转化为学校培养目标

这个阶段课程领导团队的任务是在"德智体美劳全面发展"总体教育目标指引下,将课程方案规定的"三有"内涵融入学校培养目标。这是学校依法依规使国家课程方案落地,促进学生自我发展的需要。主要措施是由具有目标理论优势的成员领衔,在制定学校发展规划或阐述学校办学理念,确定培养目标时,设计"三有"内涵和学校培养目标相融合的校本培养目标明细表,形成结构性的目标体系。这是个渐进式的改进过程,可以在将规划付诸实践过程中发现问题,然后对目标体系进行改进,使其日臻完善。

形成目标体系,首先要组织团队成员认真研读课程方案对培养目标的阐述,参考众多相关专家对培养目标的解读,依据解读数据的相似度和差异度进行聚类分析(Cluster Analysis),归纳出它们的共性,作为融入学校培养目标的主要参考。在此基础上,加上团队对培养目标的理解,形成对培养目标内涵的深刻理解。其次是分析学生理想与认知、能力匹配的共性问题,分解学校培养目标的具体内涵,将之分成三级指标,在二级和三级指标中融入"三有"培养目标的内涵。譬如可以将马陆小学的"三灵"培养目标具体化成三级指标。(见表1)

表1 马陆小学"三灵"培养目标

一级指标	二级指标	三级指标
灵气	有理想	有为国家富强、民族复兴、人民幸福而学习的思想,有奋斗方向
灵气	好品行	有爱国、爱民族、爱人民的品德和行为,诚实守信,友善待人
灵巧	会学习	能学习新知识,掌握新技能,掌握学习方法,会批判,会创造
灵巧	能理解	能理解学习内容,能理解他人,有同理心、同情心
灵通	善合作	说话得体,会倾听,会沟通,善互动,能协调,有信任
灵通	有担当	明确个人和集体责任,有主动性、能动性,文化自信

2. 将学校培养目标转化为校本课程目标

根据成果导向教育(Outcome-Based Education)理论,学校要以学习者将要实现的预期结果的形式规定课程目标,用以引导学生理想与认知、能力的发展。学校课程目标有上下关联的两种:课程总目标和分类课程目标。因此,确定校本课程目标时,要明晰两个基本的问题:第一,以什么途径拟定两种课程目标;第二,用什么方式陈述两种课程目标。

解决第一个问题的主要措施是在制定学校长期课程规划、设计校本课程目标时,将校级层面的培养目标融入课程目标,实现目标的校本化。其间,先确定课程总目标,再确定分类课程目标。分类课程目标主要列出对学生预期发展的价值观念、关键能力、必备品格的基本要求。依据英国教育家巴兹尔·伯恩斯坦(Basil Bernstein)课程分类理论,学校课程结构中,有知识界限清晰的分类强课程,有知识界限模糊的分类弱课程。依此分类,我国义务教育阶段学科课程属于分类强课程,而活动课程属于分类弱课程,一般的校本课程也属于分类弱课程。因为知识边界的问题,培养目标融入分类强的学科课程的目标容易做到清晰明确,而融入分类弱课程的目标时往往难以定夺,像跨学科课程也有类似的情况。因此,在设计分类课程目标时,要求学科主任各自组织本学科教师,明确各学科课程标准中所列核心素养的架构与内涵,讨论并确定分类强的学科课程目标;分类弱的课程目标,由负责协调的团队成员组织所涉及学科的学科主任协调平衡后统筹确定。

第二个问题,总目标与分类目标的陈述方式不同。总目标要显示学校课程的特色,叙述课程与学生发展的相关性,揭示课程育人的价值,反映的是学校培养目标的一级指标。比如,马陆小学的课程总目标是通过学校的"灵智课堂",培育具有"灵气、灵巧、灵通"的"三灵"新人。这个课程总目标,既体现了学校"灵智"特色课程与学生发展的相关性,又体现了培养目标预期的校本基本属性。分类目标要显示学科课程、活动课程或跨学科课程的特色,叙述与相关核心素养的关联性,揭示分类课程侧重于相关素养的育人的价值,反映的是学校培养目标的三级指标。比如,马陆小学的语文学科课程目标是通过听说读写的学习过程,培养学生的语言运用能力,提升学生的思维能力、审美创造能力和文化自信。

（三）实施有品质的课程教学

实现培养目标是教学相长的结果。对学生而言,教学相长是外在环境与内在生成的统一过程。教学相长的结果受两个变量影响:一是有品质的课程教学,二是学生的学习品质。两个变量中,有品质的课程教学影响学习品质,学习品质的质量影响"三有"的质量。

1. 学习品质的内涵及其形成

到目前为止，学习品质的具体内涵并不统一。2012年教育部颁布的《3—6岁儿童学习与发展指南》(以下简称《指南》)将好奇心与兴趣、主动性、坚持与注意、创造与发明、反思与解释等五个方面作为幼儿学习品质的具体表现。北京市海淀区构建的学习品质评价体系则包括了学习认知与体验系统、学习动力系统、学习能力与方法系统、学习维持系统和学习结果系统。美国国家教育目标规划小组(The National Education Goals Panel，NEGP)认为，学习品质是一个涵盖了学习态度、学习习惯和学习风格三大特征的综合术语。美国宾夕法尼亚大学玛丽露·海森(Marilou Hyson)博士认为，学习品质包括情感与动机维度、行动与行为维度，前者包括兴趣、快乐和动机三要素，后者包括专注、坚持、灵活和自我调节四要素。上述机构和专家学者对学习品质内涵的阐述，与经合组织(OECD)对社会与情感能力，即"大五人格"领域内"责任感、毅力、信任、合作、好奇心、创造力"[12]等内涵的阐述，有交叉相融的部分。本文借鉴这些交叉相融的部分内容，将学习品质定义为能反映学生自己以多种方式进行学习的思维、情感、习惯、意志等心理特质。这个定义是一种归纳性分析，代表的是一种共性。学校特色不同，对学生学习品质的内涵要求也有所不同。比如，马陆小学的学习品质由四个词构成："笃学"，主动学习专注自控；"睿思"，理性思考高阶思维；"善辨"，创造力批判性思维；"合作"，共担责任协作分享。当然，学生个性不同，学习品质也有所不同。

学习品质与"三有"质量的关系，与《U型理论：感知正在生成的未来》作者C.奥托·夏莫(C. Otto Scharmer)论述领导力时，用田地比喻领导结果与领导过程中的内在状态(interior condition)的关系是一致的："农产品(可见结果)的质量，是农田中土壤质量(肉眼不可见因素)的体现。"[13]学习品质就是这个比喻中的"内在状态"，有时候，这种状态不一定有外在行为表征，不能被观察，也不可被测量，只存在于学习者的无意识中。

在学习品质形成机制中，教师的教学品质、课程教学诸因素等外部环境起促进或抑制作用。这种作用主要是通过学生自己对认知、元认知、动机和情感等"内因"进行自我调节，解决理想与支撑实现理想的认知、能力之间的矛盾来实现的。学习品质的形成，是一个建构过程，除了极少数情况下有的学习品质靠醍醐灌顶式的"顿悟"形成，大多数学习品质都是日积月累，由量变到质变逐步形成的。

2. 实施有品质的课程教学

实施有品质的课程教学,讨论的是外部因素对学习品质形成的积极作用。这些因素包括课堂观念、教学品质、教学方法等。

一是形成课堂的新观念。传统的灌输式教学将课堂限定于学校,而随着现代教学观念和教学实践的变化,灌输式教学转为建构式教学,鼓励学生在不同场景中自主学习、自主建构,课堂开始不分时空或场域。典型的例子是2007年开始,继而风靡全世界的"翻转课堂"(Flip Your Classroom),教师将面授的内容改为录像,让学生在家中先看录像自学,然后回学校在师生互动中解决疑难问题,从形式上将家庭"翻转"为课堂的一部分。2016年起源于北欧芬兰,将特定的、可观察的现实世界所发生事件作为学习对象的"基于现象的学习"(Phenomenon-Based Learning),可以视为现象在哪,课堂就在哪。可以身临其境地置身于某地的遗产、文化、景观等的体验中,将地点及其资源作为跨学科学习基础的"基于地点的学习"(Place-Based Learning)也是不分时空或场域的、在真实世界发生的课堂学习。现在,除了学校线下现实课堂及线上的虚拟课堂外,"学校和教育体系还必须打破社会和部门的壁垒,倾听家庭和社群的声音,将自身延伸到生活的其他领域"[14]。教师要树立课堂的新观念,将家庭、社区的活动空间也都视为课堂,进行基于地点、基于现象、基于问题等方式的学习,让学生能随时随地自主建构认知地图和学习品质。如马陆小学的"灵智课堂",就是一个将学校、家庭和社区的教学活动都纳入课程的、无处不在的、进行建构式教学的线上线下结合、校内校外结合的真实课堂,以在不同的课程环境中形成"笃学、睿思、善辨、合作"的学习品质。

二是提升教师的教学品质。"教学是关系性的,教师和学习者在相互学习的过程中,都会经由教学机遇而发生改变。"[15]这里的关系,包括了师生合作时,教学品质与学习品质相互影响而产生富有成效张力的关系。关于教学品质,华东师范大学教授张华对教师提出三点要求:"首先,让教学变成研究,提升教学的创造品质;其次,让教学变成生活,提升教学的生活品质;再次,让教学变成对话,提升教学的关系品质。"同时指出:"有品质的教学,一定是追寻内在价值的教学,追求平等精神、关系价值和关系认知的教学。"[16]课堂教学是"通过师生关系与生生关系这一人际间的社会性沟通来实现的"[17],而教学品质的教育价值,是通过教师的教学实践来实现的。如果在课堂教学的师生互动中,教师用语言或行为呈现自己对教学内在价值、平等精神的理解和追求,并对学生的学习品质有明确的期望,就有可能产生皮格马利翁效应,促使学生激励自己,产生内驱力,能动地形成自己的学习品质。因此,教师作为提升教学创造品质、生活品质和关系品质的主导者,要明确自己的教学品质是什么,期待学生的学习品质是什么。马陆小学教师的教学品质与期待学生的学习品质保持一致,都是"笃学、睿思、善辨、合作"。教学品质与学习品质的一致性,有利于发挥教师身教重于言教的作用,也有利于师生互动时产生共情,从而达到相互理解,提升学生的学习品质。

三是融合教学方法。现代教学应该是优秀传统教学方法与现代有效教学方法的融合。这两种教学方法的融合,对学生而言,是获取式学习模式和参与式学习模式的融合,能使学生获取与价值观相辅相成的不同能力和品质。传统教学重在传授知识,这是必要的,"师者,所以传道受业解惑也"是恒定不变的。现代教学重在将知识转化为行动的能力,将能力内化为智慧和品行。譬如现代的情境化教学,教师可以从学生的知识结构出发,创设一种情境,学生通过与环境和师生的多重交互联系,进行探究性学习,在体验、探究中形成新知识,获得智慧和创造力。问题化教学既有苏格拉底问答法,也有良构问题与劣构问题的结合,可以引发学生的兴趣和好奇心,引发学生自己生成问题,形成灵活运用知识解决问题的能力。项目化教学可以提高学生的参与度,并在合作学习中形成同理心、社交与协作能力。游戏化教学是一种既涉及儿童发起的学习,也涉及教师支持的学习。在游戏中,学生动用所有感官,交换各自的想法和情感,能有效地激励、刺激和支持学生发展技能、概念、语言习得、沟通技巧和注意力。无论是情境化、问题化、项目化,还是游戏化的教学,目的都在于引导和帮助学生提升学习品质。对学生而言,都需要利用大脑中丰富的神经元网络吸收、联系和整合信息,理解和驾驭知识,以实现高效的深度学习;也都要融合存在于学生、学校、家庭和社区之间伙伴关系中的社会与情感学习(Social and Emotional Learning,SEL),以培养自信、责任、合作、创造性能力、批判性思维等"非认知能力",全面提升学习品质。

三、结　语

培养目标是教育实践活动的出发点和归宿。实现培养目标的路径是"在教育主体和教育客体及教育介体的良性生态互动下,实现培养目标的逻辑指向和实践过程的统一,即知与行的统一"[18]。在这个过程中,培养目标指向培养对象发展的定向功能,针对培养过程的调控功能,指向培养目标成果的评价功能。这三个功能分别对教育实践活动起到了制约、调节、检验等作用。基于篇幅,本文主要探索指向培养对象的定向功能及实现目标的路径问题,其余的内容有待下一步进行探讨。

参考文献

[1] 顾明远.教育大辞典(增订合编本)[M].上海:上海教育出版社,1998:1351.

[2] 文辅相.中国高等教育目标论[M].武汉:华中理工大学出版社,1995:24.

[3][5] 中华人民共和国教育部.义务教育课程方案(2022年版)[S].北京:北京师范大学出版社,2022:2,3.

[4][10][11] 檀传宝.教育思想的花园:教育基本理论前沿讲座[M].北京:教育科学出版社,2020:209,63.

[6][7][8] 吴刚平.有理想、有本领、有担当——义务教育培养目标解读[J].全球教育展望,2022,51(5):3-13.

[9] 高飞.大学的哲学意蕴[D].长沙:湖南师范大学,2017:11.

[12] 黄忠敬.社会与情感能力:国际测评与中国表现[J].上海教育,2021(26):6-13.

[13][美]奥托·夏莫.U型理论:感知正在生成的未来[M].邱昭良,王庆娟,陈秋佳,译.杭州:浙江人民出版社,2013:8.

[14][15] 联合国教科文组织.一起重新构想我们的未来:为教育打造新的社会契约[M].北京:教育科学出版社,2022:148,53.

[16] 张华."教学品质"之我见[J].教育发展研究,2011(3):3.

[17][日]佐藤学.教育方法学[M].于莉莉,译.北京:教育科学出版社,2016:84.

[18] 胡立德.德育课程一体化的学生品德评价路径探究[J].中国德育,2018(13):38-42.

(朱 英)

微项目化学习助力新课标下语文课堂转型

——以统编教材三年级上册第三单元为例

近年来，项目化学习迅速发展，在中小学教育教学中十分瞩目。常规的项目化学习因其探究问题难度较大、周期较长，师生需要耗费的精力较大，在常规课堂上很难被普遍应用。而作为项目化学习最小样态的微项目化学习是项目化学习与学科教学内容进一步深度融合的产物，微项目化学习具有切口小、难度低、针对性强的特点，既能保留项目化学习的优势，又能充分体现学科特点。

《义务教育语文课程标准（2022年版）》（以下简称"新课标"）要求小学语文教学工作朝着更符合时代需求的方向发展。新课标指出"义务教育语文课程培养的核心素养，是学生在积极的语文实践活动中积累、建构并在真实的语言运用情境中表现出来的，是文化自信和语言运用、思维能力、审美创造的综合体现"。将以真实问题驱动、探究实践、发展学生创新精神的微项目化学习融入语文常态课中，可以使其得到广泛的实践与运用，落实新课标目标要求。

一、语文微项目化学习的设计原则

什么是微项目化学习？上海市教育科学研究院夏雪梅教授将其定义为："在课堂中为学生提供15—20分钟长时段的探索性项目任务，或者在课外用类似实践性作业的形式对某个内容或主题进行小探索。它的核心价值取向和设计思路与学科、跨学科项目化学习是一样的，只是在一节课中很难进行完整设计，通常只取其中的驱动性问题、探究性实践、社会性实践这几个要素。"[1]语文微项目化学习，不是语文学科的活动化，而是语文学科核心知识在情境中的再建构和创造，适宜与课程标准、教科书等相融合，让综合化的学习方式渗透在平时的教学过程中。

（一）明确核心知识，预设可视成果

根据新课标中"立足学生核心素养发展，充分发挥语文课程育人功能"的理念要求，微项目化学习是在确定核心知识的基础上设计本质问题，因此在设计微项目化学习时，需要教师基于课程标准和教材把握核心知识、核心能力和核心素养。只有明确学生需要掌握的核心知识，才能围绕这一核心知识引导学生一步步完成任务，最终得到项目成果，落实新课标理念的最终目标。

微项目化学习需要可视、外化的项目成果，这些成果能直接反映学生的项目完成情况及其能力素养水平。遵循"逆向教学设计"理念，在设计微项目化学习时，教师可以预先确立可视化的项目成果，促进项目过程的开发与构建。

（二）联系真实情境，设计驱动问题

在新课标"增强课程实施的情境性和实践性，促进学习方式变革"理念指导下，结合微项目化学习的重要特征真实性、情境性。学生在学科中提出的真实问题将成为微项目化学习的源泉。首先，真实项目并不是要求学生学习过程中的每个要素都必须是"真实"的，而是要让学生看到知识和世界的某种联系。其次，真实项目是指学生解决问题的思路是可以在现实生活中迁移的。[2]语文微项目化学习可以源自学生的真实问题，但同时需要教师在这个过程中进行选择和优化，确定最终的驱动性问题与任务，创设出丰富而多样的学习情境，让学生在情境中合作、探究学习，提高语文学习能力。

（三）提供学习支架，展开活动过程

在微项目化学习的进程中，教师要在适当时机介入，提供有针对性的学习支架，让学生在活动过程中有所依靠。作为微项目的总策划师，教师需要预设学生在该项目中可能遇到的困难，并及时提供学习支架，帮助学生渡过难关，让活动能够继续顺利开展，获得更丰富的成果，实现新课标理念在语文微项目化中的落实。

二、语文微项目化学习的设计案例

儿童对童话故事有着浓厚的兴趣，课外阅读中倾向阅读童话故事这类文学性文本。然而他们在阅读中缺少深度思考，读完只了解了故事的大概内容，对故事的人物、背景、情节、所表达的深意等一知半解。统编教材小学语文三年级上册第三单元的主题为"童话王国",笔者尝试以"共同编写制作班级童话故事书"这一微项目化学习引发学生的探究性和创造性实践,让学生更深入地了解童话,并激发他们喜爱童话、乐意创编童话的情感。

该单元的人文主题是"乘着想象的翅膀,游历奇妙的童话王国,看花儿跳舞,听星星唱歌",语文要素是"感受童话丰富的想象;试着自己编童话,写童话",这既是本单元的语文要素所要达到的要求,也是本次微项目化学习的最终目标。据此,基于"微项目化学习"理念,"童话王国"主题的微项目化研究如下:

课前,笔者先对学生进行了问题调查,经过统计整合,得到表1中的结果,从中再确定适合的微项目。

表1 关于"童话"的调查表

我已经知道了什么?	我还想知道什么?
童话是人们想象出来,不是真实的 童话故事非常有趣,还告诉我们一个道理 童话故事里的动物、植物朋友们都会说话,都有人的感情 童话是给小朋友看的 我也可以写一写童话故事 ……	读童话的时候要注意哪些要点? 童话可以是真实故事吗? 童话里为什么结局一般都是美好的? 童话故事里的要素有哪些?如果我来编,我该从哪些方面着手? ……

微项目化学习需要创设真实情境,强调语文学习与真实生活紧密连接,因此,上述问题均来自学生在生活中阅读童话故事的感受。

一个好的微项目需要一个或多个驱动性问题作为引领。驱动性问题设计的好坏直接影响微项目化学习的质量。该微项目驱动性问题的设计要为学生提供了解和创编童话的空间,让学生能够真正感受到童话的乐趣,发现问题并解决问题。微项目化学习的驱动性问题不能仅仅停留在让学生搜集信息、做手抄报等层面,而应该指向学生的认知困境,让他们能够创造性思考,重构以往所学知识,并为之实践和探索,得到想要的学习成果。笔者在学生提出问题的基础上和学生一起确定班级值得探究的驱动性问题:"是什么让童话吸引了你?"伴随问题,学生在项目过程中将对想象、理解、探究、合作,以及关注、选择童话知识有更深的理解,信息搜集、思维逻辑、阅读、写作和想象能力也将有所提高。

在微项目化学习实施阶段,学生需要在课前思考和查阅有哪些知名的童话书,这些书的特点是什么,童话作家编写童话的特点是什么等问题,在课上以四人小组合作的方式共同制作出班级童话书中的一页,编写一篇童话故事,并介绍这样编写的原因和过程,最后装订制作成一本童话故事书。

如何编写童话,把童话编写生动?结合文本学习和微项目化所要达到的目标,笔者为学生提供了一些学习支架。

支架一:情节支架。在创编童话时,笔者发现学生的故事一般比较短,也不够具体生动,于是笔者对学生进行了写好情节的指导。

情节上抓冲突——单个情节有冲突。《在牛肚子里旅行》虽然是"一次旅行",但是"红头"的处境非常危险,"红头"的心情也随着剧情推进变得越来越紧张,不过最后峰回路转得救了。我们可以学习这种情节上有冲突的写法,为角色设置一定的困难,让角色通过努力解决了困难,给人眼前一亮的感觉。

情节上不断反复——多个情节反复出现。《卖火柴的小女孩》故事中的小女孩5次点燃火柴,5次看到不同的幻想场景,我们也可以运用这样反复的结构让我们的故事情节变长,变得丰富。

支架二:描写性支架。尽管通过引入情节支架的学习,学生能够增加故事的篇幅,但笔者发现,此时故事的角色不够生动、形象。因此,需要引入描写性支架,以期将人物的语言、动作、心理等特征描写清楚。

通过例文展示、小组交流等方式,引导学生关注如何把角色写生动、写形象,对自己的故事角色展开语言、动作、心理上的想象,丰富人物形象。

三、语文微项目化学习的教学思考

在当前"班级授课制"背景下,微项目化学习作为小学语文教学新方式,可以激活小学语文常态课教学,助力新课标指导下语文课堂向以学生为中心的课堂转型。当前的语文微项目化学习已是星星之火,将成燎原之势。为了微项目化学习的持久开展,需要适合当前教育教学的主体氛围。语文微项目化学习可以基于基础性课程来开发与实施,将教科书内容与学生的真实性问题转化成适合本班学生探究的微项目,教师引导学生在课堂学习活动中形成自主、合作、探究性的学习氛围,并在这个过程中适时提供学习支架,帮助学生获得一定的学习成果。

朝着这个方向不断努力,不仅有助于学生主动建构语文学科基础知识,培养学生自主学习能力、与他人的合作能力,以及解决问题的能力,而且有利于落实"双减"政策对提升课堂教学质量的要求,落实新课标理念要求。

参考文献

  [1] 夏雪梅.项目化学习设计:学习素养视角下的国际与本土实践[M].北京:教育科学出版社,2018.
  [2] 夏雪梅.素养时代的项目化学习如何设计[J].江苏教育,2019(22):7-11.

(尘婉婉)

童心·童话·童趣

——统编教材语文三年级上册第三单元项目式学习案例

一、项目目的

《义务教育课程方案(2022年版)》在"课程实施"第二条"深化教学改革"中提出:"探索大单元教学,积极开展主题化、项目式学习等综合性教学活动,促进学生举一反三、融会贯通,加强知识间的内在关联,促进知识结构化。"项目式学习包括五个方面的重要内涵,即项目式学习是一种教育理念、一种教学模式、一种学习模式、一种课程形态和一种学科整合方式。故本项目以统编教材语文三年级上册第三单元为例,探索项目式学习在小学语文教学过程中的应用。

二、项目背景

童话里面藏着童心,更藏着诗意,是孩子们打开心灵世界的一扇窗户。《义务教育小学语文课程标准》在第一学段阅读目标中提到"阅读浅近的童话、寓言、故事",确立了童话作为该学段首选文体的位置。三年级上册作为第一学段到第二学段的过渡,语文教材中童话占了一定的比例,可见童话特有的价值受到了重视。

在二年级的语文教学中,学生已经初步感受了童话的乐趣和特点。三年级上册第三单元的语文要素是"感受童话丰富的想象",本单元共选编了不同作家、不同风格的四篇中外童话,这些童话充满了丰富而奇特的想象,引人入胜,又发人深思。本项目计划整合学生的阅读经历和绘写兴趣,通过课内习得与课外拓展双线并行模式,开展一系列"学、读、绘、编"的项目化的学习活动,引领学生开启一场沉浸式的童话之旅。

三、项目目标

一是通过"学、读"系列活动,引导学生感受童话故事的独特之处,提升学生阅读童话故事的兴趣,使学生初步养成动笔阅读的良好习惯。

二是通过"绘、编"系列活动,进一步激发学生对童话的喜爱,培养学生主动参与、乐于探究的兴趣,在体验过程中,提高学生的想象能力、表达能力和创新能力。

四、项目过程与成果展示

(一)兴趣盎然——轻叩童话之门

教材选编了《卖火柴的小女孩》《在牛肚子里旅行》两篇精读课文与《那一定会很好》《一块奶酪》两篇略读课文,分别讲述了小女孩、蟋蟀、蚂蚁等主人公奇妙的经历,读来生动有趣,又给人一定的启迪。根据课文特点,教学中,教师层层推进,巧借表格、思维导图等,对学生进行扎实的语言训练,引领学生厘清文脉—体味情感—练习句式—尝试创造,帮助学生感受童话神奇曲折的故事情节和优美活泼的文本语言,品味童话的魅力;同时,借助交流平台,带领学生回顾童话故事的基本要素,为写童话做好铺垫。

有人说,童话是一座奇妙的桥梁,走过它,你的行囊里就装满了很多好东西。通过这一单元的课堂学习,学生们对童话的兴趣被点燃,一起叩响了童话世界的大门,踏上了这座具有魔力的大桥,童话之旅快乐起航。

表1 童话课文人物形象、情节、语言

童话课文	鲜明的童话人物形象	精彩的童话情节	生动的童话语言
《卖火柴的小女孩》	小女孩饥饿、可怜	五次擦燃火柴(情节反复)	幻想场景的描写
《那一定会很好》	种子心怀梦想	四次美好愿望(情节反复)	要是……那一定会很好
《在牛肚子里旅行》	机智沉着的青头	旅行路线推动故事(随地点变化发展)	红头和青头的对话
《一块奶酪》	以身作则的蚂蚁队长	蚂蚁队长矛盾心理(随人物心态变化发展)	蚂蚁队长细致的心理、动作描写

（二）循序渐进——畅游童话王国

被书"喂大"的孩子就像一朵听着音乐盛开的花，就像一棵晒着太阳长大的树。阅读是花和树茁壮成长的阳光、空气、水和养分。课外阅读是让学生更好地进入童话世界、学习童话的途径。

新课标中拓展型学习任务群之一的"整本书阅读"，是对语文课程中单篇阅读、群文阅读的必要补充与提升，是培养学生终身阅读能力的必由之路，也是全面提升学生语文课程核心素养的必然要求。将《快乐读书吧》中推荐的《安徒生童话》《格林童话》《稻草人》列入课外阅读的必读书目，并选择其他优秀的童话书籍，作为本单元的阅读推荐单。引导鼓励学生建立阅读小组，讨论安排小组的阅读计划，进行定期的阅读分享。课余时间，教室内外，同学们或手捧书籍专注阅读，或三五成群轻声交谈，他们在童话世界中徜徉，童话的种子在他们心中渐渐萌芽。同时，利用家长会契机，以《安徒生童话》为例，为家长做整书的阅读方法指导，向家长推荐阅读进度表，鼓励亲子阅读。

在阅读中留痕才是有效阅读，这也需要老师潜移默化的引领。将设计精美、富有童趣的阅读记录单作为阅读锦囊送给学生，提示学生在阅读的过程中，边读边想象画面，按下图文转换器，随时将文字定格成有趣的画面，同时自主地去记录积累觉得有新鲜感的词句，并尝试批注下零星的所思所感。阅读记录单不光是一种记录，更加深了学生在阅读中的思考。阅读之趣，跃然纸上。

（三）妙趣横生——玩转童话色彩

新课标指出："审美创造是指学生通过感受、理解、欣赏、评价语言文字及作品，获得较为丰富的审美经验，具有初步的感受美、发现美和运用语言文字表现美、创造美的能力；涵养高雅情趣，具备健康的审美意识和正确的审美观念。"孩子是天生的艺术家，在他们心里装着五花八门的童话故事，每个故事都是那样离奇多变。在课内外一定数量的童话书籍阅读的过程中，同学们感受、理解、欣赏了童话故事，产生了对于童话创造的浓浓兴趣。教师顺势而行，选择了深受小学生喜爱的绘画，鼓励学生跨学科运用美术的表现方法把童话文本的主要内容、主要人物与事件、感受与理解的画面呈现出来与他人交流分享。学生可以根据自己的兴趣和能力在两个主题中择一创作。主题一：选择一篇喜欢的童话，为它绘制一张海报。主题二：选择一位喜爱的童话人物，画一画你心中的他。分层要求为：基于原著，直观表现；融入理解，美观生动；童思妙笔，耕绘奇境。

学生们的艺术因子一下子被释放出来，他们浮想联翩，一位位灵动可爱的童话人物在笔尖流动，一张张色彩鲜艳、富有创意的海报夺人眼球。这些惟妙惟肖的绘画作品正是学生对于童话的最好诠释，他们用色彩玩转心中的童话梦。

图 1　学生们的绘画作品

（四）奇思妙想——化身童话编剧

孩子的脑海中有一个奇妙的世界，可能每天都在上演着一出大戏。星星被波光点亮，鱼儿飞向太阳，世界酣睡在公主的梦乡。童话的精彩纷呈，已激起了他们的创作热情，小小编剧们跃跃欲试了。他们乘着想象的翅膀，用略显稚嫩的文字快乐地延续着自己的童话梦。

新课标提倡评价多样化，以学生为主体。教师改变以往单一的评语模式为学生送上评价锦囊，给孩子们助力。一篇篇在孩子笔下诞生的童话，犹如冬日暖阳，温暖着孩子纯净的心灵，照耀着孩子前行的道路。扣人心弦的情节、反复转折的结构、有趣生动的语言，孩子们在编写童话中收获的是神奇的想象之力、被认可的成就之感和分享的喜悦之情。

五、项目反思

美好的童年，离不开童话的呵护；纯真的童心，舍不掉童话的浇灌；可贵的童趣，少不了童话的滋养。童话是孩子最向往的精神家园。本次项目式学习，通过课内外联动、多学科整合，不仅为孩子们提供了丰富的精神食粮，而且给予了孩子们深刻的感动。老师引领学生想象世界、体会情感、尝试创作，充分诠释出童话的意蕴，引导学生感受童话的魅力、挖掘童话的价值，提升了学生的语文核心素养。

项目式学习对于师生来说都是全新的体验和考验，在实施期间，作为老师也在不断跟进、反思，思考解决问题的策略，分析方法的合理性。在这且行且思的项目推进过程中，老师感受到了孩子们的朝气与活力，感受到了孩子们的想象与激情。我们的教育就应该挖掘知识的生活价值，让丰富多彩的多元文化项目课程，丰盈学生的生命，滋养学生的心灵，赋予学生向上向善的力量，最终指向核心素养的发展。

（胡徐然）

结构化＋类比思想促量感生长

——核心素养观念下"平方千米"的教学思考

量感是小学阶段数学核心素养的主要表现之一。虽然度量单位与我们的生活联系密切，但"平方千米""吨"这样的大单位和小学生的实际生活距离较远。因此，选择"平方千米"这样大单位和面积属性的一课开展研究可以突破小学"度量单位"教学的一个难点，具有典型意义。"平方千米"是沪教版数学四年级上册第二单元"数与量"中的一节课，也是小学阶段"面积单位"教学的最后一个课时。首先，由于小学数学教材不仅要基于小学生的认知发展水平，还要兼顾不同领域数学知识的交替学习，相关教学内容分散于各个年级、学期和单元，因此建构长度单位和面积单位、小面积单位和大面积单位间的逻辑结构体系，是帮助学生发展自身量感的重要过程。其次，数学思想方法为度量单位教学之重要育人价值，是大多数学者的共识，主要聚焦于定量刻画能力、数感、估计和推理能力等。综上，笔者以"平方千米"一课为例，基于儿童认知特点，从结构化视角出发，渗透类比的数学思想，进行了教学设计，以期促进学生核心素养发展。

一、核心概念界定

量感：主要是指对事物的可测量属性和大小关系的直观感知。

儿童的"量感"素养主要表现为以下三点：第一，有明确的度量意识，在不使用测量工具的情况下能对某个量的大小进行推断，并选择合适的"数＋单位"表示；第二，建立度量单位模型，明确同一度量不同单位间的比例关系，能正确区分、灵活选择；第三，善于估测，能合理运用估测策略解决测量中的实际问题。

建立量感有助于学生养成用定量的方法认识和解决问题的好习惯，是形成抽象能力和应用意识的经验基础。

结构化：主要是指教学内容的结构化，具体是指将分散在不同学段、具有相同属性的相关教学内容关联起来，迁移知识经验，完善知识结构，实现教学内容结构化。

类比：是指由两个对象相似点入手，联想到两者在其他方面同样存在相似点。类比思想在小学数学教学中的渗透能帮助学生形成良好的举一反三能力。

二、教学过程

（一）创设情境，量感萌芽

1. 问题引入：选择合适的面积单位填一填

（1）数学书封面的面积约为6(　　　)。

（2）卧室的面积约是20(　　　)。

（3）一枚邮票的面积约为10(　　　)。

（4）上海世博园"一轴四馆"区域的面积约是1(　　　)。

2. 交流想法

生：上海世博园"一轴四馆"区域面积约是1平方千米。我们学过最大的单位是平方米，但是放这里还是太小了，所以我觉得应该填"平方千米"。

3. 归纳小结

我们发现用所学的面积单位解决不了这个问题，于是我们就需要一个比平方米更大的面积单位——平方千米。

4. 揭示课题：平方千米

出示主题图：上海世博园"一轴四馆"区域图。提问：上海世博园"一轴四馆"区域的面积约是1什么呢？激发学生认知冲突，学生认识到运用已学的面积单位无法解决这个问题，这时，就有了学习更大的面积单位的必要性，自然而然地引出了"平方千米"。学生通过参与其中的活动，最后要学会两种本领：一是会想问题，二是会做事情。这才是课程目标。数学"从丈量土地和测量容积、计算时间和制造器皿开始"，说明数学来源于生产实践，度量也源于人们日常生活和生产的需要，大面积单位的出现也正是由于已有的面积单位满足不了这种需要。如此形式的引入符合认知规律，是落实新课标的要求，也是引导学生加深对数学本质的认识,用数学的眼光观察现实世界。

(二)类比迁移,量感生长

1. 引入(Engagement)

出示:上海世博园"一轴四馆"的航拍照片。

提问:这张照片拍摄区域的面积有多大?

2. 探究(Exploration)

独立探究:求正方形区域的面积。

3. 解释(Explanation)

交流想法:说一说你是怎么算的?

生:拍摄区域是一个边长1 000米的正方形,正方形的面积计算方法是边长×边长,所以1 000×1 000=1 000 000(平方米)。

生:拍摄区域是一个边长1千米的正方形,正方形的面积计算方法是边长×边长,所以1×1=1(平方千米)。

4. 细化(Elaboration)

建立联系,归纳小结:通过对拍摄区域面积的计算,我们发现1平方千米和1 000 000平方米是一样大的,即1平方千米等于1 000 000平方米。回忆一下"平方厘米""平方分米""平方米"的定义,你能说说什么是1平方千米吗?

生:边长是1厘米的正方形,面积是1平方厘米。边长是1分米的正方形,面积是1平方分米。边长是1米的正方形,面积是1平方米。以此类推,边长是1千米的正方形,面积是1平方千米。

5. 评价(Evaluation)

用以前学过的知识"什么是1平方厘米、1平方分米、1平方米"来推理出今天的新知识"什么是1平方千米"。这种方法叫作类比,它是一种重要的数学思想方法。

如何建立1平方千米的表象,此环节采取了5E教学法,即Engagement(引入)、Exploration(探究)、Explanation(解释)、Elaboration(细化)和Evaluation(评价)。先提出问题,如何求正方形区域的面积,学生通过独立探究发现可以用正方形的边长1 000米和1千米两种方法求出面积。然后让学生交流想法,学生能够说出正方形区域面积为1 000 000平方米或1平方千米,了解了平方米和平方千米之间的联系。接着请学生归纳小结:什么是1平方千米?学生能够运用以前学过的知识"什么是1平方厘米、1平方分米、1平方米"来推理出今天的新知识"什么是1平方千米"。最后教师评价,用以前学过同样类型的知识来推理出今天的新知识,这种方法叫作类比推理。小学生的思维正处在由具体形象思维向抽象思维过渡的时期,因此这个阶段的教学可以借鉴"米"累积至"千米"的方式,借用学生1平方米的经验和表象,来感知1平方千米,即用类比推理的方式间接建立表象。在小学数学课堂中,适当地运用类比的思想方法可以使得原本抽象的数学知识点变得具体清晰,方便学生的理解与记忆,效果一举多得。数学思想是数学科学发生、发展的根本,也是数学课程教学的精髓。有学者通俗地把"数学思想"说成"将具体的数学知识都忘掉以后剩下的东西"。在教学中适当地渗透数学思想,也是落实新课标的要求,帮助学生用数学的思维思考现实世界。

(三)"数""量"结合,促进感知

1. 想一想

1平方千米约有(　　)个樱花校区占地面积那么大。

1平方千米约有(　　)个上海科技馆占地面积那么大。

1平方千米约有(　　)个上海人民公园占地面积那么大。

2. 算一算

如果一间教室面积是50平方米,那么(　　)间这样的教室面积的总和是1平方千米。

3. 生活中的平方千米

我国的陆地国土面积大约是9 600 000平方千米。

上海市的总面积约为6 341平方千米。

上海国际赛车场的占地面积大约是5平方千米。

上海淀山湖的总面积大约有63平方千米。

北京市的总面积大约是16 411平方千米。

4. 归纳小结

我们在表示区、市等大的面积的时候,常用平方千米作为单位。

郑毓信教授指出,就"度量问题"而言,所有相关活动都应体现出一个思想:我们必须由简单的定性描述(长短、轻重、大小等)过渡到精确的定量刻画。由于1平方千米不易直接感知,难以定量刻画,教师通过出示学生熟悉的建筑物的照片,给出相应的面积,组织学生估一估1平方千米约有多少个樱花校区占地面积那么大,1平方千米约有多少个上海科技馆占地面积那么大,1平方千米约有多少个上海人民公园占地面积那么大。通过估测、想象、验证、推理等高层次思维活动,丰富学生对"1平方千米"的感受。接着引导学生思考如果一间教室面积是50平方米,那么多少间这样的教室面积的总和是1平方千米。"数""量"结合,便于学生了解平方米和平方千米之间的关系。最后回到现实世界,通过展示平方千米在生活中的应用,让学生感受到平方千米也是一个常用的面积单位,可以用来表述区、市等大的面积。这也是落实新课标的要求,培养学生会用数学的语言去描述现实世界。

(四)前后关联,量感提升

这节课你有什么收获?回顾一下,我们学过了哪些面积单位,它们之间有什么关系?

总结反思环节,教师先引导学生总结课堂所学,培养学生整理反思的习惯。接着,通过回顾所学知识,引导学生回顾学过的面积单位——平方厘米、平方分米、平方米和平方千米,从什么是1平方厘米的定义出发,促进学生通过类比、迁移深刻把握面积的内在结构,实现"量感"素养的稳步提升。同时,长度单位与面积单位之间的联结,进一步加深了学生对两者的认识。促进教学内容的结构化,有利于学生从整体上认识和把握度量单位的基础性知识。最后,掌握度量知识的结构形态和要素关联,有助于学生形成整体系统的知识观和结构化的思维方式,逐步养成用综合的眼光去发现问题、分析问题和解决问题的习惯。

参考文献

[1] 中华人民共和国教育部.义务教育数学课程标准(2022年版)[S].北京:北京师范大学出版社,2022:7.

[2] 娜仁格日乐,史宁中.度量单位的本质及小学数学教学[J].数学教育学报,2018,27(6):13-16.

[3] 赵炯美,鲍建生.中小学数学课程中的一条主线——度量[J].小学教学(数学版),2017(10):8-12.

[4] 倪彩凤.小学数学计量知识教学的育人价值研究[D].上海:华东师范大学,2020:1-22.

[5] 陈银萍,刘世清,张娟.小学生数学"量感"及其培养策略[J].现代中小学教育,2022(3):31-34.

(杨传芳)

在计数活动中感悟数的本质

——以"万以内数的认识和表达"教学为例

与《义务教育数学课程标准(2011年版)》相比,《义务教育数学课程标准(2022年版)》"数与运算"的变化中提到"理解数的意义的本质"。"数与运算"主题下有关"万以内数"的学习内容,原来的"在现实情境中理解万以内数的意义,能认、读、写万以内的数,能用数表示物体的个数或事物的顺序和位置""能说出各数位的名称,理解各数位上的数字表示的意义;知道用算盘可以表示多位数"两条内容并为一条。其中基本内容没有变化,但学生的掌握程度有了一定的改变。学生对于数的意义的学习由"理解"修订为"感悟并理解",强调学生学习过程的主动性和获得感。关于数位的学习,也由原来的"能说出各数位的名称,理解各数位上的数字表示的意义"修订为"理解数位的含义",其目的在于直接学习"数位"这个概念的意义,相比于通过数位的名称和数位上的数字去学习,新的标准更加贴近数的本质。本文以此为背景进行论述。

一、核心概念论述

新课标的总目标中指出:学生要经历运用数学符号和图形描述现实世界的过程,建立数感、符号感和抽象思维。此过程为教师的教学指明了清晰的思路——从几何出发构建理解,以逻辑推理搭建桥梁,最终用符号抽象培养数感。马云鹏教授也在《认识数感与发展数感》一文中将数感总结为学生对于数和运算、数量关系和运算结果等自觉性、主动性应用的能力,数感不仅仅局限于数的领域,更是学生在生活中有意识地应用数学的态度和能力。数感强的孩子,能主动、自觉地在现实生活和数学学习中搭建数学模型的桥梁,实现应用数学分析现实问题的逻辑思维能力。"数的认识"是"数的运算"的基础,从"一致性"的视角抓住"计数单位"这一要素,开展"数的认识"与"数的运算"的关联教学,将有助于学生更好地认识数的本质,深入理解算理,形成数感、运算能力和推理意识,从而涵养数学核心素养之根。[1]

二、教学过程

以下是以直观的板条块、简图、位值图、算盘表征"计数单位",关联"数的认识"与"数的运算"的教学。

(一) 复习引入

设计目的:利用课件直观呈现小方块"从点到线—从线到面—从面到体"的变化过程,复习计数单位"一""十""百""千"的共同结构与特征的直观表象,有了这种结构化的认识,学生自然迁移到"一千一千地数,10个一千是一万",对下一个计数单位的认识水到渠成。感知数数就是数计数单位的计数本质,同时计数单位之间的十进制关系也逐渐明晰。接着通过回顾数的组成方式来感知我们就是在根据数的大小选择合适的单位来计数。

师:我们来回顾一下以前学过的知识。

1. 填一填

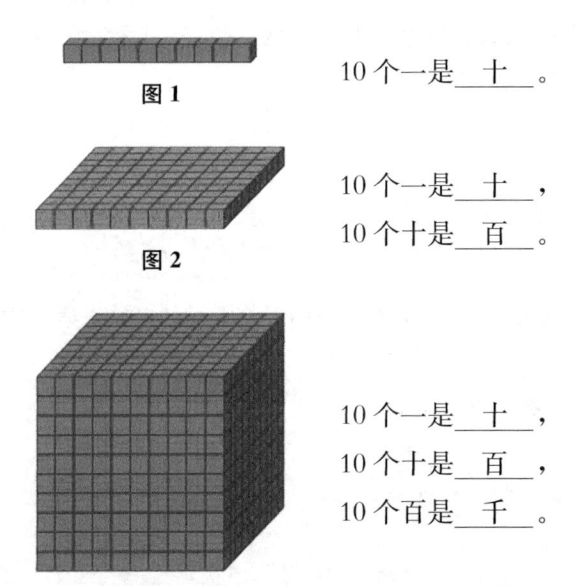

图1　　　　10个一是___十___。

图2　　　　10个一是___十___,
　　　　　　10个十是___百___。

图3　　　　10个一是___十___,
　　　　　　10个十是___百___,
　　　　　　10个百是___千___。

2. 读一读、说一说

师：我们班的人数是多少？

生：我们班的人数是45人。

师：你来说说它的组成，是一个几位数？

生：它是由4个十和5个一组成的，是一个两位数。

师：我还知道我们二年级总人数是225人。谁来说说它的组成，你来说，是一个几位数？

生：它是由2个百、2个十和5个一组成的，是一个三位数。

师：这节课我们就继续来研究数的认识与表达。

(二) 新知探究

1. 认识万以内的数

设计目的："数是数出来的。"但数什么、怎么数大有讲究。通过实际情境，让同学们亲历计数的过程，感受到有时一个一个、十个十个、一百一百地数会比较麻烦，进而选择一千一千地数，感受到了数数便捷的同时，再通过一系列的操作活动，利用板条块、简图、位值图、算盘等，让学生体验数数就是先确定合适的数数单位，再分别数出有多少个这样的单位，合在一起就知道这个数是多少的"单位化"思想，体会到数的大小关系的数学本质，发展数感。[2]

(1) 认识9 636

师：你们都去过体育馆吗？瞧，体育馆中正在进行一场精彩的比赛，真是人山人海，来看看体育馆看台上的人数。按字母顺序来数一数，从A看台开始。

生：1个千，2个千……9个千。

师：9个千就是……

生：9 000。

师：E看台上还有636，是多少呢？

生：9 636。

师：这是一个几位数？这么大的数，能不能用我们以前学过的方式来表示呢？

(2) 用学具摆数

摆一摆：同桌合作，用学具摆出9 636；

读一读：摆出的数；

说一说：数的组成。

(3) 师生交流

师：你们是用什么学具来表示9 636的？

生1:我们是用板条块来表示的,用9个大正方体表示9个千,6块板表示6个百,3根条表示3个十,6个小正方体表示6个一。

生2:我们是用简图来表示的,用9个大正方体表示9个千,6个正方形表示6个百,3根小棒表示3个十,6个小圆片表示6个一。

生3:我们是用位值图来表示的,千位上放9个小圆片表示9个千,百位上放6个小圆片表示6个百,十位上放3个小圆片表示3个十,个位上放6个小圆片表示6个一。

生4:我们是用算盘来表示的,先找到定位点,从右往左依次是个位、十位、百位、千位,千位上用1个上珠、4个下珠表示9个千,百位上用1个上珠、1个下珠表示6个百,十位上用3个下珠表示3个十,个位上用1个上珠、1个下珠表示6个一。

师:谁能将9 636分拆成一个加法算式来表示它?

生:9 636 = 9 000 + 600 + 30 + 6。

师:原来我们可以用这么多的方式来表示9 636。

2. 认识与表达四位数

摆一摆:同桌合作,任说一个四位数,用学具摆出这个四位数;

填一填:摆好后,将这个四位数填入数位顺序表;

说一说:这个四位数的组成。

师:刚才杨老师还发现,有一组同学摆的数很特别,我们看看他们摆的是多少。填入数位顺序表,读一读,都是9,表示的含义一样吗?

3. 认识"一万"

设计目的:让学生通过独立思考、相互启发,不仅了解"单位"产生的必要性与意义,更经历"万""万位"的再创造过程。"位值图表示一万""千数图数一万""学具摆一万",让学生在实践中加深对所学知识的理解,突破思维的禁锢,提高类比推理的能力,发展数感,再次感知"单位"的统一性与多样性是人类交流与刻画多样化现实世界的需要。学生的高认知、高投入,正是形成计数单位概念体系的关键,也是体验"单位化"思想的关键所在。

(1) 活动1

师:杨老师也在位值图上表示了9 999,仔细看,在个位上再增加1个小圆片,这个数会发生什么变化呢?(同桌互相讨论)

生:个位满10向十位进一,十位满10向百位进一,百位满10向千位进一。

师:千位满十了怎么办呀?

生:再往前进一位。

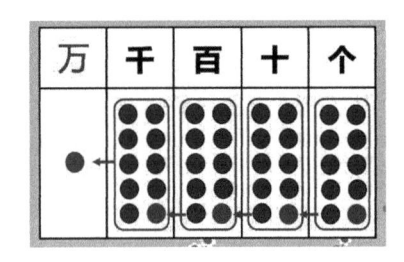

图 4

师:万位就是我们今天要认识的新的计数单位。那 10 个一千就是多少呀?

(2) 活动 2

师:是不是这样呢? 看,小丁丁和他的小伙伴们在草地上用千数图拼了一个万,我们一起来数一数。

图 5

生:1 个是 1 000,2 个是 2 000……9 个是 9 000,10 个一千就是一万。

(3) 活动 3

师:这是用板条块摆的,这是用简图表示的,这是在位值图上摆的,这是用算盘拨的。

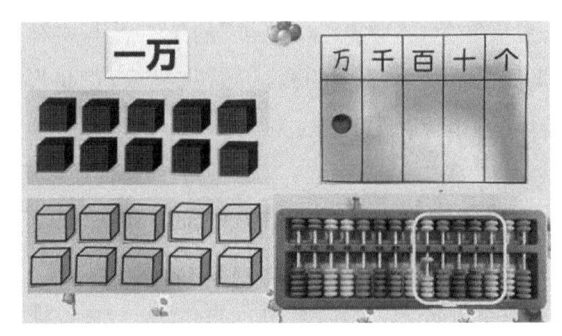

图 6

生：看来 10 个一千就是一万。

师：现在位值图中表示的数就是一万，一万怎么写呢？它是一个几位数？

生：一万写作 10 000，它是一个五位数。

师：是呢，10 000 是最小的五位数，比最大的四位数 9 999 大 1。

师：今天我们就来认识万，学习万以内数的认识与表达。

师：将一万填入数位顺序表，一万是一个五位数，怎样填呢？

生：万位上写 1，千位、百位、十位、个位上分别写 0，表示 10 000。

师：万位上的 1 表示什么意思呢？

生：万位上的 1 表示 1 个万。

师：这个数写作 10 000，读作一万，10 000 是一个五位数。

师：今天我们认识了一个新的数位，万位排在数位顺序表从右往左的第五位，以后我们还会学习更多的数位。

(4) 活动 4

师：同学们手中都有学习单，学习单是一张纸，一张纸有多厚？那一万张纸呢，会有多厚？先来猜猜看，你觉得一万张纸有多厚？

师：哇，这么厚！一米是多少，站起来比画一下，真的是非常厚。你们说一万大不大呀？

师：在生活中我们也常常用"不远万里""万众一心""数以万计"这样的词语来形容数量很多，所以说"万"是一个较大的计数单位。

三、课后评析

本节课的教学中，让学生用多种方式进行数的表征。可以看到，学生除了用板条块、简图、位值图、算盘外，还从数的大小（如 10 000 比 9 999 多 1）、计数单位的叠加（如一千一千地数，数 10 次就是 10 000）、计数单位之间的关系（如 10 个一千就是 1 个万）、生活中的实例等方面进行表征。经历了这些活动，枯燥抽象的数鲜活了，在学生的眼中可见、可数、可表达，更让学生体会到同一个数虽然可用不同方式表达，但都是表征计数单位的个数，加深了学生对"单位"的价值、意义的理解。丰富的计数、记数活动为学生提供了用"单位"进行度量的实践过程，从具体到抽象，数数、读数、写数一气呵成，变化的是形式，不变的是本质——表征计数单位的个数。只有抓住了计数的本质,才能做到以不变应万变;只要选择了合适的单位,就可以通过单位的叠加进行表征,这也是"单位化"思想的核心所在。

参考文献

[1] 仲秋月."一致性"视角下"数与运算"教学探索[J].小学数学教师,2023(2):74-76.

[2] 张识荣,王红梅.经历计数的过程,体验"单位化"思想[J].小学数学教育,2022(7):46-48.

(杨晓莹)

新课标视域下小学英语单元整体教学设计的意义以及实施策略

在以往的传统教学中,老师们常常以"课时"为单位,从而忽略"单元设计",往往把"知识的传递与再现"直接视为"学力"的中心。但是这种把教学内容进行切割的做法,容易导致对知识点的处理缺乏前后联系。随着新课标的颁布,老师们越发意识到单元整体教学的优势与价值,而落实小学英语单元整体教学,就必须基于教材文本,对每个单元的整体进行精准把握。除此之外,教师还要统筹安排每个单元之间的内容,通过科学、合理的设计做好单元知识点之间的衔接,从而进行整体性的教学。这样一来,知识实现重新排列组合,教学模式也将"焕然一新",从而给学生们提供更丰富、更新颖、更多元的课堂教学。而学生能在主题统领下的多个语篇中获取语言知识和文化知识,同时调动自身语言技能和学习策略,更好地获取知识、表达信息,在此过程中通过学习理解、应用实践、迁移创新等活动,实现自身核心素养的进一步发展。

一、新课标视域下小学英语单元整体设计的原则

(一)遵循整体性原则,设计紧密相关的教学环节

大部分学生都是进入小学后才开始接触英语学科,由于英语语言环境不够浓厚,他们的英语基础相对薄弱。再加上个体之间的差异性,他们在学习效率、理解能力、思维素养、学习水平等方面都各不相同。因此,教师在设计单元整体教学的过程中,还需基于整体性原则,系统地梳理单元知识之间的联系以及脉络,将不同板块中的内容紧密地联系在一起,使得单元内的所有课时教学活动的实施始终都是围绕单元整体教学目标进行的,从而降低知识点的理解难度,提高学生的记忆效率,带领学生走出碎片化的英语学习状态,以达到融会贯通

的目的。

(二)遵循综合性原则,树立多元化的单元教学目标

新课标明确指出:义务教育英语课程要体现工具性和人文性的统一,具有基础性、实践性和综合性特征。英语课程在小学阶段的教学,不仅要以让学生掌握基本的语言知识与语言技能为目标,其背后还应该承担着语言文化的传播与文化交流的使命。因此,教师应该树立多元化的教学目标,树立整体意识,遵循综合性的教学原则,将整体意识贯穿于英语教学的全过程,将文化传输与思维品质培养等目标融入单元整体教学设计之中,在深植爱国主义情怀、加强品德修养、增长知识见识、增强综合素质等方面狠下功夫。

二、新课标视域下小学英语单元整体设计的实施策略

(一)把握单元核心,构建单元整体教学目标

单元整体教学是促进学生英语学科核心素养形成的重要途径,而单元教学目标的合理制定又是进行有效单元整体教学的前提。教师首先要有单元目标意识,然后认真研读英语课程标准,在课程标准的要求统领下,研究教材主题,分析单元内容,了解教学对象,制定准确的、可操作的单元目标,使目标与教学内容紧密衔接、有效整合。进行单元整体教学目标设计时,课程标准、教材主题、单元内容、教学对象四个方面是相互关联、密不可分的,只有牢牢抓住这四个方面,才能使单元教学目标科学合理。

新课标明确指出:核心素养是课程育人价值的集中体现。而英语课程核心素养包括语言能力、文化意识、思维品质和学习能力四个方面。教师在进行单元目标设计时,应围绕每个单元的特定话题设计相应的内容,通过各个板块的特征来安排教学内容;并从语言能力、文化意识、思维品质、学习能力这四个维度整体考虑,使单元教学目标包含核心素养的四个要素,真正实现英语学科育人价值。

以牛津上海版"4A M2U2 Jobs(工作)"一单元为例,教师可以这样梳理本单元教学目标,具体如下。

知识与技能:第一,能够学习,感知字母组合 dr-,pr-的发音规则,并根据规则正确朗读单词及儿歌。第二,在语境中学习理解本单元的核心词汇:student, firefighter, doctor, nurse, police officer, cook, teacher, bus driver。第三, 在语境中运用句型 What does ... do? 来询问他人的职业, 并用句型 He is ... 来说明他人的职业。第四, 在语境中运用句型 Is he ...? 来询问有关职业的信息, 并运用 Yes, he is/No, he isn't 来正确回答。第五, 运用 can 的句子来表达某个职业的技能。第六, 能理解并朗读语篇, 提取相关信息, 借助框架信息对家人和朋友家人的职业进行介绍。

主题与文化: 引导学生认识、了解家人及朋友家人的职业, 从而感受每一份职业都是重要的, 每一份职业都能为我们创造美好的生活。尊重并热爱每一份职业。

思维与策略: 第一, 通过倾听、跟读、朗读、模仿等形式学习字母组合 dr-, pr-的读音规则。第二, 通过倾听、模仿、跟读、朗读、看图说话等形式学习询问他人职业时一般疑问句和特殊疑问句的朗读语调。第三, 通过文本视听、跟读模仿、看图说话、文本朗读等形式学习本单元职业类的核心单词。第四, 通过文本朗读、问答交流、小组合作等形式学习运用本单元核心句型对他人的职业进行询问与应答。第五, 通过文本阅读、看图说话、分组朗读等形式学习交流家人职业的语篇。

(二) 设计单课时话题, 指向单元主题

由于单元整体的教学内容较多, 难以在一节课内完成, 老师们会选择将整个单元的内容分成几个单课时。从单元主题的整体角度来设计教学并不意味着放弃单个课时的独立性, 而是在单元整体的基础上设计每个单课时的话题。在设计单课时话题时, 教师应紧紧地围绕单元主题, 确保单元内单个课时话题的设置都能指向这个共同的单元主题, 做到单元话题设计科学, 单课时话题设计关联。

例如, 在牛津上海版"4B M2U3 Home Life(家庭生活)"一单元的教学中, 教师可以在单元整体教学目标的基础上, 结合各个板块的功能, 进一步设计单个课时的教学话题。第一课时可以设计成"Kitty's home life(基蒂的家庭生活)"。学生通过这一课时知识的学习, 可以了解基蒂的家庭成员正在从事的活动。语篇可以设计成两个部分: 第一部分是爸爸给基蒂打电话, 初步学习核心词汇以及核心句型。第二部分是爸爸回到家后与家人展开的对话, 学习核心词汇并使用核心句型来介绍家人正在从事的活动。在第二课时的教学中, 可以设计"Home Life in Special Time(特殊时刻的家庭生活)"的话题, 将语篇分为两个部分:第一部分通过基蒂对家庭在不同时间段的生活的介绍进一步学习核心词汇以及核心句型。接着引出"地球一小时"的语境并了解此语境下基蒂对自己家庭生活的介绍。第二部分主要通过阅读文本了解"地球一小时"中不同家庭的生活。引导学生借助语言框架对自己特殊时刻的家庭生活进行描述。那么,在第一课时与第二课时的学习过程中,学生已经基本掌握了语言知识点,所以第三课时的话题设计可以为"Summer Holiday(暑假)"。该语篇是典型的生活对话,涉及海边度假活动的相关词汇以及核心句型。在第一、第二课时,学生已经初步接触了现在进行时。本课时是对其的进一步运用。通过视听活动及文本阅读提炼语篇中的结构化知识,引导学生学会介绍度假活动。这样就给学生提供了一个语言交流的机会,把单课时学习的内容融合起来,帮助学生更好地表达与运用,引导学生在层层递进式的单课时学习中,完成对新知识的输入与输出,更好地运用英语完成人际交往。

(三)深挖教材文化内涵,树立正确的文化意识

新课标确立"文化意识"作为核心素养的四大要素之一,这是要求教师不仅将基本的语言知识传授于学生,同时要提升英语课程教学的文化价值,引导学生在单元整体的学习中感悟语言的魅力和文化内涵。英语作为一门全球通用的语言,已经成为连接不同文化的重要桥梁。增加学生对英语文化的了解,可以帮助学生更好地理解和掌握英语。因此,老师们可以有意识地引导学生对中西方文化进行对比,从而树立正确的文化观,使学生在正确看待异国文化的同时,努力地传承并发扬自身民族文化,这是单元整体教学更深层次的意义所在。

例如,在"4B M4U2 Festivals in China(中国节日)"这一单元中,学生们学习了春节、端午节、中秋节、重阳节四个中国传统节日的名称、时间、风俗习惯和传统美食等。而在"4A M4U3 Weather(天气)"这一单元中,学生也对圣诞节有了初步的了解。那在进行英语单元整体教学时,教师则可以将这两部分内容进行有效整合,比如试着要求学生找一找中国春节与西方圣诞节的相同与不同之处,并小组合作讨论产生这种文化差异的原因是什么,进一步带领学生思考应如何看待西方的习俗与文化,对于我们中华优秀文化又应该如何更好地传承与发扬。在此过程中,教师结合单元整体的文化视域,对单元内容进行整合,引领学生树立正确的文化观,既不盲目地崇拜异国文化,也能够主动地汲取中华优秀文化的品质,从而进一步促使学生在英语学科学习中养成文化底蕴,生成文化素养。

三、结　语

新课标视域下,小学英语教师要想提高课堂教学质量,培养学生良好学科素养,就必须从单元整体出发,遵循整体性和综合性的原则,充分挖掘其育人价值,深入解读和分析单元内各语篇,根据学生的认知规律和生活经验,对教材内容进行必要的整合或重组,构建单元内各语篇内容之间及语篇育人功能之间的联系,以促进小学英语教学质量的提升。

参考文献

［1］王瑶.新课标视角下的小学英语单元整体教学实践研究［J］.空中美语,2022(5):552-554.

［2］吴亚琴.小学英语单元整体教学理念下的读写教学实践［J］.现代教育论坛,2021,4(8):98-99.

［3］荣心.小学英语单元整体教学的实施策略［J］.当代家庭教育,2022(4):157-159.

［4］张全洁.核心素养培养背景下小学英语单元教学设计策略分析［J］.今天,2023(3):161-162.

（朱敏晔）

践行新课标，提升思维品质

随着英语新课标的颁布，我们的英语教学实践也应该与时俱进，努力实践新课标的相关理念。《义务教育英语课程标准（2022年版）》在课程总目标中提出要培养学生的核心素养，主要包括语言能力、文化意识、思维品质和学习能力等方面。新课标还提出，学生通过本课程的学习提升思维品质，即学生能够在语言学习中发展思维，在思维发展中推进语言学习，初步从多角度观察和认识世界、看待事物，有理有据、有条理地表达观点；逐步发展逻辑思维、辩证思维和创新思维，使思维体现一定的敏捷性、灵活性、创造性、批判性和深刻性。[1] 由此可见，发展学生思维、提升思维品质在我们的英语学习实践活动中占据重要地位。

然而，在我们平时的课堂教学中，我们往往关注核心知识点的学习、英语表达的准确度和流利度以及文本表层信息的获取和理解，较少关注学生的思维在学习过程中是否得到发展。[2] 本文主要聚焦小学英语课堂学生思维能力的培养和提升。笔者结合自身的教学实践，通过插图解码、情境创设、问题引领和活动推进等方式，培养学生的思维能力，具体内容如下：

一、插图解码，展开想象

教材插图也是教材内容的重要组成部分。牛津英语教材（沪教版）的插图色彩鲜明、生动形象，将抽象的文字形象化，蕴含与教材内容相关的思维生长点。有时候我们过多关注教材文本的语言结构，对插图的解读比较粗略。其实教师可以引导学生观察这些图片，解码图中富含的信息，鼓励学生展开想象、拓展思维。

图 1

以"5A M3U3 Seeing the Doctor—The Toothless Tiger(看医生——没牙的老虎)"为例。我分别出示两幅插图,请学生描述图中的老虎,引导学生观察,了解故事主要人物。接着我引导学生对故事内容进行推测。有的学生说:"它和狮子打架打输受伤了。"有的孩子说:"老虎年纪大了。"也有的孩子结合本单元的核心语言内容说:"它生病了。"当然有的孩子观察得非常仔细,看到老虎没有牙齿了,说:"也许是因为它牙疼,牙医拔掉了它的所有牙齿。"学生经过发散性思考和回答之后,带着好奇心学习故事内容,为深度理解故事内容做好了铺垫。

二、情境创设,鼓励思考

新课标指出,秉持在体验中学习,倡导学生围绕真实情境和真实问题参与学习活动。[3] 由此可见,教学情境在英语教学中尤为重要,学生是否具有浓厚的学习兴趣,是否愿意积极思考都和教师创设的情境密切相关。但是如何创设情境、导入主题呢?在教授牛津英语"1B M4U1 Activities(活动)"时,我设计了"Alice's Birthday(爱丽丝的生日)"这一教学情境,使学生能借助故事语境,开展相关内容的学习。

首先我请学生观察相关图片,借助问题启发学生思考。通过师生互动,调动学生的旧知,这样学生就能思考。

接着借助相关图片,我继续引导学生思考。学生先听录音,然后开始猜礼物,如猜测 kite(风筝)时,学生一听到录音,马上想起一年级(上册)学过的有关风筝的儿歌,猜出礼物是 kite。这就鼓励学生调动原有的知识储备,找到答案。一到猜礼物的环节,学生都很激动,开始抢答。随后学生陆续猜出其他礼物。我继续引导学生,进而开展核心词汇的学习。借助情境,我设计环环相扣的教学环节,鼓励学生思考,激发学生的思维。

三、问题引领,激发思维

教师提问是门艺术。提什么样的问题,该怎么提问,对我们青年教师而言是一种挑战。在平时的教学中,我尽量多设置开放性问题。以"4B M2U2 Cute Animals(可爱的动物)"的第二课时为例,该课时的主题是"Cute Animal Friends(可爱的动物朋友)",我以"Animal Friends(动物朋友)"喜欢吃不同的食物,朋友间相互帮助、相互分享为主线,开展两个故事的学习。

图 2

其中一个故事主要讲述一只老鼠和大象互相帮助取得食物。教材原文是叙述性文本,为了让学生更好地体验整个故事,我在教学中加入了具有引导性的开放式问题,还让学生进行角色扮演。引导学生通过观察图片,结合自己的已有知识点,想想动物主人公会说什么。这样能进一步帮助学生感受动物主人公的心理活动,增加故事的趣味性。

最让我感到欣喜的是,当我提问它们能否成为朋友时,学生开动脑筋,能从多角度看待事物,有理有据、有条理地表达自己的观点。我们在三年级学过一个故事,小老鼠帮助大狮子,所以它们最后成了好朋友。学生通过观察思考,并运用已有知识对故事进行推测,打开了思维的阀门。

因此,在平时的教学实践中,我们应设计灵活性较大的问题,或鼓励学生从同一材料或信息中探求不同答案,鼓励发散性思维。我们设计此类思考题,我们的学生进行讨论、辩论,既鼓励学生积极运用新的语言内容,又训练了他们的求异思维能力。孔子主张"不愤不启,不悱不发",先让学生积极思考,再适时启发。平时多给孩子们一些自由,不束缚他们的思维,努力培养学生的观察、分析和综合等能力,使学生的思维能力得到提升。

四、活动推进,引导创新

新课标指出,秉持英语学习活动观,组织和实施教学。学生是学习活动的主体,要引导学生围绕主题、学习语言、获取新知、解决问题。[4] 以解决问题为目的的语言学习方式更加契合新课标的理念,能引导学生创新思维的产生。

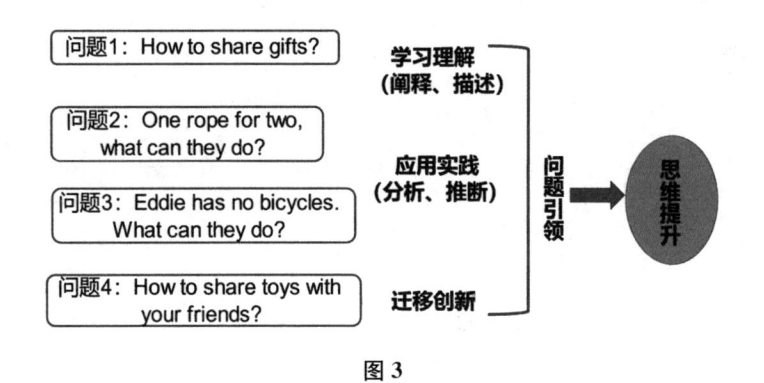

```
问题1: How to share gifts?                          学习理解
                                                    (阐释、描述)

问题2: One rope for two,                                             问题    思维
       what can they do?                            应用实践          引领    提升
                                                    (分析、推断)
问题3: Eddie has no bicycles.
       What can they do?

问题4: How to share toys with                       迁移创新
       your friends?
```

图 3

以"1B M4U1 Activities—Play Time in the Park(活动——公园游乐)"为例,本节课创设的情境是 Eddie(埃迪)生日,想分发玩具给他的朋友。学生通过阐释、描述,学习理解解决问题的办法。通过分析、推断,运用刚学的新知识来解决问题,这属于应用实践活动。最后回到学生实际,请学生自己分发礼物,解决现实问题,这属于迁移创新活动。

其实以解决问题为目的的学习活动设计并不遥远,在学习过程中,我们的学生不仅学习语言知识,还在学习解决问题的办法,以解决问题为目的,体验做事和做人。同时,学生经历思考的过程,获得思维的方法。通过学习理解、应用实践、迁移创新等活动,学生的思维能力得以提升。教育的本质在于充分挖掘每位学生的潜能,使他们具备独立思考、敢于提问、敢于创新的能力。我们的英语教育亦是如此。英语课堂应该是学生思维的训练基地,让思维之火点燃课堂,让浓厚的学习热情弥漫整个校园。

参考文献

[1][3][4] 中华人民共和国教育部.义务教育英语课程标准(2022年版)[S].北京:北京师范大学出版社,2022:6,3,49.

[2] 周玉蓉.基于思维品质培养的小学英语阅读教学思考[J].名师在线,2022(32):41-43.

（林　倩）

新艺术课标背景下教育戏剧融入小学唱游课堂的教学实践探析

——以沪教版教材一年级上册"可爱的动物"为例

唱游教学是小学音乐教学的必要形式,它以提高低年级学生的音乐素质为主要目标。音乐和戏剧一直都是姊妹艺术,而戏剧在小学唱游课堂中的融入,能够更好地帮助学生形成学科能力,建立学习自信并积极开展创造性活动,最大限度发展自身创造力和综合能力。《义务教育艺术课程标准(2022年版)》(以下简称"新艺术课标")以艺术核心素养为导向,贯穿全部课程。艺术核心素养代表了学生普遍应达到的必要的艺术素养,它的提出代表了学生应达成的共同要求。新艺术课标增加了戏剧课程的分量,戏剧课程本身属于综合性艺术,在表演、游戏的过程中能够增加学生体验感,提高学生参与度。而教育戏剧集综合性、形象性于一体,与课堂教学相融合,更有利于培养学生的艺术核心素养。

一、教育戏剧与培养学生核心素养内在关联的基本认识

新艺术课标中戏剧(含戏曲)学习任务的设置具有进阶性:1—2年级学习任务为"模拟表演",对日常生活中熟悉的人、动物、植物进行模拟;3—7年级依托音乐、语文、外语实施,任务为"课本剧表演",其制定充分考虑了地区、学校的差异,提出有条件的地区和学校在7年级的学习任务可围绕"戏剧游戏"展开;8—9年级学习任务则包括"演出舞台剧目""编演故事脚本"等。

教育戏剧不是一种单纯的艺术形式,它是运用戏剧技巧且与学校课堂有关的教学方法。教育戏剧融入唱游课堂的形式,即沉浸式的教育戏剧,让学生在参与表演自己所了解的生活事物这一过程中,提升了审美感知能力。艺术核心

素养中，审美感知培育学生发现、感受和认识自然世界、社会生活和艺术作品中美的特征及其意义，有助于丰富学生审美体验，提升审美情趣。因此，审美感知可作为教育戏剧与艺术核心素养内涵的关联点，教育戏剧的融入则是培育审美感知的途径之一。

戏剧强调真实表演，基础在于对生活的观察，其实无论是戏剧，还是音乐，都源于生活，源于生命，学生在课堂中的表演就是在表现生活、感知世界，然后在其中理解、创造。戏剧与艺术核心素养中的艺术表现、创意实践两点互相关联：艺术表现的培育，有助于学生认识艺术与生活的广泛联系，形成热爱生命和生活的态度；创意实践则紧密联系现实生活，有助于学生形成创新意识。

总而言之，戏剧中渗透着艺术核心素养，与艺术核心素养紧密关联，培养了学生的审美能力，提高了学生的艺术表现能力和艺术创新能力。

二、小学唱游课堂教学融入教育戏剧的实践探索

（一）教育戏剧融入小学唱游课堂教学的实践意义

为顺应新时代的需求，音乐教学与教育戏剧的融合，要求教师能胜任跨学科教学，我国中小学的音乐课程体系中一直都保留有舞蹈、戏剧的相关内容，只是在新艺术课标中的要求更加明确，跨学科融合教学的挑战一直存在。教育戏剧融入课堂教学的各项任务中时，教师需要把握好它们之间的关系，树立综合教学的理念。同时教育戏剧的融入也丰富了教师的教学方法，借助戏剧的表现力，教师可以运用多种教学手段，营造轻松活泼的课堂氛围，促进学科融合和师生间的互动。

新型的教学模式旨在激发学生个性，注重教学过程，通过整合戏剧和课堂教学，有效地激发学生的个性和独立思考的能力。学生可以通过假扮、玩耍获得无穷的乐趣，像游戏一般去体验学习过程。新艺术课标强调了团队学习的必要性，而这正是戏剧演出所产生的结果。在这个集体智慧交会的环境里，学生们得以释放其独特的个性，同时在互相学习中学会更好地掌握知识，在戏剧活动中提升自己的表现力、创造力等。

（二）教育戏剧融入小学唱游课堂教学的实践过程

爱模仿、爱表演是儿童的天性，也是教育戏剧中的一大特色，低年级的小学

生更是有着很强的模仿和表演欲望,新艺术课标戏剧(含戏曲)学习任务的设置中,1—2年级为"模拟表演"。教育戏剧中有很多角色体验的模拟游戏,当这些游戏出现在孩子们面前时,就能立刻激发他们的学习兴趣,那么怎样将这些游戏与唱游课堂教学相融合?我们需要重视二者的内在关联,而非生硬地进行表面叠加,这时教育戏剧中的"七力"(观察力、注意力、想象力、感受力、思考力、适应力、表现力)、"四感"(真实感、形象感、幽默感、节奏感)与音乐关键能力培养侧重点(包含音乐听觉与联觉反应能力、乐感与音乐美感表现能力、即兴编创与创作能力)就要相融合。

例如,在一年级"可爱的动物"一课中,我选择了小兔子、小乌龟、小狮子和小鸟四种小动物。第一环节"摆一摆",教师要求学生先进行静态模仿,通过日常生活中观察动物的"神态、形体、感觉"等,模拟教师指定的小动物形象,充分调动学生想象力,增强其艺术表现力。在第一环节就把戏剧"七力""四感"中的观察力和形象感体现了出来。紧接着第二环节"辨一辨",连续播放四种小动物的音乐片段,运用不同的设问方式,请学生自己用动作随音乐模仿、看老师随音乐模仿等,让学生能够更直观地感受动物的音乐形象。这一环节教师引导学生抓住动物的形象特征,在每一段音乐中,根据速度、情绪、强弱等音乐要素,分辨出不同的动物种类,并且跟随音乐,通过节奏速度的掌握、肢体的模仿表现出小动物们不同的音乐形象。学生在这一环节的教学过程中表现得兴致盎然,能够逐步将音乐中强弱、高低不同的声音与动物形象相结合,这时音乐关键能力培养侧重点与第一环节教育戏剧的"七力""四感"就巧妙地融合了起来。在这一课例中,学生的想象力、创造力、注意力以及感知力得到了很大提高。再回归到唱游课堂,教师一直遵循唱游教学的方法与过程,在每一个环节都让学生仔细倾听音乐,感受完整的动物音乐形象,产生情感的共鸣。通过教育戏剧的融入,学生可以用轻盈的脚步表现小鸟的动作来感受音乐的流动和起伏,用小兔子一蹦一跳的动作来感受音乐的活泼和跳跃,用小乌龟慢吞吞爬行的动作来感受音乐低沉、缓慢的音色与速度。在学生熟悉各动物音乐、掌握动作以后,充分发挥他们的表演力和创造力,进行情境表演,教师作为解说者引导学生分角色合作表演故事情节。在三段故事情节的音乐里,思考用怎样的表情、动作将故事演绎得更生动,激发学生对音乐表演的兴趣,通过合作表演,体验其中的乐趣,培养团结协作的意识。最后,请学生互相评价、分享体会。在这一环节,教师需要重视发挥学生的个性,从而使表演既具有整体的协调性,又具有个体的独立性、创造性。

（三）教育戏剧融入小学唱游课堂教学的未来展望

在新时代美育背景下，教育戏剧与小学唱游课堂教学的融合，都是以培育和发展学生艺术方面的核心素养，提高其审美和人文素养为目的，二者的融合，让小学唱游课堂教学方式得到进一步丰富和创新，指向审美感知、艺术表现、文化理解和创意实践等方面的核心素养，其综合性超越了学科本身。学生在二者融合的课堂教学过程中，逐渐提高了自身的跨学科艺术实践能力和综合表演能力。在之后的每一次课堂教学之中，强调真实表演，引导学生观察生活、表现生活；注重审美趣味，使学生树立正确的审美价值观，成为具有较高审美和人文素养的时代新人。

参考文献

[1] 中华人民共和国教育部.义务教育艺术课程标准(2022年版)[S].北京：北京师范大学出版社，2022.

[2] 张忱婷.少儿学表演[M].上海：少年儿童出版社，2004.

[3] 朱晓伟.浅谈音乐与姊妹艺术在小学音乐课堂中的融合[J].中国民族博览，2021(23)：71-73.

（陈家曦）

劳动课转型的实践与研究

——以"套'银蛇'装置"项目为例

2020年教育部印发的《大中小学劳动教育指导纲要(试行)》提出,要在大中小学设立劳动教育必修课程,在新时代的教学中凸显劳动教育的重要性。劳动是推动人类社会进步的根本力量,是实现人健康成长的重要基础。厘清劳动教育的内涵边界,正确理解劳动教育,把握落实新时代劳动教育要求的关键点是有效开展劳动教育的必要基础。2022年,教育部启动实施国家教育数字化战略行动,以国家智慧教育平台为重要抓手,全面优化优质资源供给服务,支撑教育重大改革任务实施,持续提升国际影响力,走出一条中国特色的教育数字化发展道路。为了响应新时代的号召,我校劳动学科紧跟时代步伐,积极探索劳动学科的转型方向。

马陆小学作为上海市数字化转型试点学校,为了落实数字化教学,学校共购买了90台平板电脑,同时对校园网络进行了优化,为数字化课堂的实施提供了有效的保障。在一段时间的尝试和应用中,数字化给劳动教育教学带来了显著的正向影响。

通过对五年级简易电子电路作品学习的调查发现,学生对套"银蛇"装置的制作兴趣较浓厚,但电路的实物连接一直是学生易出错的环节。在区教研活动中,有老师提出可借助大教具突破这一教学难点。于是,我制作了套"银蛇"装置的大教具并结合"三个助手"功能进行多次的教学尝试。希望通过数字化和大教具的方法增强学生对电子电路的理解,使学生能够安全规范地使用工具完成电路的实物连接,初步养成在劳动中勤于观察和乐于思考的品质。同时,学生能够在实践学习中逐渐提高发现问题、分析问题和解决问题的能力,初步形成劳动质量意识。

一、案例内容

在平时的课堂实践中,简易电子电路作品的实物连接图对于小学生而言较易理解,但是将其转换为现实中的实物连接较为困难,小学生较难实现从二维平面到三维空间的转化。为了攻克这一教学难点,在套"银蛇"装置第二课时的学习中,我先让学生通过讨论交流在平板电脑上模拟电路的实物连接,加深学生对电路连接方式的记忆,并在尝试连接过程中找到问题,最后进行有针对性的指导。在此基础上,我通过自制的实物大教具,从平面图转换到电路的实物连接,让学生不再停留于平面图,而是真实地去连接并点亮发光二极管,进而帮助学生实现从二维平面到三维空间的转换。

任务1:指导学生以小组为单位,借助平板电脑上"三个助手"的"拖一拖"功能尝试模拟电路的实物连接(图1),完成后引导学生借助大屏幕上的实物连接图(图2)交流电路的连接方式。

图1 模拟电路的实物连接 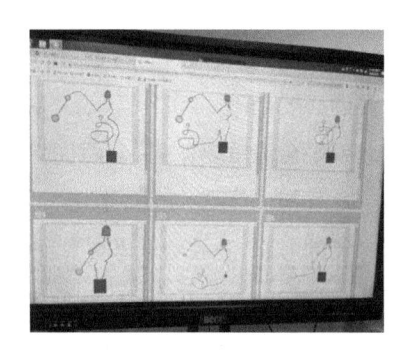　　　　图2 大屏幕显示的实物连接图

任务2:让学生使用教师制作的大教具进行电路的实物连接,尝试点亮大教具(图3)。在大教具演示过程中,引导学生讨论实物连接中的问题,教师根据学生讨论总结发光二极管连接的要点并将点亮的大教具置于黑板上(图4),便于学生观察。

图3 学生使用大教具进行实物连接 　　　　图4 将点亮的大教具置于黑板上

任务3：在"套'银蛇'装置"这一课的实践操作环节，引导学生借助"三个助手"上传制作视频。根据学生上传的视频，找到学生制作过程中遇到的问题。随后引导学生通过讨论分析，找出原因，尝试解决问题。

任务4：在"套'银蛇'装置"这一课的交流评价环节，指导组长扫码登录问卷星，按照随机抽样的方式，选出学号为3的倍数的同学的作品。接着，组员对其作品进行客观综合的评价，问卷的主要评价内容和本课的学习目标及制作要求保持一致，问卷全部上传后向学生展示后台数据。通过数据分析找出学生普遍出现的问题并进行针对性指导，引导学生思考自己存在的问题，并针对自己的问题进行再改良。

二、片段分享

劳动技术学科在制作前一般会绘制设计草图，有时涉及空间立体草图的绘制，比如电动小车"'碰撞即停'开关"的空间设计草图，需要较长的时间且对于部分学生而言具有一定难度。所以，我引导学生借助平板电脑模拟设计草图，既可节省时间，还可让大部分学生在小组合作中完成草图的模拟设计。基于电动小车"'碰撞即停'开关"的经验，在"套'银蛇'装置"这一课的探究电路环节中，我通过"三个助手"的"拖一拖"功能，引导学生尝试借助平板电脑模拟电路的实物连接。学生以小组为单位交流电路的连接方式，并通过"拖一拖"功能进行模拟。

学生通过模拟电路图的连接方式，了解了"套'银蛇'装置"的电路连接方式。但在实践中，部分学生难以完成从电路连接图到实物连接之间的转化，所以我制作了大教具，便于学生直观看到电路元件和不同颜色的导线。通过演示连接，学生真切地观察到了发光二极管由不亮到亮的过程，为后续的实践奠定了坚实的基础。

在实践中，我引导学生借助"三个助手"的视频拍摄功能辅助其记录制作过程中遇到的问题和较好的制作经验。随后通过及时的视频资源，帮助学生分析遇到的问题并在交流讨论中找到解决的方法。同时，其他学生也能够通过视频资源学习好的制作方法和经验。

此外，劳动技术学科的评价一般是通过纸质评价单来体现，课后老师需要进行数据统计，工作量较大且不能及时反馈给学生。基于此，在"套'银蛇'装置"这一课的交流评价环节，我借助"问卷星"平台，按照制作要求设计了调查问卷。调查问卷在较短时间内帮助教师发现学生存在的普遍问题并加以引导，为后期的优化提供了一定参考价值。

三、成效与反思

第一，紧跟新课标理念，在教学过程中时刻关注学生的劳动素养，落实劳动课程标准。从观察发光二极管的特性到学会电路的实物连接和发光二极管的安装固定，各教学环节之间层层递进。在实践操作过程中时刻向学生渗透安全教育，增强学生安全规范的操作意识。

第二，平面的电路连接图较易理解，但是将其转化为三维空间的实物连接对于学生而言具有一定难度。为了让学生直观地观察电路的实物连接过程和连接过程中容易出现的问题，我制作了套"银蛇"装置的大教具，辅助学生实现电路图到实物连接的思维转变，有效地突破了教学难点。

第三，引导学生借助"三个助手"模拟电路图的实物连接，让学生在交流学习中熟悉套"银蛇"装置各部件之间的连接。此外，学生还运用"三个助手"的视频拍摄功能记录实践中遇到的问题和发现的好方法。通过录制实时视频，学生能够发现实践中存在的共性问题和较好的制作方法。这能够引发学生深度思考，进而对后期的作品进行优化，帮助学生逐步养成良好的思维习惯。

第四，在教学过程中时刻关注过程性评价，对学生的回答和分析及时给予评价。本课通过"问卷星"调查和分析了学生的实际制作情况，这些数据成为学生课堂成效测评的重要依据。教师根据数据及时调整阶段目标和计划，使得活动的开展更有方向；同时让学生在劳动中体验乐趣，在劳动中找到兴趣点，把劳动技术教育融入日常生活。

第五，在教学中关注"教—学—评"的一致性。评价目标和教学目标保持一致，在教学中根据学生的实际学习效果及时调整评价目标，确保教学内容与学生的学习基础和学习需求相匹配。

（赵　慧）

中编

可见的程序

基于逆向设计的小学语文教学初探

——以统编教材三年级上册第五单元为例

美国教育专家格兰特·威金斯（Grant Wiggins）和杰伊·麦克泰格（Jay McTighe）提出了"基于理解的教学设计"的概念。作为一个新的教学模式，我受此启发，以小学语文三年级上册第五单元为例，尝试进行逆向教学的设计。对于如今小学语文教学趋势而言，像这样以学习成果为先的教学设计无疑是一种提高学生语文学科核心素养的有效教学方式。

一、逆向教学设计的基本特征

逆向教学设计以教材中一个单元为整体，分为三个阶段：首先确定预期的学习成果，然后确定预期的评估依据，最后确定合适的学习活动。

逆向教学设计强调的是一个单元的大概念，所有的学习结果一定要以理解为基础。关于理解，逆向教学设计者提出了理解的六个层面：一是能解释（能说明，Explanation），二是能阐明（能诠释，Interpretation），三是能应用（Application），四是能洞察（有观点，Perspective），五是能神入（有同理心，Empathy），六是能自知（Self-Knowledge）。

逆向设计，正向实施。在实践过程中，教师需将教学设计扩展到整个单元，关注一个单元的大概念，这样做消除了传统的教学模式下以单一知识点为主的弊端，能有效培育学生的迁移和理解等能力。

二、逆向教学设计的三个阶段

小学语文统编教材三年级上册第五单元是一个习作单元，由 2 篇课文《搭船的鸟》《金色的草地》、2篇习作例文以及1篇习作练习三部分构成，目的是让学生能学习例文的写作方法并加以应用。我以该单元为例，使用逆向设计模板的三个阶段，对习作单元进行教学探索设计。

（一）阶段一：确定预期的学习结果

一般而言，阶段一包括预期的学习目标和预期的学习结果，两者之间紧密相连，是抽象与具体的关系，预期的学习结果是学习目标的具体表现。

1. 预期的学习目标

第五单元的学习目标确定依据是语文学科的核心素养和课程目标。

第一，能够认识10个生字，读准1个多音字，会写26个字和29个词语。

依据的核心素养：语言建构与运用——逐渐掌握语言的属性和使用规则，以塑造个人的语言体验。

依据的课程目标：培育热爱祖国语言的情感，树立学习语文的信心，让学习语文的习惯能够良好地养成。产生学习汉字的兴趣，养成主动识字的学习习惯。能够以标准、正确、整洁的方式书写正楷字体，且养成正确的写字姿势和良好的书写习惯。

第二，通过各种感官来观察体验，针对大自然中的动物、植物或某一处场景及其变化情况仔细观察，并记录观察心得，能够对大自然中某一景物进行描写。

依据的核心素养：思维发展与提升——关注学习经历，通过文字运用，获得各项思维发展，促进灵活性等思维品质的提高。

依据的课程目标：能从所见所闻中具体、正确、流畅地表达情感体验和思想。观察世界，记录自己的所见所闻、心中所感和想象，要把觉得新鲜有趣、印象深刻的内容写清楚。

第三，能展示自己的观察所得，和同学分享交流自己的观察感受，感受观察带来的乐趣，产生对大自然的热爱之情。

依据的核心素养：思维发展与提升——能有依据、有条理地表达自己的发现与观点，文化传承与理解——逐渐形成对个人与同伴、个人与自然关系之间的认识和思考。

依据的课程目标：结合汉语学习，观察社会与自然，能清楚地陈述自己的所见所闻，以多种形式表达自己的想法和感受。乐于以书面形式表达自己的想法，增强写作的信心。愿意和别人分享写作的乐趣。

2.预期的学习结果

(1)预期的迁移

学生可以自主应用学习成果,以便在平时的阅读中,学习作者情景描写和场景描写的方法,并将其运用于写作中;把对自然的热爱贯穿在日常生活中。

(2)预期的理解

理解的对象是大概念,本单元的大概念是观察事物,体会作者的写作方法,不断提高写作能力,积累生活素材,产生对大自然的热爱情感,以及培养审美意识。

理解有六个层面,分别是能解释(能说明)、能阐明(能诠释)、能应用、能洞察(有观点)、能神入(有同理心)、能自知。以上理解的六个层面是学生取得学习成果的基础。

学生将理解:观察的基础是在生活中留心周围事物。观察体验时调动各种感官,可以更细致地了解事物。细致的观察可以让我们对事物有越来越深入的了解。勤于发现大自然中存在的美好,及时记录观察所得,并表达热爱之情。在生活中要不断积累写作素材,以此提升写作水平。

(3)主要问题

主要问题由上文的五个"理解"而来,是将要理解的内容转换成问题让学生思考,从而达到教学目的。以下五个问题与上述五个"理解"基本对应。

学生将继续思考:两篇课文中的作者留心周围事物,所以发现了大自然的奥秘,那你们在生活中发现了什么有趣的现象吗?除了用眼睛看,还能用什么方法更细致地体验、了解事物?结合课文内容,说一说怎样做到细致观察,享受因此带来的好处?怎样才能发现大自然的美好,可以用哪些词汇表达热爱之情?在写作中,积累素材对提高写作水平有什么好处?

(4)预期收获的知识与技能

学生将认识10个生字,读准1个多音字,会写26个字,会写29个词语。

学生将有能力正确、流利、有感情地朗读课文。通过学习作者对翠鸟的描写,了解作者对翠鸟的外貌和动作两方面的观察。说出草地的变化及相应的原因,体会"我"观察所得到的收获。借助"观察记录单",仔细观察大自然中的动物、植物或生活中某一处的场景,记录观察后的收获心得,并尝试修改,且在组内交流互评。

（二）阶段二：确定预期的评估依据

1. 表现性任务

第一，预习单——能够正确认读生字、多音字，并正确、流利、有感情地朗读文章，了解课文大意。

第二，默写单——课文学习后，能够正确书写生字词语。

第三，观察记录单——仔细观察生活中的动植物或某一处场景，并记录观察所得。

第四，小练笔——能在课后阅读课文时，体会作者描写事物的写作方式，写一段自己的观察所得。

第五，习作《我眼中的缤纷世界》——凭借观察记录单，学习习作例文，完成作文。

2. 其他证据

第一，能在课文中找到相关信息——能在课文中画出描写翠鸟外貌和动作的句子，并圈出关键字词；能在课文中画出草地的变化及其相应的原因。

第二，能交流自己在日常生活中发现的有意思的现象。

第三，能交流如何更细致地体验、了解事物。

第四，能结合课文，说说观察带来的好处。

第五，能说出提高写作水平的方法。

第六，能在课后不断完善观察记录单。

第七，能在日常生活中表现出对大自然的热爱之情，能爱护大自然的花草树木。

3. 自评与反馈

第一，完成习作后，自己读读是否通顺，并尝试用学过的修改符号修改明显错误的地方。

第二，以小组为单位，展示自己的观察所得，围绕"观察是否仔细""还可以观察什么"等方面进行交流互评。

第三，和同学分享最近的观察感受，互评是否把感受说清楚、说完整了。

（三）阶段三：确定合适的学习活动

学习活动在阶段一与阶段二的基础之上进行，活动的设计自始至终都是以目标和证据作为参照物。

为了方便将学习活动按照主次进行排序，逆向教学的设计以 WHERETO

元素作为每个活动的编码,具体如下:

W——了解单元学习的方向(Where)和预期结果(What)。

H——把握(Hook)学生学习情况及保持(Hold)学生的情趣。

E1——代表知识的体验(Experience)和观点的探索(Explore)。

R——反思(Rethink)和修改(Revise)。

E2——让学生对自己的作业和应用情况进行自评和互评(Evaluate)。

T——依据学生的个体需要、兴趣与能力设计活动作业(Tailor)。

O——组织(Organize)教学活动,最大限度地提升学生的学习动力和持续参与学习活动的热情,提高学生的学习效果。

依据以上活动编码,设计的单元教学活动主要包括下面几项。

第一,出示单元导语,让学生了解、明确习作单元的要求。(W)

第二,结合图片,提出问题:"鸟会搭船,奇不奇怪?""这是一只怎样的鸟?""草地为什么是金色的?""在这片金色的草地上发生了什么故事?"激发学生对文本内容的阅读兴趣,提高学习课文的积极性。(H)

第三,检查课文预习单的完成情况。(E1)

第四,进行课文词语的默写单检测。(E1)

第五,开展课堂教学,探究文本。引导学生在课本中找到相关信息,在《搭船的鸟》中聚焦翠鸟外貌和捕鱼动作,在《金色的草地》中关注草地颜色的变化和变化原因,能够找到相关词句,并用自己的话概括交流。(E1,R)

第六,通过两篇习作例文的品读,交流细致观察的方法,明白把习作写清楚的方法。(E1,R)

第七,根据自己的兴趣,观察生活中的一种动物、植物或某一场景,发现它们的美好,完成观察记录单,用赞美的词句抒发热爱之情。(E1,T,O)

第八,课后分小组开展一次爱护花草树木的活动,写一写赞美花草树木的句子和段落。(H,T,O)

第九,通过两篇课文的精讲,全班交流在生活中最令自己感到新奇、有趣的事物或场景,感受留心观察的重要性,梳理和总结文中有哪些细致观察的表现。(E1,R,T,O)

第十,用情景描写和场景描写的方法,记录观察所得,完成后在课堂上进行师生互评。(E1,R,E2,T,O)

第十一,完成习作《我眼中的缤纷世界》,完成后进行自评,用修改符号修改

明显错误,之后进行组内展示、同学互评。(E1,R,E2,T,O)

第十二,课后阅读相关文章,继续对生活进行观察,不断完善、充实观察记录单,和周围同学谈谈自己的观察感受和心得收获,具体讨论积累素材对写作的帮助和作用,出示评价要求,同学间互评。(E1,R,E2,T,O)

三、逆向教学设计的启示

在统编教材三年级上册第五单元的逆向教学设计中,我获得了以下启示:

(一)对教学目标和学习结果的思考

在平时的教学过程中,老师通常将目标放在首位,然而逆向设计是先确定学生预期达到的学习结果,并且学习结果的确定是有依据的(学科的核心素养和课程目标等)。这样的思维翻转体现了以学生为本的教学思想。在逆向教学设计时,紧扣本单元的大概念,三个阶段形成了对应的逻辑关系,是紧密相扣、互相对应的。

(二)对理解和迁移的思考

理解包含了六个层面,是本单元教学设计的重要部分,学生只有具备了理解和迁移能力,他们在之后的语文学习过程中才能更灵活并富有创造性地运用所学知识。因此,培养理解和迁移能力是关键,也体现了小学语文学科的核心素养。

(冯　仪)

基于理解的小学语文逆向教学设计
——以统编教材三年级上册第六单元为例

一、逆向教学设计的基本内涵

"逆向教学设计"是由格兰特·威金斯和杰伊·麦克泰格在他们所著的《追求理解的教学设计》一书中提出的。通过阅读学习该书,笔者对逆向教学设计有了一定的理解。

想要理解逆向教学设计的基本内涵,首先要理解"逆向"一词。一般地,将"教学目标"作为起点,将"学生达到预期的学习结果"作为终点。而逆向,顾名思义,与原本行进方向相反,可以说是将学生达到的预期的学习结果作为起点来进行教学设计。根据这些学生将收获到的学习结果,进行评估证据的设计,即思考如何证明学生是达到了预期的学习结果的,再根据上述两个环节进行教学活动的设计。由此可见,在进行逆向教学设计时需要关注,学生需要达到哪些学习结果,针对这些学习结果要设计哪些评估证据,设计哪些学习活动才能帮助学生达到预期的学习结果。

下文将围绕这三个问题进行论述,并以统编教材三年级上册第六单元为例,进行逆向教学设计。

二、逆向教学设计

本设计以统编教材三年级上册第六单元为例,该单元中包括《古诗三首》《富饶的西沙群岛》《海滨小城》《美丽的小兴安岭》4篇课文。对此进行逆向教学设计。

（一）阶段一：确定预期的学习结果

基于语文学科的核心素养和课程目标确定该单元的学习目标。目标的确定依据为教育部制定的《义务教育语文课程标准（2022年版）》中的语文学科核心素养以及课程目标。

1. 预期的学习目标

第一，能认识42个生字，能说出"蝌、鲤"等字声旁表音、形旁表义的特点，读准6个多音字，会写51个字，会写46个词语。

依据的语文学科核心素养：审美创造——具有初步的感受美、发现美和运用语言文字表现美、创造美的能力。

依据的课程目标：有初步的独立识字能力。

依据的学校育人目标：爱学习，有灵气。

第二，能正确、流利地朗读3篇课文。朗读、背诵3首古诗，默写《望天门山》。

依据的语文学科核心素养：语言运用——在丰富的语言实践中，通过主动的积累、梳理和整合，初步具有良好语感，了解国家通用语言文字的特点和运用规律，形成个体语言经验。

依据的课程目标：用普通话正确、流利、有感情地朗读课文。

依据的学校育人目标：爱学习，有灵气。

第三，能找到关键语句，并借助关键语句理解一段话的意思。知道关键语句可能的位置及关键语句的作用。

依据的语文学科核心素养：语言运用——在丰富的语言实践中，通过主动的积累、梳理和整合，初步具有良好语感，了解国家通用语言文字的特点和运用规律，形成个体语言经验。思维能力——在语文学习过程中的联想想象、分析比较、归纳判断等认知表现，主要包括直觉思维、形象思维、逻辑思维、辩证思维和创造思维。

依据的课程目标：能联系上下文，理解词句的意思，体会课文中关键词句表情达意的作用。

依据的学校育人目标：爱学习，有灵气。

第四，能围绕给出的关键语句说一段话。

依据的语文学科核心素养：语言运用——在丰富的语言实践中，通过主动的积累、梳理和整合，初步具有良好语感，了解国家通用语言文字的特点和运用规律，形成个体语言经验。思维能力——在语文学习过程中的联想想象、分析比较、归纳判断等认知表现,主要包括直觉思维、形象思维、逻辑思维、辩证思维和创造思维。

依据的课程目标:能清楚明白地讲述见闻,说出自己的感受和想法。

依据的学校育人目标:爱学习,有灵气。

第五,仔细观察一处景物,能运用平时积累的描写景物的词语,围绕一个意思用一段话写下来,并能自己改正错别字。

依据的语文学科核心素养:语言运用——在丰富的语言实践中,通过主动的积累、梳理和整合,逐步掌握祖国语言文字特点及其运用规律,形成个体言语经验。

依据的课程目标:尝试在习作中运用自己平时积累的语言材料,特别是有新鲜感的词句。学习修改习作中有明显错误的词句。

依据的学校育人目标:爱学习,有灵气。

第六,通过课文学习,领略祖国各地美丽的风光,感受作者对祖国大好河山的赞美之情。

依据的语文学科核心素养:审美创造——审美创造是指学生通过感受、理解、欣赏、评价语言文字及作品,获得较为丰富的审美经验,具有初步的感受美、发现美和运用语言文字表现美、创造美的能力;涵养高雅情趣,具备健康的审美意识和正确的审美观念。

依据的课程目标:在语文学习过程中,培养爱国主义、集体主义、社会主义思想道德。

2. 预期的学习结果

学习目标和学习结果是具体与抽象的关系,学习结果是学习目标的具体化。

(1) 预期的迁移

学生可以自主应用学习成果,以便在新文本的阅读中,能根据字声旁表音、形旁表义的特点进行自主识字(知识与技能的迁移);在新文本的阅读中,能找到关键语句,并借助关键语句理解一段话的意思,知道关键语句可能的位置及关键语句的作用(知识与技能的迁移);在生活中,能留心并感受祖国各地的美丽风光(情感态度的迁移)。

(2) 预期的理解

逆向教学设计者提出学习结果要以理解为基础,并提出理解有六个层面,分别是能解释(能说明)、能阐明(能诠释)、能应用、能洞察(有观点)、能神入(有同理心)、能自知。其中,能解释(能说明)是指,对于现象、事实、资料等做出系统叙述和分析,并提出阐明性的举例或例证。能阐明(能诠释)是指,讲述有意义的故事,对概念或事件能客观地揭示其意义。能应用是指,将所学应用于新的、独特的真实情境或未知情境中。能洞察(有观点)是指,提出对事件、主题或情境的个人看法,并做出分析,提出解决问题的方法。能神入(有同理心)是指,展现设身处地为他人着想的能力。能自知是指,自我反思与评价,以及阐述反思后的新认识,克服有偏见的想法。

理解的对象是"大概念"。本单元的大概念是字(音、形),语句,阅读(朗读、背诵、默写),表达方式(描写、抒情)。

学生将理解:关键语句在文段中的作用(能阐明),有感情地朗读作品的意义(能神入),观察和描写的关系(能应用),自己观察景物的方式(能自知),用关键语句进行多角度表述的意义(能神入),作者对祖国大好河山的赞美之情(能神入)。

(3) 主要问题

主要问题由理解转化而来。

学生将继续思考:本单元4篇课文的指定自然段中哪些语句属于关键语句?课文指定段落是围绕哪些关键句进行描写的?课文中蕴含着作者什么样的思想感情?如何通过朗读来体现作品的思想感情?怎么样才算是仔细观察?观察景物的方式有哪几种?你最喜欢的观察方式是什么?怎么样才能将观察到的景物描写出来?观察景物时,可调动哪些感官来表述?课文中哪些词句表达了作者对祖国大好河山的赞美之情?你什么时候也有过这样的情感?

(4) 预期收获的知识与技能

学生将认识42个生字,能说出"蝌、鲤"等字声旁表音、形旁表义的特点,读准6个多音字,会写51个字,会写46个词语。

学生将有能力正确、流利地朗读,背诵、默写古诗;找到关键语句,并借助关键语句理解一段话的意思;围绕给出的关键语句说一段话;仔细观察一处景物,运用平时积累的描写景物的词语,围绕一个意思用一段话写下来。

(二)阶段二:确定合适的评估证据

要确定评估证据,其关键就在于确定评估的指标。此阶段的评估证据是与阶段一中的预期学习结果——对应的。

1. 表现性任务

第一，课文朗读——能用普通话正确、流利、有感情地朗读课文，读准字音，不加字，不漏字。能做到吐字清晰，发音响亮，停顿恰当，不拖腔拖调，语气连贯、自然。

第二，阅读理解——能在课文指定段落找出关键句，并借助关键语句理解一段话的意思。

第三，阅读理解——能找出课文中体现作者对祖国大好河山赞美之情的词句。

第四，交流表达——能说出课文中作者蕴含的思想感情。

第五，口头表达——能用自己的话介绍文中的景物或场景，能围绕给出的关键语句说一段话。

第六，讨论交流——能说出自己观察景物的方式。

第七，方式总结——能总结日常生活中可以运用的观察方式。

第八，习作练习——能在多角度观察后，用自己的话对一处自己认为美丽的景色进行介绍，并运用平时积累的描写景物的词语，围绕一个意思用一段话写下来。

2. 其他证据

第一，课堂练习——能正确默写课文中的字词，背诵《古诗三首》。

第二，回答问题——能在类文阅读中找到关键语句，并借助关键语句理解一段话的意思。

第三，课后作业——能完成书中课后及配套练习册相应练习。

3. 自评与反馈

第一，口头表达——以小组为单位，自评和互评口头表达。能用自己的话介绍文中的景物或场景。能围绕给出的关键语句说一段话。

第二，书面表达——以小组为单位，自评和互评完成的习作。能做到通过观察并运用平时积累的描写景物的词语，围绕一个意思用一段话写下来，并能自己改正错别字。

(三)阶段三：确定合适的学习活动

为了便于把学习和教学活动按照优先次序进行排列，逆向教学设计以 W、H、E、R、E、T、O 等字母为活动编码。

这些字母的含义是：

W——了解学习的方向(Where)或者学习的结果(What)。

H——把握(Hook)学生情况和保持(Hold)学生兴趣。

E1——体验(Experience)主要观点、探索(Explore)问题。

R——反思(Rethink)和修改(Revise)。

E2——允许学生对自己的学习进行评价(Evaluate)。

T——根据学生需求、兴趣和能力进行个性化设计(Tailor)。

O——组织(Organize)教学,最大限度地提升学生的学习动力与持续参与的热情。

根据上述活动编码,设计相应的教学活动,主要包括以下内容。

第一,以"跟着书本看祖国"为话题,创设情境,引发学生对所学文本内容的兴趣。(H)

第二,根据单元导语页,初步介绍单元所学课文,交流单元课文的异同点。(H,W)

第三,组织学生通过预习进行课文朗读,并给予朗读评价的标准(读准字音、读通句子、有情感)。遇到生字能根据字声旁表音、形旁表义的特点进行自主识字。(E1)

第四,开展课堂教学,落实语文要素。引导学生了解课文相关段落中每句句子的大意,以此引导学生在相关段落中找出关键语句,并借助关键语句理解一段话的意思以及关键语句在段落中起到的作用。(E1,R)

第五,开展课堂教学,通过播放图片、视频等相关资料,引导学生用自己的话围绕给出的关键语句介绍文中的景物或场景,并进行小组互评。(E1,R,O,E2)

第六,开展课堂教学,结合生活经验思考:怎么样才算是仔细观察?(E1,O)

第七,开展课堂教学,通过阅读课文写景片段,梳理并学习作者观察景物时调动的感官。(E1,O)

第八,开展小组合作,交流日常观察景物时可以调动的感官,并分享自己在日常生活中喜欢运用的观察景物的方式。(E1,O)

第九,开展课堂教学,小组总结日常生活中可以运用的观察方式。(E1,R)

第十,开展课堂教学,体会文中蕴含的思想感情。通过课文学习,找出课文中体现作者对祖国大好河山赞美之情的词句,体会作者蕴含的思想感情,并通过朗读体现。完成第四个表现性任务,进行小组互评。(E1,T,O,E2)

第十一,开展课堂教学,感受作者对祖国大好河山的赞美之情,交流:你什

么时候也有过这样的情感？（E1）

第十二，开展课堂教学，用自己的话介绍文中或生活中的景物或场景。能围绕给出的关键语句说一段话。（E1，T）

第十三，完成诗句默写小练习。（E1，R，E2）

第十四，完成课后练习，在类文阅读中找到关键语句，并借助关键语句理解一段话的意思。完成书中课后及配套练习册相应练习。（E1，R，F2）

第十五，语段练习：能在多角度观察后，用自己的话对一处自己认为美丽的景色进行介绍，并运用平时积累的描写景物的词语，围绕一个意思用一段话写下来。（E1，T）

第十六，在小组互评和自评的基础上修改习作。（E1，R，E2）

三、逆向教学设计的启示

通过本次逆向教学设计，笔者从中得到了一些启示，具体内容如下。

（一）以逆向模式进行日常教学设计

落实逆向教学设计常态化有助于教师的日常教学，抛弃原有的固化思维；有利于学生的学习，促进学生深度思考，深度参与教学活动。

逆向教学设计首先考虑学生预期的学习结果，可以说是充分关注学生，由此将教材所呈现的内容转变为学生须达到的学习结果，是将学生视作学习主体，能更好帮助学生落实语文核心素养，同时符合语文学科的育人要求。

（二）以"大概念"落实单元整体教学

统编教材的每个单元都设置了相应的人文主题和语文要素，那么以单元作为整体进行教学设计就变得非常必要。逆向教学设计者认为，学生的学习结果要基于理解，而理解的对象是"大概念"，这就为单元整体教学创造了很好的条件。基于理解，以"大概念"为抓手，可以更好地推进单元整体教学，避免以单篇课文为单位进行设计，从而忽略单元重点及单元语文要素。此外，"大概念"包括宏观、中观和微观三个层面，可以很好地帮助教师更为全面地进行预期的学习结果的梳理。

（三）教学评一体化的设计理念

逆向教学设计也能体现教学评一体化的理念。在逆向教学设计中，"确定预期的学习结果—确定合适的评估证据—确定合适的学习活动"这三个阶段不仅需要环环相扣,还需要互相印证。确定预期的学习结果,能检测到学生达到该学习结果后的相应能力。确定合适的评估证据,可以使得学生的学习和老师的教学与评价之间的连接更为紧密;帮助教师评价更有针对性,避免为评价而评价。此外,逆向教学的评价是伴随整个学习的过程的,教师可以根据学生课堂表现性任务、其他证据、学生的自评与反馈来随时调整,以此做到"以评促学""以评促教"。确定合适的学习活动同样有利于教学评一体化的深入发展。

参考文献

[1] 中华人民共和国教育部.义务教育语文课程标准(2022年版)[S].北京:北京师范大学出版社,2022.

[2] [美]格兰特·威金斯,杰伊·麦克泰格.追求理解的教学设计[M].闫寒冰,宋雪莲,赖平,译.上海:华东师范大学出版社,2017.

(宣超敏)

基于理解的小学语文逆向教学设计
——以统编教材三年级下册第七单元为例

一、逆向教学设计的基本特征

新课标指出：语文课程核心素养分为四个方面，即"文化自信""语言运用""思维能力""审美创造"。逆向教学设计是当前学校提倡的一种先进教学模式，与科学核心素养培养关系密切，符合未来新型教学设计发展的趋势。在实施过程中，它消除了传统教学模式下以单一知识点为主的弊端，将教学设计扩展到整个大单元，通过对单元情景以及任务等相关信息进行统筹的方式，培养学生的科学素养。逆向教学设计的主要内容包括三个方面。首先，确定单元学习的预期结果。根据课程标准要求，预设通过课堂教学之后，学生能够掌握哪些方面的知识，理解哪些方面的内容，达到哪些方面的目标。其次，确定相应的评价证据。通过什么评价指标能够确定学生已经达到了预期的教学目标？哪些证据能够表明学生对相关知识的理解程度？通过哪些评价方式可以更好激发学生学习的积极性？值得注意的是，教师必须围绕学习目标确定评价证据。最后，以教学目标和评价证据为基础，设计相关的教学活动，以更好满足学生对课堂学习的需求。相对于传统教学模式，逆向教学设计是一种将学习目标评价任务前置的新型教学模式，强调以学习目标为起点，围绕评价证据设计教学活动，进而实现促进学生学习的预期目标。

二、逆向教学设计的三个阶段

为了能够更好探索逆向教学设计在实际教学中的应用，笔者以统编教材三年级下册第七单元为例,围绕逆向教学设计的三个阶段进行单元教学探索设计。

(一)阶段一:确定预期的学习结果

在逆向教学设计的第一阶段,教师首先需要围绕教材,确定整个大单元的预期的学习目标以及学习结果,两者之间具有非常重要的联系,预期学习目标是学习结果的评价基础,预期学习结果是学习目标的具体表现。

1. 预期的学习目标

统编教材三年级下册第七单元主要以天地奥秘为基础,为学生精心准备了3篇课文,分别是《我们奇妙的世界》《海底世界》《火烧云》,这3篇课文通过由浅及深的方式,向学生展示了大自然的奥秘。为了能够巩固学生的知识,锻炼学生的能力,本单元设置了口语交际、习作以及语文园地3个板块。

第一,能够认识25个生字,读准3个多音字,会写46个字,会写49个词语。

依据的核心素养:在影响学生语言运用的各项要素中,汉字的掌握程度是极为重要的一项,通过阅读课文的方式,可以让学生掌握语言文字的使用特点以及规律,进而提高自己的语感,提高语言构建能力。

依据的课程目标:培养学生对大自然的热爱之情以及探索之情,能够帮助学生养成良好的学习习惯。通过各种大自然的奥秘,激发起学生对语文的学习兴趣,改变他们被动学习的状态。能够准确读写生字,丰富学生的词汇量,书写姿势要端正,书写过程要规范,书写卷面要整洁。

第二,利用信息整合的方式介绍某一种事物,培养热爱祖国山河的感情与探索大自然奥秘的兴趣。

语言表达能力是语文核心素养的重要内容,本单元要求学生学会围绕某一事物,整合相关信息,进而对该事物进行详细介绍。

依据的核心素养:思维发展与提升是影响学生语言表达能力的重要因素。语文学习是学生语文知识积累的过程,同时是信息搜集的过程,思维发展能力的提升可以让学生形成正确的审美意识。

依据的课程目标:能够借助给出的信息了解大熊猫,掌握大熊猫的特点,并且将大熊猫介绍给他人,提高自己的语言表达能力。

第三,学会劝说他人。

依据的核心素养:语言建构与运用是语文学习的重要目标之一。语言在运用过程中,不仅受到词语文字的影响,同时受到语气等方面的影响。为此,在语言建构与运用方面,必须让学生学会从他人的角度着想,注意自己说话预期,让他人更加愿意接受自己的劝说,提高自己对语文知识的运用能力。

依据的课程目标:能够根据具体的情景,选择恰当的方式,尝试劝告他人,在这个过程中必须注重语气的运用,学会从他人的角度思考问题,进而确定劝说的内容。

2. 预期的学习结果

(1) 预期的迁移

通过本课程的学习,学生能够掌握多种语文知识技巧的应用:通过有感情地朗读课文,了解课文是从哪些方面将事物介绍清楚,如何围绕一个意思将一段话写明白;能够在日常生活中选择合适的预期以及方法,对人进行劝告,进而达到劝告的目标。

(2) 预期的理解

理解的对象是大概念,本单元的大概念是让学生能够学会观察事物,体会作者的写作方法,不断提高自己的写作能力。(领悟作者的表达方法,学习作者按照一定顺序抓住事物特点描写的写作方法。)从多个方面对大自然的奥秘进行介绍,让学生能够对大自然产生浓厚的兴趣,不仅有助于激发他们对大自然的热爱之情,培养他们对语文的学习兴趣,同时有助于培养他们的探索精神。

学生将理解:用表达的方式,能够快速找出日常生活中事物的特点,并且用语言描述出来(能洞察);运用合适的写作方法进行描写(能诠释,通过课文语言感受奇异景象与美丽景色,具有观察大自然的兴趣);能够换位思考,介绍大自然的奥秘(能洞察);通过查找资料,根据问题对相关信息进行整合,利用文字的方式将大自然的多种事物记录下来(能应用);激发探索欲望,有探索大自然奥秘的兴趣,能够主动去记录在日常生活中遇到的各种事物(能自知)。

(3) 主要问题

根据语文素养的要求,学生必须将知识内化,而不是仅仅掌握知识学习技巧,这也是"理解"的基础,是达成教学目的的重要表现。以下五个问题基本与上述五个"理解"对应。

学生将继续思考:除了课文中描写的现象,在我们日常生活中还有哪些现象是非常奇妙的?课文中你感受到哪些奇异景色与美丽景色,你对哪些感兴趣,为什么?运用哪些表达方式可以将奇妙的现象表达出来?围绕教材内容,我们能够运用什么样的方式去描述客观事物,大自然还有哪些非常壮丽的景观,可以选用哪些词汇去描述它们？除了积累语文词汇、生字外,还有哪些要素可以提升自己的写作能力？

(4) 预期收获的知识与技能

学生将认识 25 个生字,读准 3 个多音字,会写 46 个字,会写 49 个词语。

学生将有能力学会观察并描述客观事物,探索大自然,正确、流利、有感情地朗读课文,学会利用合适的语气和语句去劝说他人,学会对事物特征进行总结、描述。

(二) 阶段二:确定预期的评估依据

1. 表现性任务

第一,预习任务:通过预习,学生可以准确认读文中生字、多音字,并且可以有感情地朗读课文,掌握课文讲述的内容(预期收获的知识与技能)。

第二,默写任务:经过本课程的学习,学生可以正确默写课文中的生字、生词(预期收获的知识与技能)。

第三,观察任务:能够学会观察事物,并且通过学过的语文知识,对事物的特点进行描述(预期收获的知识与技能)。

第四,写作任务:通过本课程的学习,掌握作者在描述客观事物时所运用的写作方法,并且根据自己对事物的观察,完成小作文练习(预期的迁移)。

第五,口语任务:能够根据设置的情景,选择恰当的文字及语气对他人进行言语劝告,最终获得他人的认可(预期的迁移)。

第六,习作任务:通过查找相关资料,围绕课程提出的关于大熊猫的问题,介绍一下大熊猫(预期收获的知识与技能)。

第七,拓展任务:思考日常生活中遇到的关于自然界的神奇景观,并且将它们的特点进行总结、描述,以作文的形式展现出来,让其他人能够根据自己的作文内容,了解作文所描述的神奇景观(预期收获的知识与技能)。

2. 其他证据

第一,寻找关键语句:通过阅读《我们奇妙的世界》《海底世界》《火烧云》,在课文中找出作者描述了哪些神奇事物,在描述这些神奇事物的时候,都采用了什么样的修饰词(预期收获的知识与技能)。

第二,能够抓住事物的特征,使用准确的词汇及语气,向其他学生介绍该事物(预期的理解)。

第三,能够针对不同的情景,使用恰当的语气以及词汇劝告他人,获得他人的理解（预期的理解）。

第四，在习作过程中使用积累的语言词汇进行交流，学会用问句开头进行文章写作，并且能够讲出这种写作方法的优势（预期收获的知识与技能）。

第五，能够了解寻物启事的写法，并且针对某一事物书写一则合格的寻物启事（预期收获的知识与技能）。

第六，能够了解观察类文章的写法，并且说出要点（预期的理解）。

第七，能够在日常生活中发现大自然奇观，并且用准确的语句将这种奇观描述出来，同时表达出对大自然的热爱之情（预期的迁移）。

第八，能够围绕一个意思，从多个方面将一段话写明白（预期收获的知识与技能）。

3. 自评与反馈

第一，独立完成作文写作后，默读自己的作文，查看作文中的语句是否通顺、词语使用是否准确、是否存在错别字等，对于发现的问题，用修改符号将错误改正过来，留痕查看。

第二，以学习小组为单位，在教师的指导下开展组内学习。组员需要将自己经过观察所写作的短文进行展示，与组内成员进行沟通交流，判断自己短文中描述的事物是否准确，除了短文中描写的事物特点，还有哪些方面是自己没有考虑到的，通过组内交流互评的方式，实现优势互补的预期目标。

第三，以学习小组为单位，围绕"劝告""国宝大熊猫"进行交流，判断自己在习作中是否将信息描述完全，语句、语气是否恰当。

（三）阶段三：确定合适的学习活动

想要实现教学质量的提升，合适的学习活动是极为关键的要素，为此，必须围绕学习目标以及评估证据开展学习活动，确保学习活动的针对性。在学习活动设计方面，本次逆向教学设计采用了 WHERETO 元素作为每个活动的编码，具体如下：

W——要求学生了解大单元学习的方向（Where）及预期结果（What）。

H——把控（Hold）的基本学情及学习兴趣。

E1——知识的体验（Experience）和探索（Explore）。

R——学习过程的反思（Rethink）和修改（Revise）。

E2——学习过程的自评与互评（Evaluate）。

T——以学生需求为中心，围绕学生的学习兴趣以及学习能力去设计教学活动(Tailor)。

O——根据学生的基本情况组织(Organize)教学活动,改变学生的学习态度,让学生能够主动地去参与教学活动,提升学习效果。

为了能够改善学生的学习情况,在教学过程中,以 WHERETO 元素为基础,设计本单元的教学活动。

第一,教师根据整个单元的内容,通过问题引导的方式,让学生了解本单元的内容,明确教学要点。(W)

第二,通过 PPT、视频等方式,将大自然的奇观展现给学生,让学生能够初步了解大自然的相关现象,然后将此作为导入,引出本单元的相关内容,吸引学生的注意力,激发起学生的学习兴趣,让他们能够主动去阅读单元文章,了解更多关于大自然的知识。(H)

第三,通过提问和听写的方式,对学生的预习情况进行摸底,找出学生关于知识点的薄弱点。(E1)

第四,围绕《我们奇妙的世界》《海底世界》《火烧云》,让学生找出描述客观事物的相关词语,同时总结文章的写作技巧,并且用自己的话对文章内容进行概括。(E1)

第五,以小组讨论的形式对文章内容以及要点进行沟通、交流,进而发现自己存在的不足,达到取长补短的效果。(R)

第六,针对国宝大熊猫,查找相关资料,并且将查到的资料进行小组汇总、讨论,交流查找资料的方法,明白描述大熊猫需要从哪些方面着手。(E1,R,E2)

第七,教师设置情景,由学习小组成员进行情景表演,用恰当的语句和语气劝告他人,让学生学会从他人的角度去考虑问题,进而解决问题。(E1,T,O)

第八,选择日常生活中常见的一种自然景观,通过观察、分析的方式,完成作文习作,并且总结习作要点,如应该通过哪些方面去描述该自然景观,利用哪些词语去描写该自然景观,同时以小组讨论的方式,对组内成员的作文进行自评和互评,找出作文的优点和不足,进而总结学习的收获。(E1,R,E2,T,O)

三、逆向教学的启示

逆向教学是一种以目标为导向、以学生为中心、反馈强化、过程优化和评价多元的教学方法,它能够有效地提高学生的学习效果和思维能力,并且有助于培养学生的自主学习和创新能力。

通过逆向教学发现,学生具有极大的学习潜力,不管是学习成绩优秀的,还是学习成绩欠佳的,所有学生都具有很强的学习能力。影响学生学习能力的主要因素就是教学方法。逆向教学在设计过程中,必须以学生为中心,以整个单元内容为基础,根据学生的实际情况去确定学习目标及学习结果。在此基础上,确定学习目标或者学习结果所达成的证据。逆向教学设计的最后阶段才是具体的教学活动。这样的教学方式可以避免教学活动与教学目标相背离,同时能够更好地考虑到学生的实际情况,在提高学生学习积极性方面具有非常重要的作用。

参考文献

[1] 中华人民共和国教育部.义务教育语文课程标准(2022年版)[S].北京:北京师范大学出版社,2022.

[2] [美]格兰特·威金斯,杰伊·麦克泰格.追求理解的教学设计[M].闫寒冰,宋雪莲,赖平,译.上海:华东师范大学出版社,2017.

(朱翠萍)

小学语文单元逆向教学设计
——以统编教材四年级上册第二单元为例

在全面深化基础教育改革的背景下,我国对小学语文教学提出了更高的要求与标准,小学语文单元教学的模式与理念需要创新与转变。单元语文教学注重教学目标的整体性与系统性,明确小学语文单元教学目标,将单元下各个独立课程有机串联起来,使其成为一个单元教学整体,推动单元教学内容的逐一落实。

逆向教学设计是按照"目标—评价—教学"的逆向思维进行课程内容设计。采用逆向教学设计模式,能大大提高单元教学内容与目标的一致性,促进学生核心素养的发展。

笔者以小学语文四年级上册第二单元为例,进行单元教学的逆向设计,探索学生语文素养提升的新路径。

一、逆向教学设计的基本内涵

逆向教学设计是由美国课程与教学专家格兰特·威金斯与杰伊·麦克泰格在对传统教学设计反思与创新的基础上提出的一种新的教学设计模式。传统的教学设计是先确定单元学习活动,再开发评价标准。而逆向教学设计则有别于传统教学设计,将教学设计确定为三个教学阶段——确定预期的学习结果—确定合适的评估证据—确定合适的学习活动。三者形成教学目标决定教学评价、教学评价引导教学活动的因果回归关联。

二、逆向教学设计

（一）阶段一：确定预期的学习结果

预期学习结果包括学习目标和学习结果。学习结果又分为预期的迁移、预期的理解、主要问题、预期收获的知识与技能。

该单元学习目标的确定基于《义务教育语文课程标准（2022年版）》中的语文学科核心素养以及课程目标。

1. 确定单元学习目标

第一，能认识51个生字，读准2个多音字，会写54个字，会写55个词语。能运用形声字的规律主动识字。能朗读、背诵有关名句。

依据的语文学科核心素养：语言运用——在丰富的语言实践中，通过主动的积累、梳理和整合，初步具有良好语感，了解国家通用语言文字的特点和运用规律，形成个体语言经验。

依据的课程目标：养成主动识字的习惯，有初步独立的识字能力，能感知常用汉字音、形、义之间的联系。积累课文中的优美词语、精彩句段。

依据的学校育人目标：爱学习，有灵气。

第二，能体会运用反复和不运用反复的句子在表达上的不同效果。能体会句子自问自答的表达效果。

依据的语文学科核心素养：审美创造——通过感受、理解、评价语言文字，获得较为丰富的审美经验，具有初步感受美、发现美的能力。

依据的课程目标：感受语言文字的美，能结合自己的经验理解初步评价语言文字作品，丰富自己的情感体验和精神世界。

依据的学校育人目标：爱学习，有灵气。

第三，阅读时，能从不同角度提出问题，能筛选出对理解课文有帮助的问题。

依据的语文学科核心素养：思维能力——在语文学习过程中的联想想象、分析比较、归纳判断等认知表现，主要包括直觉思维、形象思维、逻辑思维、辩证思维和创造思维。

依据的课程目标：能对课文中不理解的地方提出疑问，乐于与他人讨论交流。

依据的学校育人目标:爱学习,有灵气。

第四,能主动运用提问策略进行阅读,尝试解决提出的问题,养成积极思考的习惯。

依据的语文学科核心素养:思维能力——有好奇心、求知欲,崇尚真知,勇于探索创新,养成积极思考的习惯。

依据的课程目标:乐于探索,勤于思考,初步掌握比较、分析、概括、推理等思维方法,辩证地思考问题,有理有据、负责任地表达自己的观点,养成实事求是、崇尚真知的态度。

依据的学校育人目标:爱学习,有灵气。

第五,能抓住家人与动物的相似之处,写出家人的特点,修改不通顺的语句。

依据的语文学科核心素养:语言运用——在丰富的语言实践中,形成个体言语经验。审美创造——通过感受、理解、欣赏、评价语言文字及作品,获得较为丰富的审美经验,具有初步运用语言文字表现美、创造美的能力。

依据的课程目标:尝试在习作中运用自己平时积累的语言材料。学习修改习作中有明显错误的词句。

依据的学校育人目标:爱学习,有灵气。

2. 预期的学习结果

学习目标和学习结果是具体与抽象的关系,学习结果是学习目标的具体化。

(1) 预期的迁移

学生可以自主应用学习成果,以便在新文本的阅读中,能根据字声旁表音、形旁表义的特点进行自主识字(知识与技能的迁移);在新文本的阅读中,能主动运用提问策略进行阅读,尝试解决提出的问题(知识与技能的迁移);在课外阅读中,愿意提出自己的问题,并尝试解决问题(情感态度的迁移)。

(2) 预期的理解

逆向教学设计者提出学习结果要以理解为基础,并提出理解有六个层面,分别是能解释(能说明)、能阐明(能诠释)、能应用、能洞察(有观点)、能神入(有同理心)、能自知。

理解的对象是"大概念"。本单元的大概念是字(音、形),语句,阅读,表达方式(描写、抒情)。

学生将理解:运用反复和不运用反复的句子在表达上的不同效果(能阐

明);句子自问自答的表达效果(能阐明);阅读时可以从不同角度提出问题(能应用);如何筛选出对理解课文有帮助的问题(能解释、能应用);运用提问策略进行阅读的好处,知道在阅读中要自觉运用提问策略(能洞察);解决所提问题的方法(能自知);自己及家人特点(能自知)。

(3) 主要问题

主要问题由理解转化而来。

学生将继续思考:运用反复和不运用反复的句子有什么不同?两句句子表达的意思是否一致?两句话带给你怎样的感受?运用反复的句子在表达上有哪里好?自问自答的句子有什么特点?这样写的作用是什么?本单元三篇课文提到的提问策略有哪些?什么是"针对课文局部提问"?什么是"针对课文整体提问"?哪些问题是"针对课文局部提问"?哪些问题是"针对课文整体提问"?课文的写法是什么?如何理解从课文中得到的启示?哪些问题是对理解课文有帮助的,为什么?日积月累的名句有什么共同点?四句话分别是什么意思?运用阅读策略进行阅读有什么好处?我可以怎么找到这些问题的答案?自己和家人有什么特点?这种特点像哪种动物?怎样才能将自己和家人的特点描写出来?

(4) 预期收获的知识与技能

学生将认识51个生字,读准2个多音字,会写54个字,会写55个词语。能运用形声字的规律主动识字。

学生将有能力朗读、背诵有关名句;体会运用反复和不运用反复的句子在表达上的不同效果;体会句子自问自答的表达效果;从不同角度提出问题,能筛选出对理解课文有帮助的问题;尝试用多种方法解决所提问题;抓住家人与动物的相似之处,写出家人的特点。

(二) 阶段二:确定合适的评估证据

评估证据包括表现性任务、其他证据、自评与反馈。要确定评估证据,其关键就在于确定评估的指标。此阶段的评估证据是与阶段一中的预期学习结果一一对应的。

1. 表现性任务

第一,积累背诵——能正确背诵有关名句,对名句进行积累。

第二,阅读理解——能体会运用反复和不运用反复的句子在表达上的不同效果。

第三，阅读理解——能体会自问自答的句子在表达上的不同效果。

第四，讨论交流——能在阅读完课文后交流自己提的问题。

第五，讨论交流——能交流自己筛选出的对理解课文有帮助的问题，并说明原因。

第六，方法总结——能总结提问角度。

第七，阅读理解——能尝试用多种方法解决问题，理解课文内容。

第八，习作练习——能抓住家人与动物的相似之处，写出家人的特点。

2. 其他证据

第一，课堂练习——能正确默写课文中的字词，背诵有关名句。

第二，课外阅读——能主动运用提问策略进行阅读，尝试解决提出的问题，养成积极思考的习惯。

第三，课后作业——能完成书中课后作业及配套练习册相应练习。

3. 自评与反馈

第一，口头表达——以小组为单位，自评和互评口头表达。能交流自己提出的问题。

第二，书面表达——以小组为单位，自评和互评完成的习作。能抓住家人与动物的相似之处，写出家人的特点，修改不通顺的语句。

(三)阶段三：确定合适的学习活动

为了便于把学习和教学活动按照优先次序进行排列，逆向教学设计以 W、H、E、R、E、T、O 等字母为活动编码。

这些字母的含义是：

W——了解学习的方向(Where)或者学习的结果(What)。

H——把握(Hook)学生情况和保持(Hold)学生兴趣。

E1——体验(Experience)主要观点、探索(Explore)问题。

R——反思(Rethink)和修改(Revise)。

E2——允许学生对自己的学习进行评价(Evaluate)。

T——根据学生需求、兴趣和能力进行个性化设计(Tailor)。

O——组织(Organize)教学，最大限度地提升学生的学习动力与持续参与的热情。

根据上述活动编码，设计相应的教学活动，主要包括以下内容。

第一，出示语文园地中日积月累的名句，感受质疑思考带来的好处，说说自

己的想法。（E1）

第二，创设情境"练就提问小大人"，激发学生学习兴趣，引出单元要素"阅读时尝试从不同角度去思考，提出自己的问题"。（W）

第三，自主阅读《一个豆荚里的五粒豆》，在学习单上填写自己所提的问题。（E1）

第四，自主阅读《夜间飞行的秘密》，进行提问，思考这些问题哪些是针对部分，哪些是针对整体，并填写在学习单上。（E2）

第五，自主阅读《呼风唤雨的世纪》，从写法、课文内容和获得的启示三方面进行提问，填写在学习单上。（E2）

第六，自主阅读《蝴蝶的家》，在旁边批注提问，尝试归纳整理，筛选对自己有帮助的问题。（O）

第七，在半个月内阅读完《绿山墙的安妮》，在旁边批注提问。小组内先进行评选，最后班级评选出"提问小达人"。（T）

第八，搜集家人特征，思考家人和哪种动物最像，什么地方像，给你带来什么感觉。在小组内分享，评选出最优组员在班上分享。（E2）

三、逆向教学设计的启示

通过本次逆向设计的尝试，笔者从目标开始，一一对应学生预期的迁移、预期的理解、主要问题、预期收获的知识与技能。在这一过程中，我对学生的学习路径有了更深刻的思考。四年级上册第二单元是提问策略单元，单元要素为"阅读时尝试从不同角度去思考，提出自己的问题"。这对于四年级的学生是一个难点。学生有提问的经验，但并不清楚提问的角度，也并不清楚这些问题是否有助于理解文章内容。此外，学习提问方法最后是为了理解文章，因而，也要考虑到学生能有一定方法去解决自己所提的问题。这些都是学生经过这一单元的学习后应该要有的能力。而借助逆向教学设计模型，先明确预期的学习结果和合适的评估证据，再进行活动设计，能使教师从学生的认知水平、接受程度和理解能力出发，思考学生能理解和迁移的内容，关注学生体验，培养学生的核心素养。

根据学生的学习结果，能更好地以学生为主体开展活动。本单元一共设计了四个活动：第一个活动激发学生学习的兴趣，产生学习提问方法提升自己的愿望；第二、第三个活动学习提问的角度和如何筛选有用的问题，并在交流的过程中解决这些问题，达到理解文本的目的；第四个活动鼓励学生把学到的提问策略运用到课外阅读中，学以致用。学生在经历四个活动后，学习从内容、方法和启示三个角度进行提问，并尝试用多种方法解决问题，养成积极思考的习惯。

逆向教学体现了"教学评"一致。通过学生的学来确定评估证据，可以使学生的学、老师的教与评价更为紧密，不仅能帮助老师了解学生学习情况，也能帮助学生自我认知和自我鼓励。

参考文献

[1] 中华人民共和国教育部.义务教育语文课程标准(2022年版)[S].北京:北京师范大学出版社,2022.

[2] [美]格兰特·威金斯,杰伊·麦克泰格.追求理解的教学设计[M].闫寒冰,宋雪莲,赖平,译.上海:华东师范大学出版社,2017.

（陆雨婷）

基于逆向教学设计的文学阅读与创意表达学习任务群教学设计

——以统编教材四年级上册第五单元为例

一、逆向教学设计的基本内涵

逆向教学设计理论即"追求理解的教学设计",源自格兰特·威金斯和杰伊·麦克泰格《追求理解的教学设计》一书,这种教学设计要求设计者首先明确教学目标、确定预期结果,其次确定检验课堂提问实施效果的评估证据,最后依据前两个阶段的引导性作用,完成学习体验的设计和实施。

本文中的"文学阅读与创意表达学习任务群"属于《义务教育语文课程标准(2022年版)》中"学习任务群"下"发展型学习任务群"的第二层次,它由相互关联的系列学习任务组成,共同指向学生的核心素养发展,具有情境性、实践性、综合性。"基于逆向教学设计的文学阅读与创意表达学习任务群教学设计"就是基于格兰特·威金斯和杰伊·麦克泰格所归纳的理解的六个层面"能解释、能阐明、能应用、能洞察、能神入、能自知",在小学语文课堂教学中,以学习任务群组织与呈现义务教育课程内容,围绕特定主题设计指向学生核心素养发展的语文学习活动。

下文将以统编教材四年级上册第五单元为例,通过解答学生知道自己将学习什么,学生能够证明学到了什么,学习活动满足要学习什么,基于逆向教学设计模式开展文学阅读与创意表达学习任务群教学设计。

二、逆向教学设计的三个阶段

（一）阶段一：确定预期的学习结果

预期的学习结果包含两方面：预期的学习目标和预期的学习结果。

1. 预期的学习目标

预期的学习目标确定基于《义务教育语文课程标准（2022年版）》中的语文学科核心素养以及课程目标，以单元整理设计为抓手，是对语文学习任务群所包含的课程内容进行逻辑梳理和关系再架构的关键环节。

本文中的例子四年级上册第五单元为习作单元，属于文学阅读与创意表达学习任务群，单元的各部分联系紧密，都以习作能力的达成为目标。

阅读要素中"了解"这个目标可以表征为"概括、说清和解释"三个部分。要"了解"作者怎样把事情写清楚，一是能根据事情的起因、经过、结果完整地概括故事情节；二是能找到文中能够凸显人物特点的表达，说清作者生动的描写好在哪里；三是能解释作者为什么要这么写。

对比三年级下册第三单元的阅读要素"了解课文是怎么围绕一个意思把一段话写清楚的"，与之不同的是，在本单元中，学生需要通过学习《麻雀》和《爬天都峰》两篇叙事类记叙文，经历由段向篇的理解过渡。叙事类记叙文通常是按照一定的写作顺序，围绕主要人物，描述一个完整的、生动的故事。学习此类文本时，可引导学生带着"课文讲了一件什么事"和"作者要借由这件事告诉我们什么"两类问题去阅读，在解答问题的过程中理解文本。比如《麻雀》一文是按照事情发展的顺序，叙述了一只弱小的老麻雀在庞大凶猛的猎狗面前，奋不顾身地保护小麻雀的故事。作者要借由这件事赞颂伟大的母爱。

紧跟精读课文后的"交流平台"旨在结合对精读课文的分析，引导学生梳理、总结从课文中学到的习作方法，"初试身手"则是让学生初步尝试用学到的习作方法进行习作实践，培养完成单元习作所需要的习作能力。

两篇习作例文《我家的杏熟了》和《小木船》叙事清楚，内容贴近儿童生活，语言浅显，旨在借助旁批和课后题为学生提供可借鉴的范例。

单元习作《生活万花筒》要求学生写一件印象深刻的事，并做到按一定的顺序把事情写清楚，是对整个单元所学的综合运用。

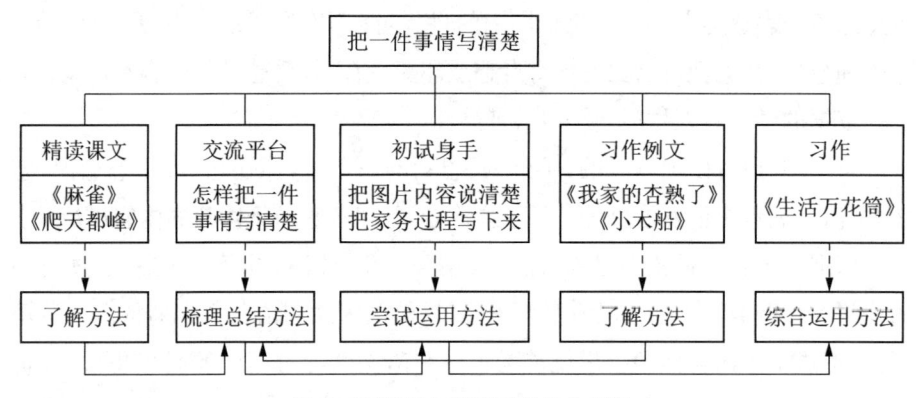

```
                    ┌─────────────────┐
                    │ 把一件事情写清楚 │
                    └─────────────────┘
┌──────┬──────────┬──────────┬──────────┬──────────┐
│精读课文│ 交流平台 │ 初试身手 │ 习作例文 │   习作   │
│《麻雀》│怎样把一件│把图片内容│《我家的杏│《生活万花│
│《爬天都│事情写清楚│说清楚 把 │熟了》    │筒》      │
│峰》   │         │家务过程写│《小木船》│          │
│      │         │下来      │         │          │
└──────┴──────────┴──────────┴──────────┴──────────┘
   ↓        ↓          ↓         ↓          ↓
┌──────┬──────────┬──────────┬──────────┬──────────┐
│了解方法│梳理总结方法│尝试运用方法│了解方法│综合运用方法│
└──────┴──────────┴──────────┴──────────┴──────────┘
```

图1　四年级上册第五单元分析图

总的来说,在进行本单元的教学设计时,教学重点要一以贯之,始终将"把一件事情写清楚"作为本单元教学的中心任务,每个部分的教学都围绕着这一主题开展,服务于这一中心内容。同时,还需重视联系学生已经学过的内容,充分利用学生已有的习作经验。由此,确定了这一单元的学习目标如下:

第一,认识"嗅、奈、拯"等11个生字,读准1个多音字,会写25个字,会写25个词语。

依据的语文学科核心素养:语言运用——在丰富的语言实践中,通过主动的积累、梳理和整合,初步具有良好语感,了解国家通用语言文字的特点和运用规律,形成个体语言经验。

依据的课程目标:识字与写字——对学习汉字有浓厚的兴趣,养成主动识字的习惯。有初步的独立识字能力。

依据的学校育人目标:爱学习,有灵气。

第二,学习按一定顺序写事情、把事情发展过程中的重要内容写清楚的方法,知道并能按照一定的顺序把一件事写清楚。

依据的语文学科核心素养:语言运用——在丰富的语言实践中,通过主动的积累、梳理和整合,初步具有良好语感,了解国家通用语言文字的特点和运用规律,形成个体语言经验。思维能力——在语文学习过程中的联想想象、分析比较、归纳判断等认知表现,主要包括直觉思维、形象思维、逻辑思维、辩证思维和创造思维。

依据的课程目标:阅读与鉴赏——能联系上下文,理解词句的意思,体会课文中关键词句表达情意的作用。能初步把握文章的主要内容,体会文章表达的思想感情。表达与交流——观察周围的世界,能不拘形式地写下自己的见闻、感受和想象,注意把自己觉得新奇有趣或印象最深、最受感动的内容写清楚。

依据的学校育人目标:爱学习,有灵气。

第三,知道可以把看到的、听到的、想到的写下来,抓住怎么想、怎么说、怎么做,清楚展现事情发展过程中的重要内容,能发挥想象把图片的内容说清楚。

依据的语文学科核心素养:语言运用——在丰富的语言实践中,通过主动的积累、梳理和整合,初步具有良好语感,了解国家通用语言文字的特点和运用规律,形成个体语言经验。思维能力——在语文学习过程中的联想想象、分析比较、归纳判断等认知表现,主要包括直觉思维、形象思维、逻辑思维、辩证思维和创造思维。

依据的课程目标:表达与交流——能清楚明白地讲述见闻,说出自己的感受和想法。讲述故事力求具体生动。

依据的学校育人目标:爱学习,有灵气。

第四,能结合自己的阅读体验,梳理、总结把事情写清楚的方法。

依据的语文学科核心素养:语言运用——在丰富的语言实践中,通过主动的积累、梳理和整合,初步具有良好语感,了解国家通用语言文字的特点和运用规律,形成个体语言经验。思维能力——在语文学习过程中的联想想象、分析比较、归纳判断等认知表现,主要包括直觉思维、形象思维、逻辑思维、辩证思维和创造思维。

依据的课程目标:梳理与探究——能提出学习和生活中的问题,有目的地搜集资料、共同讨论,尝试运用语文并结合其他学科知识解决问题。

依据的学校育人目标:爱学习,有灵气。

2. 预期的学习结果

将预期的学习目标具象化,即为预期的学习结果,两者之间是抽象与具体的关系。

(1) 预期的迁移

迁移是学生将学习所得在新情境中加以运用的行为。学生可以自主应用学习成果,以便在新文本的阅读中,能根据字声旁表音、形旁表义的特点进行自主识字(识字与写字能力的迁移);在新文本的阅读中,能找到关键语句,并借助关键语句理解作者是怎样把事情写清楚的(阅读与鉴赏能力的迁移);能按照一定的顺序把一件身边的事说清楚、写清楚(表达与交流能力的迁移)。

(2) 预期的理解

在逆向教学设计理念下,学习结果要以理解为基础,这里的"理解"包含"能解释、能阐明、能应用、能洞察、能神入、能自知"六个层面。其内涵如表1所示。

表1 逆向教学中"理解"的六个层面

能解释	能阐明	能应用	能洞察	能神入	能自知
对于现象、事实、资料等做出系统叙述和分析,并提出阐明性的举例或例证	讲述有意义的故事,对概念或事件能客观地揭示其意义	将所学应用于新的、独特的真实情境或未知情境中	提出对事件、主题或情境的个人看法,并做出分析,提出解决问题的方法	展现设身处地为他人着想的能力	自我反思与评价,以及阐述反思后的新认识,克服有偏见的想法

理解的对象是"大概念"。本单元的大概念是字(音、形),阅读(作者是如何把一件事写清楚的),表达(写一件事,把事情写清楚)。

学生将理解:课文是按一定的顺序把事情写清楚的(能阐明);课文通过写看到的、听到的、想到的,把事情写清楚(能阐明);有感情地朗读是基于对文本的认识(能神入);尝试抓住起因、经过、结果和时间、地点、人物,把一件事写清楚(能应用);用表示动作的词语,写一段话记录家人做家务的过程(能应用)。

(3) 主要问题

主要问题由"理解"转化而来,以下问题与上述"理解"相对应:一般的景物描写有哪些顺序?各有怎样的表达效果?景物的主要特点指的是什么?怎样在景物描写中表达情感?结合课文内容说一说,怎样细致观察,才能发现生活中的美?如何抓住关键的语句,体会作者蕴含在字里行间的情感?

(4) 预期收获的知识与技能

学生将认识"嗅、奈、拯"等11个生字,读准1个多音字,会写25个字,会写25个词语;可以按一定的顺序把事情写清楚;可以把看到的、听到的、想到的写下来,清楚展现事情发展过程中的重要内容。

学生将有能力正确、流利地朗读课文;发挥想象把图片的内容说清楚;按照一定的顺序把一件事写清楚;抓住怎么想、怎么说、怎么做,把事情发展过程中的重要内容写清楚;结合自己的阅读体验,梳理、总结把事情写清楚的方法。

（二）阶段二：确定合适的评估依据

1. 表现性任务

第一，课文朗读——能用普通话正确、流利、有感情地朗读课文，读准字音，不加字，不漏字。能做到吐字清晰，发音响亮，停顿恰当，不拖腔拖调，语气连贯、自然。

第二，阅读理解——能在课文中找出关键词句，了解作者是按一定的顺序把事情写清楚的。

第三，阅读理解——能在课文中找出关键词句，了解作者通过把看到的、听到的、想到的写下来，清楚展现事情发展过程中的重要内容。

第四，交流表达——能说出课文中作者是怎样把一件事写清楚的。

第五，口头表达——能发挥想象把图片的内容说清楚。

第六，书面表达——能用上表示动作的词语，写一段话记录家人做家务的过程。

第七，习作练习——选一件印象深刻的事，按一定的顺序把这件事写清楚。

2. 其他证据

第一，能在课文中找到相关信息——能在课文中圈画出表示时间、地点、人物和起因、经过、结果的语句。

第二，能在课文中找到相关信息——能在课文中画出作者看到的、听到的、想到的相关语句，思考作者的写作意图。

第三，能理解课文的主要内容，并尝试概括。

第四，能借助交流平台说出把一件事写清楚的方法。

第五，能读懂习作例文，交流写得好的地方。

3. 自评与反馈

第一，口头表达——以小组为单位，自评和互评口头表达。能说出把一件事写清楚的几点提示。

第二，完成习作后，自己读读是否通顺，并尝试用学过的修改符号修改明显错误的地方。

第三，以小组为单位，展示自己的习作，围绕习作"是否交代清楚了经典六要素""是否具体描写了看到的、听到的、想到的"等方面进行交流互评。

（三）阶段三：确定合适的学习活动

为了方便将学习活动按照主次进行排序，逆向教学的设计以 WHERETO

元素作为每个活动的编码，具体如下：

W——了解单元学习的方向(Where)和预期结果(What)。

H——把握(Hook)学生情况和保持(Hold)学生情趣。

E1——代表知识体验(Experience)和观点探索(Explore)。

R——反思(Rethink)和修改(Revise)。

E2——允许学生对自己的作业和应用进行自评、互评(Evaluate)。

T——根据学生的个体需求、兴趣与能力来设计作业和活动(Tailor)。

O——组织(Organize)教学，使其最大限度地提升学生的学习动力与持续参与的热情，提高学习效果。

根据以上活动编码，设计的学习任务群学习活动主要包括以下几项：

第一，出示单元导语，明确习作单元的学习任务和要求。（W）

第二，课文朗读，遇到生字能根据字声旁表音、形旁表义的特点进行自主识字。（E1）

第三，学习《麻雀》，引导学生在课文中找到事件的起因、经过、结果和时间、地点、人物，说出作者是如何按事情发展的顺序将事情写清楚的。（E1，R）

第四，完成"圈关键词，思考作者为什么要这样写"，知道可以抓住看到的、听到的、想到的把事情写清楚。（E1，R）

第五，学习《爬天都峰》，了解作者是按照爬山前、爬山中、爬上山顶后的顺序将事情写清楚的。（E1，R）

第六，学习《爬天都峰》中的对话描写，了解作者想要表达的主要内容。（E1，R）

第七，进行课文词语的默写单检测。（E1）

第八，品读"习作例文"，继续体会按一定顺序把事情写清楚的方法。（E1，R）

第九，结合课文内容对将事情写清楚的方法进行梳理总结，可以按照一定的顺序来写，也可以通过具体描写看到的、听到的、想到的来介绍。（E1，T，O）

第十，结合生活经验和日常观察，看图发挥想象，把图片的内容说清楚。（E1，T，O）

第十一，结合生活经验和日常观察，完成"小练笔"，记录家长做家务的过程。（H，E1，T，O）

第十二，完成习作《生活万花筒》，完成后先进行自评，用修改符号修改明显错误，之后在四人小组内，进行同学互评。（E1，R，E2，T，O）

第十三，课后阅读相关写事的文章，并继续学习作者是如何将一件事写清楚的。（E1，R，T，O）

三、逆向教学设计的启示

（一）基于逆向教学设计开展学习任务群学习活动设计，使教学设计流程更完整

以终为始，从确定预期的学习结果出发，综合分析课标要求、教材内容和学生学情，进而确定合适的评估依据，设计表现性任务，关注其他证据和自评与反馈，最终确定合适的学习活动，即通过"明确功能定位—设计教学评价—确定主题任务—整合学习资源—匹配教学活动"这一设计路径实现教学评的一体化。这一设计流程，始终以素养为导向，立足于真实情境，符合学习任务群学习活动设计的要求。

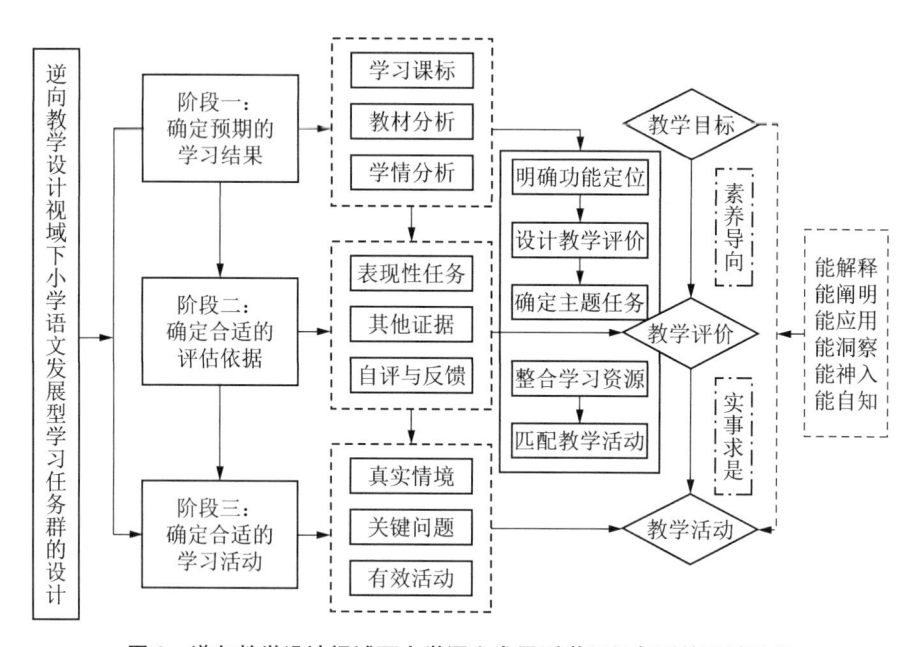

图 2　逆向教学设计视域下小学语文发展型学习任务群的设计流程

（二）基于逆向教学设计的学习任务群学习活动设计，更贴合学业述评的要求

2020 年 10 月，中共中央、国务院印发的《深化新时代教育评价改革总体方

案》中提到要"探索建立中小学教师教学述评制度,任课教师每学期须对每个学生进行学业述评"。"学业述评"可理解为对日常教学实践中评语式评价的改革与升华,是一种建立在细致观察、共同协商和深入分析基础上的学业评价方式;其核心理念是以标准的多样态、实施的适时性与结果的个性化引领学生主动发展;其价值向度指向深度学习、推进学业迭代和提升核心素养;其包含"协定内容标准、确证学业事实、商榷进阶路径"三个基本环节。这与逆向教学理念下的学习任务群学习活动设计一致,是以目标为导向的逆向设计流程,由此可见,逆向教学设计中预期的学习结果可对应协定内容标注,评估依据可作为确证学业事实的参考,有助于教师开展学业述评。

参考文献

[1] 中华人民共和国教育部.义务教育语文课程标准(2022年版)[S].北京:北京师范大学出版社,2022:4-5,15-16.

[2] 季洪旭.单元教学探索:基于理解的逆向教学设计案例[M].上海:华东师范大学出版社,2019.

[3] [美]格兰特·威金斯,杰伊·麦克泰格.追求理解的教学设计[M].闫寒冰,宋雪莲,赖平,译.上海:华东师范大学出版社,2017.

(曲虹叡)

基于逆向教学设计的小学语文单元整体设计
——以统编教材四年级下册第五单元为例

一、逆向教学设计的基本内涵

杜威曾将教师的教学水平划分为三个层次：第一层次的教学是把每堂课都看成一个独立的整体，第二层次的教学关注知识之间的融会贯通，第三层次的教学关注真实世界与学校教育的关联。传统教学往往停留在了第二层次，即关注学科知识的体系化，具有一定的整体设计意识。

本文所说的逆向教学设计是一种单元整体设计，虽同样是单元整体设计，理解可能各有不同。传统的单元整体设计强调知识的体系化，而逆向教学设计是以预期的成果为导向的单元整体设计。它分为三步：确定预期的学习成果、

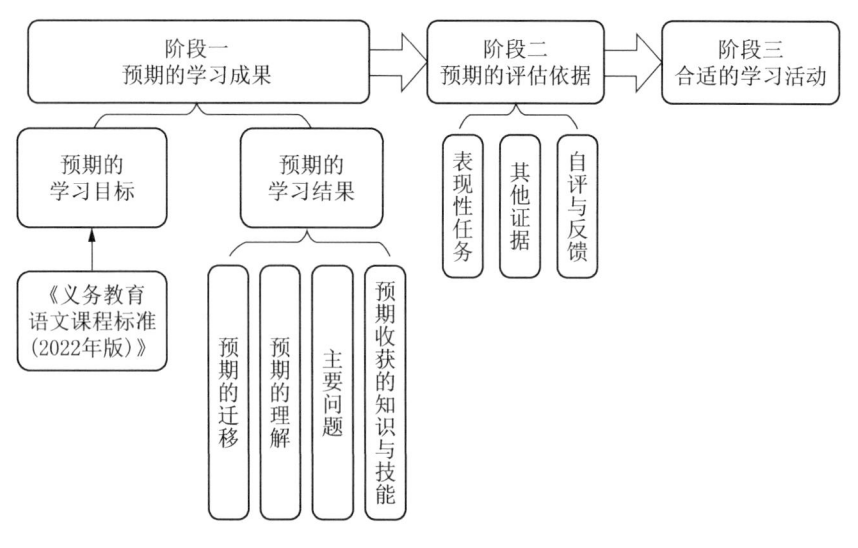

图 1　逆向教学设计的基本内涵

确定预期的评估依据和确定合适的学习活动。预期的学习成果包含两方面：预期的学习目标和预期的学习结果。确立预期的学习目标应该以课程标准为依据。预期的学习结果应从预期的迁移、预期的理解、主要问题以及预期收获的知识与技能四个方面来设计。预期的评估依据由表现性任务、其他证据和自评与反馈构成。学习活动的设计应围绕预期的学习成果展开。

二、逆向教学设计的三个阶段

（一）阶段一：确定预期的学习成果

预期的学习成果包含两方面：预期的学习目标和预期的学习结果。

1. 预期的学习目标

第五单元的学习目标确定参考《义务教育语文课程标准（2022年版）》中的核心素养和课程目标。[1]

表1　预期的学习目标的依据

预期的学习目标	依据	
	核心素养	课程目标
能够认识10个生字，读准1个多音字，会写26个字和27个词语	语言运用——了解国家通用语言文字的特点和运用规律，形成个体的语言经验	对学习汉字有浓厚的兴趣，养成主动识字的习惯。累计认识常用汉字2 500个左右，其中1 600个左右会写。有初步的独立识字能力。能用音序检字法和部首检字法查字典、词典。写字姿势正确，有良好的书写习惯。能用硬笔熟练地书写正楷字，做到规范、端正、整洁。能感知常用汉字形、音、义之间的联系，初步建立汉字与生活中事物、行为的联系，初步感受汉字的文化内涵
能够结合生活经验，按一定顺序描写一处景物，并突出其特点，写清自己的体会	思维能力——在语文学习过程中的联想想象、分析比较、归纳判断等认知表现，主要包括直觉思维、形象思维、逻辑思维、辩证思维和创造思维	能清楚明白地讲述见闻，说出自己的感受和想法

续表

预期的学习目标	依 据	
	核心素养	课程目标
能够观察自然、留心身边的美,展示自己的观察所得,和同学分享交流自己的观察感受,产生对大自然的热爱之情	文化自信——认同中华文化,对中华文化的生命力有坚定信心 审美创造——学生通过感受、理解、欣赏、评价语言文字及作品,获得较为丰富的审美经验,具有初步的感受美、发现美和运用语言文字表现美、创造美的能力,涵养高雅情趣,具备健康的审美意识和正确的审美观念	乐于用口头、书面的方式与人交流沟通,愿意与他人分享,增强表达的信心 能用普通话交谈,学会认真倾听,听人说话时能把握主要内容,并能简要转述。 能就不理解的地方向人请教,就不同的意见与人商讨 能清楚明白地讲述见闻,说出自己的感受和想法。讲述故事力求具体生动。能主动参与日常生活中的文化活动,根据不同的场合,尝试运用合适的音量和语气与他人交流,有礼貌地请教、回应 观察周围世界,能不拘形式地写下自己的见闻、感受和想象,注意把自己觉得新奇有趣或印象最深刻、最感动的内容写清楚

2. 预期的学习结果

预期的学习结果是预期的学习目标的具体化,目标与结果是抽象与具体的关系。

(1) 预期的迁移

迁移指的是将学到的知识和技能或思想、情感、观点、原理、定律运用到新的情景中。学生可以自主应用学习成果,以便在日常阅读中,体会作者按一定顺序写景物的方法,并运用于写作中,能够按照一定的顺序,写出自己身边的某处景物;把对美的洞察和对自然的热爱贯穿于日常生活中。

(2) 预期的理解

逆向教学设计者认为学习结果一定要以理解为基础。关于理解,逆向教学设计者提出了理解的六个层面:能解释(能说明,Explanation)、能阐明(能诠释,Interpretation)、能应用(Application)、能洞察(有观点,Perspective)、能神入(有同理心,Empathy)、能自知(Self-Knowledge)。[2]

理解的对象是"大概念"。本单元的大概念有三个:描写(景物描写),顺序(空间顺序和时间顺序),审美(观察美、洞察美)。

学生将理解:按一定的顺序描写景物,可以使文章更有条理(能阐明);在实际的写作中,抓住事物的主要特点,并表达一定的情感(能应用);细致的观察能

理解	能解释 (Explanation)	对于现象、事实、资料等提出有系统的叙述，做出有联系的分析，并提出阐明性的举例或例证
	能阐明 (Interpretation)	讲述有意义的故事，对概念或事件能客观地揭示其意义
	能应用 (Application)	将所学应用于新的、独特的真实情境或未知情境中
	能洞察 (Perspective)	提出对事件、主题或情境的个人看法，并做出分析，提出解决问题的方法
	能神入 (Empathy)	展现设身处地为他人着想的能力，例如角色扮演、解读他人想法，以及分析、为他人行为辩护等
	能自知 (Self-Knowledge)	自我反思与评价，以及阐述反思后的新认识，克服有偏见的想法

图 2　理解的六个层面

帮助我们在生活中观察美、洞察美（能洞察）；通过品读作者的语言，理解作者对自然的热爱和赞美之情（能神入）。

（3）主要问题

主要问题由"理解"转化而来，以下问题与上述"理解"相对应：一般的景物描写有哪些顺序？各有怎样的表达效果？景物的主要特点指的是什么？怎样在景物描写中表达情感？结合课文内容说一说，怎样细致观察，才能发现生活中的美？如何抓住关键的语句，体会作者蕴含在字里行间的情感？

（4）预期收获的知识与技能

学生将认识 10 个生字，读准 1 个多音字，会写 26 个字和 27 个词语；学习课文，知道常用的写景顺序有时间顺序、空间顺序等；学习作者按时间顺序来描写景物的方法，体会作者对海上日出壮观景象的赞美之情；学习作者按空间顺序来描写景物的方法，体会作者是怎样把双龙洞的特点及自己的感受写清楚的；借助游览路线图，厘清游览顺序，在小组内进行口语表达练习，并运用学到的写法完成习作。

（二）阶段二：确定预期的评估依据

1. 表现性任务

第一，预习单——能够正确认读生字、多音字，并正确、流利、有感情地朗读课文,了解课文写景的顺序及课文描写的景物有哪些特点。

第二,默写单——课文学习后,能够正确书写生字词语。

第三,游览路线图——能够选择一处游览过的地方,画出游览路线图,介绍参观顺序,把景点之间转换的过程说清楚。

第四,小练笔——能够细致观察附近的一处景物,和同学交流看到了什么,并按一定的顺序写下来。

第五,习作——通过学习习作例文,借助游览路线图,能够抓住景物的特点,按照游览顺序,运用过渡句,完成作文。

2. 其他证据

第一,能在课文中找到相关信息——能在课文中画出表示早晨太阳变化顺序的语句,能在课文中画出表示游览双龙洞顺序的语句。

第二,能在课文中找到相关信息——能在课文中画出直接抒情的语句,体会作者的情感;能在课文中找出对景物细致描写的语句,体会作者的情感。

第三,能在相关的阅读理解题型中,找出体现写作顺序的关键语句,梳理文章的写作顺序。

第四,能结合课文,说说按一定顺序写作的表达效果。

第五,能理解什么是过渡句及其作用,并在日常的口语和书面表达中运用过渡句,使表达富有条理。

第六,能梳理课文描写的景物特点有哪些。

第七,能模仿课文中表达生动优美的语句来描写景物,并抒发情感。

第八,能用日记、随笔等形式表达对大自然的热爱之情。

3. 自评与反馈

第一,完成习作后,自己读读是否通顺,并尝试用学过的修改符号修改明显错误的地方。

第二,以小组为单位,展示自己的游览路线图,围绕习作"是否写清了游览顺序""是否突出了景物特点"等方面进行交流互评。

第三,和同学分享自己的游览感受,互评是否把感受说清楚、说完整了。

(三)阶段三:确定合适的学习活动

为了方便将学习活动按照主次进行排序,逆向教学设计以 WHERETO 元素作为每个活动的编码,具体如下:

W——了解单元学习的方向(Where)和预期结果(What)。

H——把握(Hook)学生情况和保持(Hold)学生情趣。

E1——代表知识体验(Experience)和观点探索(Explore)。

R——反思(Rethink)和修改(Revise)。

E2——允许学生对自己的作业和应用进行自评、互评(Evaluate)。

T——根据学生的个体需求、兴趣与能力来设计作业和活动(Tailor)。

O——组织(Organize)教学,使其最大限度地提升学生的学习动力与持续参与的热情,提高学习效果。[3]

根据以上活动编码,设计的单元教学活动主要包括以下几项:

第一,出示单元导语,明确习作单元的学习任务和要求。(W)

第二,检查课文预习单的完成情况。(E1)

第三,进行课文词语的默写单检测。(E1)

第四,精读课文,探究文本,学习写法。引导学生在课文中找到相关信息,如《海上日出》中聚焦早晨太阳变化顺序(时间顺序)的语句、《游金华的双龙洞》中关注游览双龙洞顺序(空间顺序)的语句,并说出这样写的好处。(E1,R)

第五,品读"习作例文",继续体会按一定顺序把景物写清楚的方法。(E1,R)

第六,结合课文内容对写景方法进行梳理总结,可以按照事物的变化顺序(时间顺序)来写,也可以按照游览顺序(空间顺序)来介绍。(E1,T,O)

第七,结合自己的经历,绘制游览路线图,引导学生尝试抓住景物的主要特点,进行小组口语练习。(H,E1,T,O)

第八,用日记、随笔等形式,结合生活经验和日常观察,对自己喜爱的一处美景进行"小练笔"。(H,E1,T,O)

第九,完成习作后进行自评,用修改符号修改明显错误,之后进行组内展示、同学互评。(E1,R,E2,T,O)

第十,课后分小组开展一次"我当小导游"的口语交际活动,结合绘制的游览路线图和习作内容,向同伴介绍一处景点。(E1,R,E2,T,O)

第十一,课后阅读相关写景的文章,继续学习作者的写作顺序和表达方法,积累生动优美的语句;和周围同学谈谈自己的阅读感受,具体讨论学习写法和积累语言对写作的帮助和作用,出示评价要求,同学间互评。(E1,R,E2,T,O)

表 2　学习活动课时安排表

课时安排	第一课时	第二课时	第三课时	第四课时	第五课时	第六课时	第七课时	第八课时	第九课时
学习活动	1				5		7		10
	2	2						9	
		3		3	6		8		11
	4								

三、逆向教学设计的启示

（一）"大概念"——学科教育与真实世界的连通点

每个人都有真实生活的经验，所以都会在现实世界中遇到问题和机遇。"大概念"不仅是学科基础概念或重要概念，还是帮助学生把学校所学的知识迁移到未来解决问题的真实场景中的连通点。"大概念"不仅强调精准的学科教学，还追问其迁移的价值，为真实而学，在真实中学，具有生活价值和真实性。将大概念放在单元的层面上，可以将学科核心素养和具体的学科知识相结合，是知识转变为能力素养的重要途径和抓手。所以教师在确定"大概念"的过程中，应该整合课程标准的语文核心素养、课程目标，梳理单元语文要素和人文主题，创建单元学科知识和生活实际的联系。

（二）"学习活动"——语文核心素养的落脚点

围绕制定的学习活动展开教学，我们会发现每项活动的设计都立足于本单元的"大概念"，最终指向语文核心素养，即"文化自信、语言运用、思维能力和审美创造"。两篇精读课文旨在从阅读中学习习作方法，再结合对精读课文的分析，梳理总结从课文中学到的习作方法，然后让学生尝试运用习得的方法进行表达练习，这是从学过的情境到相似的情境的一种简单迁移。两篇习作例文提供范例，让学生继续体会写法。半命题的习作鼓励学生自主创新，激发学生将所学的习作方法迁移到复杂的、不相似的现实情境中。"我当小导游"的口语交际，在学生内化自己习作的基础上，将繁复、详尽的书面表达转换为简洁、灵活的口头表达，锻炼学生的表达逻辑和应变能力，激发学生的表达欲。课后的补充阅读在强化写法、体会表达效果的同时，培养学生的观察力和对美的鉴赏能力。整个学习过程增强了学生在真实环境中的语用能力，以及学生从简单迁移到复杂迁移的思维能力，培养了学生的审美情趣和对文化的认同感，是语文核心素养的落脚点。

参考文献

[1] 中华人民共和国教育部.义务教育语文课程标准(2022年版)[S].北京：北京师范大学出版社，2022：4-5，15-16.

[2] 季洪旭.单元教学探索：基于理解的逆向教学设计案例[M].上海：华东师范大学出版社，2019.

[3] [美]格兰特·威金斯，杰伊·麦克泰格.追求理解的教学设计[M].闫寒冰，宋雪莲，赖平，译.上海：华东师范大学出版社，2017.

（龚怡雯）

以终为始，综合性学习的模块解析与教学建议
——以统编小学中高年级语文教材为例

统编教材十分重视综合性学习，并单独安排了综合性学习这一模块，笔者立足教材本位，分析教材编排特点并进行比较，确立核心知识，前置评估目标，强调任务驱动，科学设定与教学目标相符的评估方法，并设计合理的教学体验和教学活动等实施路径，在转变教学方式的同时引导学生转变学习方式，提高学生综合性学习的学习质量和语文核心素养。

一、编排体例有序转向

统编教材（五四学制）一共编排了3次综合性学习，从三年级伊始每一个年级一次，分别出现在教材的下册，主要有两种编排形式：一种是配合单元主题和单元整合的综合性学习，我们可以称之为"小综合"，例如三年级的"中华传统节

表1 统编教材综合性学习模块

特点	年级	主题	内容	语文要素
单元综合性学习	三年级下册	中华传统节日	《古诗三首》《纸的发明》《赵州桥》《一幅名扬中外的画》	围绕传达的含义把一段话具体化，搜集有关节日的知识，交流有关节日的习俗，写一写关于过节的美好记忆
	四年级下册	轻叩诗歌大门	《短诗三首》《绿》《白桦》《在天晴了的时候》	初步认识现代诗的几个特征，并感受诗歌的情感。按照要求查阅材料，初步掌握搜集材料的途径。合作编小诗集，并举办诗歌朗诵会
综合性学习单元	五年级下册	难忘小学生活	"回忆往事"系列"依依惜别"系列	运用学过的方式梳理资源。策划简单的在校活动，学写规划书

日"和四年级的"轻叩诗歌大门",综合性学习的任务分布在单元课文教学之后;另一种形式设置了独立的综合性学习单元,我们可以称之为"大综合",例如五年级的"难忘小学生活",在这个单元当中没有设置阅读教学的任务,而是以活动贯穿始终,并以任务驱动的方式整体设计开展综合性学习活动。

通过比较可以发现四、五年级的综合性学习在内容上都安排了学生搜集、整理资料的活动,还有策划活动的环节。不同的是四年级的综合性学习以诗歌为主题,更突出的是语文学科本体知识导向的综合性学习,而五年级的综合性学习则围绕五年级学生生活中有意义的话题——毕业来展开综合性学习的活动,更加需要多学科知识和能力的综合运用。

二、能力要求螺旋上升

在比较四、五年级综合性学习模块要落实的语文要素后,从文字中不难发现,四、五年级的综合性学习模块对能力培养的要求有很大的共同点,即十分关注学生搜集整理资料和策划活动的能力的培养。但也有不同,即两个年级对能力的要求是呈现渐进趋势的。从语文要素的表述出发,我们可以看到一条能力发展的路径,从中年级要求学生搜集资料到高年级目的性更加明确的资料搜集,从初步整理资料到筛选分类资料,从小组合作编写小诗集到独自制作成长纪念册,从策划小规模单一主题的诗歌朗诵会到筹备更大型、更复杂的毕业联欢会,对学生综合运用语文知识和能力及计划、组织、协调和实施活动的要求不断提高。

三、教学建议

(一)提炼概念,目标先行

在小学语文逆向教学的设计中,学习目标确立的重点是大概念,教学设计的难点也在于如何提炼出准确的大概念。通过对课程标准、教学内容以及学生学情的分析与整合,结合刘徽博士总结的大概念提取的路径——"自上而下的四种提取路径:课程标准、学科的核心素养、专家的思维、概念的派生;自下而上的四种提取路径:生活的价值、知能目标、学习难点、评价标准",笔者以四年级"轻叩诗歌大门"为例,确定大概念为"诗歌是一种表达感情、经验或思想的写作形式"。教学设计中引导学生根据诗词的体裁特点,自主地创造表现自己真正思想的诗词;并能够围绕"是什么使得诗歌成为一类独特的写作形式""人们为何写诗""如何来写诗"这三个基本问题,提出表现性任务,进而划分提炼出的诗歌的大概念,从而构成教学目标的三个基础维度。

表2 预期的学习目标

明确预期的学习目标	
课程标准:诵读优美诗歌,注意在过程中感受情感,进行合理的想象,领会诗歌大意	迁移:学生将会独立地使用诗歌结构元素写出表达思想感情的诗歌
^	理解: 学生将会了解诗词内涵;诗歌能够滋养心灵,具有音韵与情感之美;诗人写诗是为了表达内心的思想感情 学生将进一步地思索什么是诗词,现代诗歌具有怎样的特征,人们为何要写诗词,怎样能让写的诗歌更加全面,怎样多渠道搜集与梳理诗词等
^	知能: 学生将会了解现代诗歌的种类、特点、基本元素,创作四步骤、获取材料的各种方式 学生将能够通过创作步骤来撰写原创诗歌,表达自己的想法和感受;根据需求搜集资料并初步学习整理资料的方法

(二) 预设评价,贯穿始终

为确保综合性学习的有效实现,评价机制应始终贯穿其中,以积极、多样的表现性评价,增强学生获取知识、表达自我、参与活动的自信心。笔者仍以四、五年级综合性学习模块为例,在实施评价时关注以下方面:

1. 对活动成果的评价

(1) 诗集、成长纪念册评价

诗集整理完毕后,学生互动交流,评选最佳小诗集。教师提前公布奖项及要求,如最佳作品奖、最佳编排奖、最佳插画奖、最佳封面奖、最佳装帧奖等。之后由小组讨论确定要申报的奖项。

教师还可围绕成长纪念册的评价标准设立一些奖项,如最佳创意奖、最具人气奖、最美设计奖等,并说说颁奖理由;也可以让学生自行设计一些奖项,使每名学生都在活动中得到鼓励和肯定。

表3 成长纪念册评价表

评价内容	自评	互评	师评
能突出珍藏小学记忆的主题，情感真挚	☆☆☆	☆☆☆	☆☆☆
能搜集、整理资料，内容丰富	☆☆☆	☆☆☆	☆☆☆
能体现出个性和创意，美观大方	☆☆☆	☆☆☆	☆☆☆

（2）诗歌朗诵会、毕业联欢会节目评选

四年级班级诗歌朗诵会展示完后，可由评委老师和大众评委点评朗诵者的表现，集体投票选出最佳表现奖、最佳默契奖、最佳音色奖、最高人气奖和最有创意奖等。五年级的毕业联欢会也同样可以为节目设置不同的奖项。

2. 对活动过程参与的评价

除了对活动成果进行评价，还可以对学生在不同的活动任务和板块中的过程参与性进行整体评价。以五年级两个板块为例，可以设计整个板块的评价表，表中的评价内容关注"学习兴趣""学习习惯""学习成果"三个维度，并采用自评、互评和师评三种方式进行评价。

表4 活动过程评价表

评价维度	评价内容	自评	互评	师评
学习兴趣	愿意积极参与"依依惜别"主题活动	☆☆☆	☆☆☆	☆☆☆
学习习惯	能参与策划毕业联欢会活动，学会与人合作	☆☆☆	☆☆☆	☆☆☆
学习成果	积极参与毕业联欢会，体会惜别之情	☆☆☆	☆☆☆	☆☆☆
	参与制定毕业联欢会策划书	☆☆☆	☆☆☆	☆☆☆
	能用书信等形式表达情感，与人交流	☆☆☆	☆☆☆	☆☆☆

（三）整体推进，关联前后

综合性学习模块的各项活动和板块不是孤立的，应将它们作为一个整体推进实施。

1. 关联阅读课文

针对四年级的综合性学习模块，有"活动提示"及"成果展示"穿插于本单元课文学习之中，实施时应注意整体把握，开展的过程中应结合本单元的阅读教学开展，不能割裂，同时应根据班级学生的情况调整活动顺序，分步、有序地推进。例如四年级的综合性学习成果展示阶段指导学生对搜集的现代诗歌进行分类整理，并合作商议出小诗集的编排内容、形式和任务分工。虽然成果展示阶段安排于本单元课文学习之后，但为了体现活动的过程性，该课时可以提前到阅读教学的过程中。组织学生展示编写的小诗集，如果学生活动进程较慢，也可以将小诗集的课内展示安排于本单元"语文园地"的学习之后。为了确保活动的充分性，可以将诗歌朗诵会的课内展示适当延后，安插于下一单元的学习过程中，还可以与班队活动整合。

对于五年级的综合性学习而言，在教材编写时就已经充分体现了整体规划性，我们在开展教学的同时可以从阅读资料的运用角度来进行一个整体的规划，也就是要思考这个材料是在活动之前浏览，还是在小组活动时运用，抑或在汇报、总结时使用。同时，要注意发挥阅读材料不同的作用，可以用来直观感受，也可以用来创设情境，还可以用来提供思路，并根据学生的实际情况决定是否需要补充新的阅读材料。

除了单元教学的整体规划，我们还要注意在实施综合性学习的时候，课内外学习的整体规划。值得一提的是，统编教材六三学制中，从三年级到六年级一共安排了四次综合性学习，而由于上海使用的是五四学制的教材，删去了原来安排在五年级的独立的综合性学习单元"遨游汉字王国"，将原来安排在六年级的"难忘小学生活"提前挪到五年级来开展，因此在能力的训练上还存在一定的脱节和断层，需要在其他单元的教学中进行衔接和渗透，这样才能保证学生能比较顺利地开展综合性学习。总之，在课内学习过后，在教师指导过后，学生需要利用课外时间去搜集、积累和整理资料及策划活动，因此教师不仅要关注课内教学的安排和设计，也要精心安排学生的课外任务和活动，从而使得课内外相结合，实现有效的联动，促进综合性学习的目标达成。

2. 活动依托小组

四、五年级综合性学习活动的开展都要注重以小组为单位串联起不同的活动，教师要对如何分组、组内如何分工进行适时的过程性指导和监控，为学生搭建活动开展的支架。例如四年级学生为了合编小诗集和举办班级诗歌朗诵会，要进行分工合作，教师可以通过任务分工表等形式充分调动小组成员的参与性。又如五年级在制作成长纪念册这一环节中，首先组成四人小组，组内唤起回忆，借助照片、作业等资料，寻找那些记忆深处的往事并做好记录，接着组内交流自己的时间轴，分享难忘的回忆，继而在小组内互相翻看成长纪念册，互评后推选代表在全班进行交流。

新课标下的综合性学习强调知识间的内在关联,丰富了课程学习资源的联系,强化了在实践活动中深度学习语言文字,并在新的现实情境中实现迁移运用。理解为核,评价优先,以终为始,贯穿始终,才能摆脱传统教学设计的困境,突破知识间的表层关联以实现深度学习。

参考文献

[1] 中华人民共和国教育部.义务教育语文课程标准(2022年版)[S].北京:北京师范大学出版社,2022.

[2] [美]格兰特·威金斯,杰伊·麦克泰格.追求理解的教学设计[M].闫寒冰,宋雪莲,赖平,译.上海:华东师范大学出版社,2017.

(朱怡迪)

基于逆向设计的小学语文教学初探

——以统编教材五年级上册第三单元为例

逆向教学设计最早产生于美国，因其以结果为导向的逆向设计思路，对现实教学具有很强的针对性，越来越受到重视，得到了广泛传播。为落实语文核心素养的培养，笔者在语文教学中构建以理解为先的逆向设计模式。以小学语文五年级上册第三单元为例，尝试采用语文教学探索目标导向、评价先行、教学载体有效等教学策略，在语文课堂教学中实现教学目标素养化、意义理解深度化、教学评一体化的提高学生语文学科核心素养的有效教学方式。

一、逆向教学设计的基本理念与特征

在《追求理解的教学设计》一书中，格兰特·威金斯和杰伊·麦克泰格将逆向教学设计分为三个阶段：确定预期的学习结果，确定合适的评估证据，确定合适的学习活动。逆向教学设计在设计教学之前必须事先思考学生达到的预期结果，哪些证据能够证明学生的理解和掌握程度。[1] 他们认为，逆向教学设计关注的教学目的是"理解"，强调课堂、单元和课程应该从预期达到的学习结果中导出，寻找达到学习结果的证据，从而规划和开发可能实现这些目标的教学体验活动。[2]

逆向教学设计的重要特征是追求"理解"，有以下三个特征：

一是将"理解"作为学习目标。逆向设计强调教学不应"为教材而教"，而应"为理解而教"。作为学习目标的"理解"使语文核心素养深度融合，是学生语用能力、思维品质、审美品位和文化情趣的综合体现。由此可见，追求理解的教学，就是追求核心素养的教学，二者在目标上是统一的。

二是强调逆向设计是对大概念的"理解"。我们将学生的理解分为六个侧面:能解释、能阐明、能应用、能洞察、能神入、能自知。[3]学生能充分解释语文学习中的大概念,在真实环境或现实问题中运用此大概念,发展高阶思维,准确表达自己的看法,并能合理地进行自我反思。

三是强调教学目标、过程和评价的一致性。逆向教学设计中"教、学、评"等各个要素紧密联系、相互衔接、相互契合,共同构成学习结果的质量体系,提升学生的语文核心素养。

二、追求理解的小学语文逆向教学设计及其三个阶段

笔者试以统编教材五年级上册第三单元为例,该单元选编了《猎人海力布》和《牛郎织女》两个故事,口语交际安排了"讲民间故事"的活动,还安排了《快乐读书吧》栏目,推荐阅读中国民间故事以及欧洲、非洲等地的民间故事,让学生进一步体会民间故事特点,感受阅读民间故事的乐趣。笔者将采用整合单元教学的思路,将本单元的教学组织成一个有关民间故事的语文综合性学习活动,并从以下三个阶段简述语文教学中逆向设计的实施,优化上述教学环节。

(一)阶段一:确定预期的学习结果

基于语文学科核心素养和课程目标确定该单元的学习目标。目标的确定依据为由教育部制定的《义务教育语文课程标准(2022年版)》。

1. 预期的学习目标

根据提炼出的单元大概念"创造性复述",制定预期的学习目标,具体体现为以下几个方面:

第一,能够熟练掌握本单元生字新词,理解词语意思,准确掌握课文主要内容。

依据的语文学科核心素养:语言建构与运用——逐渐掌握语言的属性和使用规则,以塑造个人的语言体验。

依据的课程目标:培育热爱祖国语言的情感,树立学习语文的信心,养成学习语文的习惯。产生学习汉字的兴趣,养成主动识字的学习习惯。能够以标准、正确、整洁的方式书写正楷字体,且养成正确的写字姿势和良好的书写习惯。

第二,理解和分析民间故事中的人物形象,掌握不同人物的个性特点,深入理解人物形象在故事关键情节发展中的决定作用。能够辨识、分析、比较、归纳故事情节之间的关系,能够有条理地抓住重要情节具体展开,对次要情节弱化

处理,培养学生的综合分析能力。

依据的语文学科核心素养:思维发展与提升——关注学习经历,通过文字运用,获得各项思维发展,促进灵活性等思维品质的提高。

依据的课程目标:能从所见所闻中具体、正确、流畅地表达情感体验和思想。观察世界,记录自己的所见所闻、心中所感和想象,把觉得新鲜有趣、印象深刻的内容写清楚。

第三,理解并掌握创造性复述的要点,并根据要点对某一民间故事创造性复述,感受民间故事作为优秀传统文化的魅力及语言艺术价值和文化传承价值。

依据的语文学科核心素养:思维发展与提升——能有依据、有条理地表达自己的发现与观点。文化传承与理解——逐渐形成对个人与同伴、个人与自然关系之间的认识和思考。

依据的课程目标:结合汉语学习,观察社会与自然,能清楚地陈述自己的所见所闻,以多种形式表达自己的想法和感受。乐于以书面形式表达自己的想法,增强写作的信心。愿意和别人分享写作的乐趣。

2. 预期的学习结果

(1) 预期的迁移

迁移是将新学的知识技能运用到新情况中,可分为两类:一是知识和技能的迁移,二是思想、观点、情感和原理定律的迁移。学生可以自主应用学习成果,以便在新故事阅读中,联系上下文自主理解生字新词意思,准确掌握故事主要内容;在新故事中理解和分析民间故事中的人物形象,总结不同人物的个性特点,深入理解人物形象在故事关键情节发展中的决定作用;在新故事阅读中辨识、分析、比较、归纳故事情节之间的关系,有条理地抓住重要情节具体展开,对次要情节弱化处理;掌握创造性复述的要点,并根据要点对某一民间故事创造性复述,感受民间故事作为优秀传统文化的魅力及语言艺术价值和文化传承价值。

(2) 预期的理解

理解有六个层面,分别是能解释(能说明,Explanation)、能阐明(能诠释,Interpretation)、能应用(Application)、能洞察(有观点,Perspective)、能神入(有同理心,Empathy)、能自知(Self-Knowledge)。以上"理解"的六个层面是学生取得学习成果的基础。

学生将理解:简洁或创造性地解释民间故事的传播特点、方式,非常熟悉中国本土民间故事传播现状（能解释）；流畅且富有见地地讲述一个民间故事，对该民间故事的情节、要点进行筛选、分析、加工，展现该过程的高阶思维（能阐明）；根据不同场合、不同情境流畅、高效地运用创造性复述方法（能应用）；辩证思考民间故事的内容，去其糟粕，取其精华，对故事经过能正确完整地表达自己的想法，语言流畅、用词准确，对演出效果能正确评价（能洞察）；客观鉴赏他人民间故事表演，正确审视本土民间故事的宝贵价值，形成对中国民间故事的正确审美鉴赏观念（能神入）；深刻认识到自己和他人的局限性，深刻理解本土民间故事作为优秀传统文化传承的困境，增强对民间故事的文化价值认同，在此基础上成为民间故事传播的践行者（能自知）。

（3）主要问题

本单元的民间故事有哪些特点？你还能说出哪些民间故事？你是怎么知道这些故事的？以《猎人海力布》为例，如何创造性复述民间故事？故事的六要素有哪些？如何绘制"情节动态图"，如何找准关键情节，如何把关键情节讲清楚？如何找出"人物心情曲线"？如何适当填补空白人物动态，将省略的部分补充完整？如何选取恰当的"心情节点"及适切的"心情口吻"？根据"我是当事人"原则，用怎样的视角复述故事，吸引力更大？如何转换角色，变着讲？根据"最佳表现力"原则，创造性复述故事能如何增强现场感染力？民间故事主人公是谁，反映了古代人民什么样的价值观，有着什么样的寄托？民间故事是怎么传播的？

（4）预期收获的知识与技能

学生将认识24个生字，读准1个多音字，会写32个字和37个词语。用较快速度默读课文，把握课文主要内容；以故事中人物的口吻讲故事；丰富情节，把简略的地方讲具体。根据需要，简要介绍故事。缩写民间故事，做到内容完整、情节连贯、语句通顺。

学生将能够创造性地复述故事；提取故事的主要信息，用摘录、删减、改写、概括等方式缩写故事，做到事件完整、情节连贯；根据需要简要介绍故事，用多种方式推荐自己喜欢的故事；感受阅读民间故事的快乐，乐于与大家分享课外阅读的成果；背诵古诗《乞巧》。

（二）阶段二：确定合适的评估证据

1. 表现性任务

第一，预习单——能够正确认读生字、多音字，并正确、流利、有感情地朗读文章,了解课文大意。

第二,默写单——学习课文后,能够正确书写生字词语。

第三,小练笔——把握《猎人海力布》的主要内容,抓住故事关键情节和线索,简要介绍"海力布"石头的来历。

第四,连环画——根据《牛郎织女》故事的主要情节设计连环画,给连环画配上相应的文字。

第五,故事缩写——凭借情节动态图或者连环画,学习缩写故事的一般方法,完成故事缩写,做到内容完整、情节连贯、语句通顺。

2. 其他证据

第一,能在课文中找到相关信息——能在课文《猎人海力布》中画出主要情节的句子,并概括具体部分;能在课文《牛郎织女》中画出有想象空间的地方,并把简略的内容写具体。

第二,能交流自己在故事中发现的不可思议的神奇的地方,交流民间故事的特点。

第三,能交流如何把具体内容说简略,如何把简略内容说具体。

第四,能结合课文,变换角色讲述故事,体会民间故事的乐趣。

第五,能说出"创造性复述"的特点和方法。

第六,能在讲故事时发挥想象,不断完善动作、语言、心理活动。

第七,能在日常生活中表现出对民间故事的喜爱之情,能积累传播民间故事。

3. 自评与反馈

第一,完成习作后,自己读读是否做到故事完整、情节连贯、语句通顺,并读给同学听,看别人是否能听明白。

第二,以小组为单位,轮流展示自己的故事,围绕"谁的故事讲得生动吸引人""丰富故事情节和关键细节了吗""动作、表情丰富吗""贴合故事情境吗"等方面进行交流互评。

第三,评价同学的故事时,是否会通过提问、提示等引导同学丰富情节。

(三)阶段三:确定合适的学习活动

现在,我们需要明确合适的学习活动,学习活动是在阶段一的学习结果与阶段二的评估证据之上进行,活动的设计自始至终都以目标和证据作为参照物。

为了方便将学习活动按照主次进行排序,逆向教学的设计以 WHERETO 元素作为每个活动的编码,具体如下:

W——了解单元学习的方向(Where)和预期结果(What)。

H——把握(Hook)学生学习情况及保持(Hold)学生的情趣。

E1——代表知识体验(Experience)和观点探索(Explore)。

R——反思(Rethink)和修改(Revise)。

E2——让学生对自己的作业和应用情况进行自评和互评(Evaluate)。

T——依据学生的个体需要、兴趣与能力设计活动作业(Tailor)。

O——组织(Organize)教学活动,这样可以最大限度地提升学生的学习动力和持续参与学习活动的热情,提高学生的学习效果。

依据以上活动编码,设计的单元教学活动主要有 3 个,一共 10—12 课时。表 1 展示了本单元的学习活动设计。

表 1　单元学习活动设计

活动主题	活动内容	课时	活动要点
阅读民间故事	整体阅读《猎人海力布》《牛郎织女》(H) 阅读《快乐读书吧》推荐的民间故事(H,W) 学习本单元的字词(E1)	3—4	能用较快的速度默读课文,把握故事主要内容 认识 24 个生字,读准 1 个多音字,会写 32 个字,会写 37 个词语 产生阅读中国民间故事以及欧洲、非洲等地区的民间故事的兴趣 初步了解民间故事的特点
讲民间故事	学习《猎人海力布》,试着以海力布或乡亲们的口吻来讲故事(W) 学习《牛郎织女》,发挥想象把简略的情节说具体(T) 学习语文园地中"交流平台"和"词句段运用"的内容(R) 组织民间故事会,运用学到的方法进行创造性复述(E1,T,O,E2)	4—5	阅读、搜集民间故事,选择其中一个故事练习讲述 能以故事中人物的口吻讲故事 能丰富故事情节,把简略的地方讲具体 能通过丰富故事细节,配上适当动作和表情等讲故事 交流、总结创造性复述故事的方法
推荐民间故事	学习缩写的方法,缩写《猎人海力布》或其他民间故事(W) 介绍"海力布"石头的来历(E1,E2) 设计《牛郎织女》的连环画,并配上相应文字(T,R) 推荐民间故事(W) 交流分享与民间故事有关的诗文等(R,O,E2)	3	能提取故事的主要信息,用摘录、删减、改写、概括等方式缩写故事,能做到事件完整、情节连贯 根据需要简要介绍故事,能用多种方式推荐自己喜欢的故事 能感受阅读民间故事的快乐,乐于与大家分享课外阅读的成果 朗读、背诵古诗《乞巧》

三、反　思

　　追求理解的逆向教学设计以理解为前提,将六个侧面融入逆向教学设计的三个阶段中。那么,教师如何在语文教学中进行逆向教学设计?如何运用理解的六个侧面进行逆向教学设计以促进学生对语文知识的理解?基于以上思考,笔者发现:本单元的语文要素是"了解课文内容,创造性地复述故事",课程标准对于"复述"在不同年级提出了不同要求,"创造性复述"是在中年级"详细复述""简要复述"的基础上提出的。基于此,我们提炼出本单元应让学生理解的大概念是"创造性复述"。在单元设计时,我们立足"创造性复述"对单元学习内容进行筛选。以学生理解"创造性复述"必须掌握的知识与技能为依据,筛选单元学习内容并进行单元设计。首先,根据学生已有的语文基础和语文思维能力,回顾"详细复述""简要复述"的特点及方法,归纳出"复述"的基本要素。其次,立足"创造性复述",以民间故事《猎人海力布》为例,提炼"创造性复述"的特点以及方法,即"抓住高潮,详细讲""添油加醋,补白讲""转换角色,变着讲""动作表情,动情讲",并将这些方法迁移、运用到更多的民间故事中。学生在语文实践中不仅能创造性地讲好民间故事,还能体会到传播民间故事的价值。最后,比较不同复述类型的异同,根据不同情境选择合适的复述方式,理解"创造性复述"的现实意义及文化价值。

参考文献

　　[1] 胡立德.德育"感恩"主题教育活动的逆向教学设计[J].中小学德育,2019(4):53-57.

　　[2] [美]格兰特·威金斯,杰伊·麦克泰格.追求理解的教学设计[M].闫寒冰,宋雪莲,赖平,译.上海:华东师范大学出版社,2017.

　　[3] [美]托尼·瓦格纳.教育大未来[M].余燕,译.海口:南海出版公司,2013:27.

（陈铭瑞）

基于逆向设计的小学语文教学初探

——以统编教材五年级下册第四单元为例

美国教育专家格兰特·威金斯和杰伊·麦克泰格提出了"基于理解的教学设计"的概念。作为一个新的教学模式,笔者受此启发,以小学语文五年级下册第四单元为例,尝试进行逆向教学设计。对于如今小学语文教学趋势而言,像这样以学习成果为先的教学设计无疑是一种提高学生语文学科核心素养的有效教学方式。

一、逆向教学设计的基本特征

逆向教学设计以教材中的一个单元为整体,分为三个阶段:一是确定预期的学习结果,二是确定预期的评估依据,三是确定合适的学习活动。

逆向设计,正向实施。在实践过程中,教师需将教学设计扩展到整个单元,关注一个单元的大概念,这样做消除了传统的教学模式下以单一知识点为主的弊端,能有效培育学生的迁移和理解等能力。

二、逆向教学设计的三个阶段

小学语文统编教材五年级下册第四单元,由两篇课文《人物描写一组》《刷子李》及两篇习作例文和一篇习作构成,目的是让学生初步运用描写人物的基本方法,具体地表现一个人的特点。笔者以该单元为例,使用逆向设计模板的三个阶段,对习作单元进行教学探索设计。

(一)阶段一:确定预期的学习结果

一般而言,阶段一包括预期的学习目标和预期的学习结果,两者之间紧密相连,是抽象与具体的关系,预期的学习结果是学习目标的具体表现。

1. 预期的学习目标

第四单元的学习目标确定的依据是《义务教育语文课程标准(2022年版)》。

第一,能够认识17个生字,读准1个多音字,会写32个字和31个词语。

依据的核心素养:语言运用——学生在丰富的语言实践中,通过主动的积累、梳理和整合,初步具有良好语感;了解国家通用语言文字的特点和运用规律,形成个体语言经验;具有正确、规范运用语言文字的意识和能力,能在具体语言情境中有效交流沟通;感受语言文字的丰富内涵,对国家通用语言文字具有深厚情感。

依据的课程目标:有较强的独立识字能力。累计认识常用汉字3 000个左右,其中2 500个左右会写。感受汉字的构字组词特点,体会汉字蕴含的智慧。

第二,了解可以通过描写人物的语言、动作、外貌、神态、心理等表现人物的特点,还可以通过描写他人的反应表现主要人物的特点,能体会这些方法的表达效果。

依据的核心素养:思维能力——培养学生在语文学习过程中的联想想象、分析比较、归纳判断等认知表现,主要包括直觉思维、形象思维、逻辑思维、辩证思维和创造思维。养成勇于探索创新、积极思考的习惯。

依据的课程目标:养成留心观察周围事物的习惯,有意识地丰富自己的见闻,珍视个人的独特感受,积累习作素材。能写简单的纪实作文,内容具体、情感真实。能够修改自己的习作,并主动与他人交换修改,做到语句通顺。

第三,在感受中,发现人物的优秀品质,体会人物所表达的思想感情。

依据的核心素养:审美创造——通过感受、理解、欣赏、评价语言文字及作品,获得较为丰富的审美经验,具有初步的感受美、发现美和运用语言文字表现美、创造美的能力;涵养高雅情趣,具备健康的审美意识和正确的审美观念。

依据的课程目标:能借助不同媒介表达自己的见闻和感受,学习发现美、表现美和创造美,形成健康的审美情趣。

2. 预期的学习结果

预期的学习结果是预期的学习目标的具体化,两者是具体和抽象的关系。学习结果包括预期的迁移、预期的理解、主要问题、预期收获的知识与技能四个方面。

(1) 预期的迁移

迁移是将知识和技能、思想、观点、情感、原理等运用到新的情境中。学生可以自主应用学习成果，以便将学到的描写人物的方法运用在实际生活中；通过对人物的特点描写，了解人物美好的品质。

(2) 预期的理解

理解的对象是大概念，本单元的大概念是描写人物，选择典型事例，通过对人物语言、动作、外貌、神态、心理等的细致描写，具体地表现人物的性格特点以及人物的思想品质，培养审美情趣。

理解的六个层面：能解释（能说明，Explanation）——对于现象、事实、资料等提出有系统的叙述，做出有联系的分析，并提出阐明性的举例或例证。能阐明（能诠释，Interpretation）——讲述有意义的故事，对概念或事件能客观地揭示其意义。能应用（Application）——将所学应用于新的、独特的真实情境或未知情境中。能洞察（有观点，Perspective）——提出对事件、主题或情境的个人看法，并做出分析，提出解决问题的方法。能神入（有同理心，Empathy）——展现设身处地为他人着想的能力，例如角色扮演、解读他人想法，以及分析、为他人行为辩护等。能自知（Self-Knowledge）——自我反思与评价，以及阐述反思后的新认识，克服有偏见的想法。以上"理解"的六个层面是学生取得学习成果的基础。

学生将理解：从多个方面写出人物特点；选择典型事例，具体地表现人物的特点；通过描写他人的反应，表现主要人物的特点；人物的特点可以让我们对人物有越来越深入的了解；在生活中要不断积累写作素材，以此提升写作水平。

(3) 主要问题

主要问题由上文的五个"理解"而来，是要将理解的内容转换成问题让学生思考，从而达到教学目的。以下五个问题基本与上述五个"理解"对应。

学生将继续思考：可以从哪些方面来描写人物的特点？如何选择典型的事例？结合课文内容，通过他人的反应，写出了人物的哪些特点？深入了解人物之后，体会了人物哪些美好的品质？在写作中，积累素材对提高写作水平有什么好处？

(4) 预期收获的知识与技能

学生将认识 17 个生字，读准 1 个多音字，会写 32 个字，会写 31 个词语。

学生将有能力正确、流利、有感情地朗读课文；找到文中描写小嘎子、祥子、严监生等人物的语句，说出人物的特点；找到文中描写刷子李的语句，说出刷子李的特点；在《刷子李》一课中，从描写曹小三的语句中，体会刷子李的高超技艺。

(二)阶段二:确定预期的评估依据

1. 表现性任务

第一,预习单——能够正确认读生字、多音字,并正确、流利、有感情地朗读文章,了解课文大意。

第二,默写单——学习课文后,能够正确书写生字词语。

第三,习作评价表——通过阅读描写人物的文字,完成习作评价表。

第四,小练笔——能在课后阅读课文时学习写人的方法,选取典型事例,通过对人物语言、动作、外貌、神态、心理等细致描写,具体写出人物的特点。

第五,习作《形形色色的人》——学习习作例文,完成作文。

2. 其他证据

第一,能在课文中找到相关信息——能在课文中画出描写人物动作、语言、神态的句子,体会人物的特点。能在课文中画出草地的变化及其相应的原因。

第二,能选择具有普遍性的事例作为典型事例。

第三,能通过对人物的特点描写,了解人物勤劳、善良的品质。

第四,能结合课文,说说文章运用的侧面描写方法。

第五,能说出提高写作水平的方法。

第六,能间接描写人物的特点。

第七,能按一定的顺序来写,使作文结构清晰。

第八,能积累好词好句,体现文采。

3. 自评与反馈

第一,完成习作后,自己读读是否通顺,并尝试用学过的修改符号修改明显错误的地方。

第二,以小组为单位,在内容上,从习作"是否选取典型事例反映人物特点""人物特点是否清晰"等方面进行交流互评;在描写上,从习作"是否运用恰当的描写人物的方法来凸显人物的特点""描写的方法是否多样化"等方面进行交流互评。

(三)阶段三:确定合适的学习活动

现在,我们需要明确合适的学习活动,学习活动在阶段一的学习结果与阶段二的评估依据之上进行,活动的设计自始至终都以目标和证据作为参照物。

为了方便将学习活动按照主次进行排序,逆向教学的设计以 WHERETO 元素作为每个活动的编码,具体如下:

W——了解单元学习的方向(Where)和预期结果(What)。

H——把握(Hook)学生学习情况及保持(Hold)学生的情趣。

E1——代表知识体验(Experience)和观点探索(Explore)。

R——反思(Rethink)和修改(Revise)。

E2——让学生对自己的作业和应用情况进行自评和互评(Evaluate)。

T——依据学生的个体需要、兴趣与能力设计活动作业(Tailor)。

O 组织(Organize)教学活动,这样可以最大限度地提升学生的学习动力和持续参与学习活动的热情,提高学生的学习效果。

依据以上活动编码设计的单元教学活动主要包括下面几项。

第一,出示单元导语,让学生了解、明确习作单元的要求。(W)

第二,结合图片,通过"《摔跤》一文中描写了嘎子怎样的特点""《他像一棵挺脱的树》描写了祥子怎样的特点""《两茎灯草》描写了严监生怎样的特点""《刷子李》一文中作者是如何描写刷子李的特点的,以及描写了刷子李怎样的特点"等问题,激发学生对文本内容的阅读兴趣,提高学习课文的积极性。(H)

第三,检查课文预习单的完成情况。(E1)

第四,进行课文词语的默写单检测。(E1)

第五,开展课堂教学,探究文本。引导学生在课本中找到相关信息:《摔跤》中嘎子的动作描写的语句,表现了嘎子的机灵;《他像一棵挺脱的树》中描写祥子外貌的句子,体现了祥子生命力强的特点;《两茎灯草》中描写严监生动作的语句,体现出严监生的吝啬。关注草地颜色的变化和变化原因,能够找到相关词句,并用自己的话概括交流。(E1,R)

第六,通过两篇习作例文的品读,交流人物描写的方法。(E1,R)

第七,结合所学写人的方法评价习作《记忆力超群的妈妈》《假小子小文》并完成习作评价表。(E1,T,O)

第八,课后分小组开展一次"猜猜他是谁"活动,写一写周围同学的特点并读给全班同学听,让他们"猜猜他是谁"。(H,T,O)

第九,选取典型事例,用多种描写方法,描写周围人的反应,间接表现出人物特点,记录一个片段,完成后在课堂上进行师生互评。(E1,R,E2,T,O)

第十,完成习作《形形色色的人》,完成后进行自评,用修改符号修改明显错误,之后进行组内展示、同学互评。(E1,R,E2,T,O)

第十一,课后阅读相关文章,运用所学方法,积累描写人物的好词好句,具

体讨论积累素材对写作的帮助和作用,出示评价要求,同学间互评。(E1,R,E2,T,O)

第十二,课后阅读文章,学会按一定顺序来写文章,使作文结构清晰,出示评价要求,同学间互评。(E1,R,E2,T,O)

三、逆向教学设计的启示

在对统编教材五年级下册第四单元进行逆向教学设计时,笔者获得了以下启示:

(一)对教学目标和学习结果的思考

在平时的教学过程中,老师通常将目标放在首位,然而逆向教学设计不仅要把目标放在首位,还要将目标转化成具体的学习成果,并且学习目标的确定要依据课程标准(学科的核心素养和课程目标)。这样的思维将以教为本的理念翻转为以学生为本的理念。

(二)对理解和迁移的思考

理解包含了六个层面,是本单元教学设计的重要部分,学生只有掌握了理解和迁移能力,他们在之后的语文学习过程中才能更灵活并富有创造性地运用所学知识。因此,养成理解和迁移能力是关键,也体现了小学语文学科的核心素养。

参考文献

[1] 胡立德.德育"感恩"主题教育活动的逆向教学设计[J].中小学德育,2019(4):53-57.

(江 芸)

小学数学逆向设计探索
——以沪教版教材一年级下册"认识人民币"为例

《义务教育数学课程标准（2022年版）》中提出义务教育数学课程应使学生通过数学的学习，形成和发展面向未来社会和个人发展所需要的核心素养。小学阶段的核心素养侧重对经验的感悟。[1]美国课程专家威金斯和麦克泰格合著的《追求理解的教学设计》中，提出了新的教学设计模式——逆向教学设计。[2]这种设计理念旨在促使学生参与探究活动，提升学习迁移能力，为学生提供理解的框架。可见，数学核心素养的提高与逆向教学设计的理念不谋而合。

立足整体单元的逆向教学设计，需要内化单元课程知识点之间的联系，让学生在实际任务中有效运用和迁移知识，提升核心素养。根据学生实际情况，结合数学核心素养和课程标准制定学习目标，思考能证明目标达成的证据，最后设计学习活动。

一、逆向教学设计的基本内涵

传统的教学设计流程为设计活动—决定可接受的学习结果—确认学习结果，导致传统教学容易围绕"聚焦灌输"和"聚焦活动"这两大误区展开。与之相比，逆向教学设计以"理解"为基础，从预期的学习结果出发，确定预期的评估证据，依据评估证据设计合适的学习活动。

逆向教学设计强调以"理解"为基础确定学习结果。关于理解，研究者从"横切面"和"纵切面"构建了"理解"框架。其中，理解的横切面包含六个层面，如表1所示。

表1 理解六层面及其含义

理解六层面	含 义
能解释	对于现象、事实、资料等提出有系统的叙述,做出有联系的分析,并提出阐明性的举例或例证
能阐明	讲述有意义的故事,对概念或事件能客观地揭示其意义
能应用	将所学应用于新的、独特的真实情境或未知情境中
能洞察	提出对事件、主题或情境的个人看法,并做出分析,提出解决问题的方法
能神入	展现设身处地为他人着想的能力
能自知	自我反思与评价,以及阐述反思后的新认识,克服有偏见的想法

二、逆向教学设计案例

如何在小学数学中开展逆向教学设计？笔者以沪教版教材一年级下册"认识人民币"为例,进行逆向教学单元设计的探索。

（一）阶段一:确定预期的学习结果

预期的学习结果源于学习目标。学习结果包括预期的迁移、预期的理解、主要问题、预期收获的知识与技能。

1. 预期的学习目标

单元学习目标由数学学科核心素养和数学课程目标统整组成。学科核心素养和课程目标的参考依据为《义务教育数学课程标准（2022年版）》。本单元的具体学习目标及依据如表2所示。

2. 预期的学习结果

（1）预期的迁移

迁移是将学到的知识应用到新的情境中。迁移是学习的最终目的,是学习本单元最重要的应用。学生可以自主应用学习成果,以便在实际生活中对不同面值的人民币进行正确的互换;用人民币的知识解决实际生活中相关的问题;主动探究了解人民币上蕴含的其他信息和人民币的作用,从而形成爱护人民币的意识。

（2）预期的理解

理解的对象是大概念,本单元的大概念是人民币和运算能力。

表2　单元学习目标及参考依据

单元学习目标	依据		
	课程目标	数学学科核心素养	社会主义核心价值观
认识各种面值的人民币，认识人民币的单位元、角、分	在主题活动中认识货币单位，尝试用数学方法解决问题，积累数学活动经验，形成初步的量感和应用意识	量感主要是指对事物的可测量属性及大小关系的直观感知	诚信：在生活中使用人民币时，养成实事求是的习惯
掌握元、角、分之间的进率，并会进行简单的不同面值人民币互换		运算能力主要是指根据法则和运算律进行正确运算的能力	
能运用人民币的知识解决日常生活中的问题		应用意识主要是指有意识地利用数学的概念、原理和方法解释现实世界中的现象与规律，解决现实世界中的问题	
初步体会人民币在生活中的作用，形成爱护人民币的意识			

本单元的理解事项是：人民币面值的判断（能阐明）；人民币之间的进率——1元=10角，1角=10分（能阐明）；不同面值人民币的互换（能应用）；用人民币能解决实际生活中的问题（能洞察）；不同面值的人民币上的图片和文字所蕴含的信息及其意义（能解释）。

（3）主要问题

主要问题由预期的理解转换而来：你是如何知道人民币的面值的？说说你的判断依据。元与角、角与分之间有什么关系？不同面值的人民币怎么互换？解决实际生活中的哪些问题需要人民币？不同面值的人民币上还蕴含了哪些信息？它们有什么意义？

（4）预期收获的知识与技能

学生将知道人民币的单位，元与角、角与分之间的关系，人民币上的图片和文字所蕴含的信息及其意义，人民币的材质。

学生将能够正确说出人民币的面值及判断依据；运用人民币单位之间的进率，正确兑换不同面值的人民币；运用人民币知识解决生活中的购物问题；体会人民币在生活中的作用，形成爱护人民币的意识。

（二）阶段二：确定预期的评估证据

研究者指出，需要以真实的表现性任务为主，设计合适的评估证据，评价学生是否在单元学习的过程中，达到预期的学习结果。

1. 表现性任务

第一,"人民币的单位"——根据一定的标准对人民币进行分类,通过对相同单位进行分类,认识人民币的单位有元、角、分。

第二,"人民币的面值"——根据出示的人民币,正确说出该人民币的面值及判断面值的依据有哪些。

第三,"人民币的应用"——解决如"购物""兑换"等实际问题,并清晰地呈现解决问题的方法和思路。

第四,"人民币上的信息"——通过搜集资料,了解人民币上的图片和文字蕴含的信息及人民币的作用,绘制数学小报。

2. 其他证据

第一,课堂探究:元与角、角与分的关系。

第二,随堂练习:不同面值人民币的互换。

第三,实际应用:解决生活中与人民币有关的问题。

3. 自评与反馈

第一,自评对"人民币单位"和"人民币面值"的认识程度。

第二,自评对"元与角、角与分关系"的认识程度。

第三,自评对"不同面值人民币互换"的掌握程度。

第四,互评解决问题的思路和方法,并说出合理的评价依据。

第五,互评数学小报中信息展示的说服力和表达爱护人民币的宣传力,做到言必有据。

(三)阶段三:设计合适的学习活动

根据阶段一和阶段二确定的结果和证据,在设计适当的学习活动和教学活动时,为了更好地体现活动的顺序排列,逆向教学设计以 WHERETO 元素为活动编码,如表 3 所示。

表 3　WHERETO 元素

W	知道本单元的方向(Where)和预期的学习结果(What)
H	掌握(Hook)学生的情况和保持(Hold)兴趣
E1	体验(Experience)主要观点并探索(Explore)问题
R	反思(Rethink)和改进(Revise)
E2	评价(Evaluate)学习表现及其应用
T	依据学生不同水平,做到个性化教学设计(Tailor)
O	组织(Organize)教学,最大限度地提升学生的学习动力与学习热情,提高学习效果

本单元的活动顺序如下：

第一，通过出示生活中常见的消费情境，引出我国的货币"人民币"，揭示课题"认识人民币"。（W，H）

第二，出示不同面值的人民币，把人民币按照一定的标准进行分类。按材质分为两类——纸币和硬币，按单位分为三类——元、角、分。（E1）

第三，出示按"元"分为一类的人民币，选一张纸币说一说人民币的面值是多少，并介绍判断面值的方法。说出其他以"元"为单位的人民币纸币的面值。（H，E1）

第四，分别出示按"角"和"分"分类的人民币。说出它们的面值分别是多少。（H，E1）

第五，归纳："元""角""分"都是人民币的单位。（R）

第六，小组讨论：元与角、角与分之间的关系。得出结论：1元＝10角，1角＝10分。动画示意图演示：1元＝10角，1角＝10分。（H，E1，O）

第七，运用元与角、角与分之间的关系，分层完成课本练习：对不同面值的人民币进行互换。（T）

第八，根据已学的人民币知识，解决实际问题。学生交流并互评解决问题的思路和方法。（R，E）

第九，提出疑问：人民币上的图片和文字还蕴含了哪些信息？人民币在生活中有什么作用？学生以小组为单位绘制数学小报，介绍人民币上的信息和人民币的作用，通过宣传呼吁同学爱护人民币。（T，O）

第十，小组展示并介绍小报，小组互评。（O，E）

通过对"认识人民币"小单元教学设计的研究与探索，让教师的设计方向更明确，让学生对知识的理解更深入。

三、逆向教学设计带来的启示

（一）关注"大概念"，提供课改"新思路"

大概念是学习过程中抽象的定理、定义或概念等，不易被简单理解。大概念能够组织课程内容、建构课程文化意义，是落实学科核心素养的重要载体。教师在确定单元大概念的过程中，需要统整课程标准的数学核心素养、课程目标;明晰单元内的知识结构;联系单元知识和生活实际应用。在教学设计中要对大概念进行梳理并将其落实到理解的事项中。通过明晰单元大概念进行教学设计,为教师的课堂教学提供指向,有效提升课堂效率,加深学生的学习主动性和积极性,为课程改革的实行提供新思路。

（二）确立预期的学习结果,使教师成为"引导者"

逆向教学设计是"成果导向"的设计。因此,合理确定预期的学习结果在教学设计中起到了导向性作用。如何准确设立预期的结果,需要教师熟悉单元内的大概念及单元内的知识框架、知识联系。教师在进行单元设计时,先整合课程标准和数学学科核心素养,分析单元中课时知识点间的内在联系,判断学生已经具备的生活经验和学习水平,以学生为中心,使得学习目标的制定更加明确。教师的角色也从原先的"教书匠"转变为"引导者",从学生出发,设计符合学情的活动。

（三）剖析"理解"层面,使学生成为"探究者"

预期的理解包含有六个侧面。教师要明确自己的教学设计涵盖了理解中的哪些层面,并将理解转化为对应的主要问题。设计合理的主要问题能让学生深度思考,引发学生间的思维碰撞,激起学生对新知的探究欲。在设计阶段二、阶段三时,同样基于理解的要求展开教学。同时,教师对于学生理解的关注,不能仅仅停留在简单认知层面,而是需要重视学生知识的迁移能力和运用能力,使学生从传统模式下的"表层理解"转为"深入理解",从原先的"被动学习"转为"主动探究"。

参考文献

[1] 中华人民共和国教育部.义务教育数学课程标准(2022年版)[S].北京:北京师范大学出版社,2022.

[2] [美]格兰特·威金斯,杰伊·麦克泰格.追求理解的教学设计[M].闫寒冰,宋雪莲,赖平,译.上海:华东师范大学出版社,2017:14.

（翁翊舟）

基于理解的小学数学逆向教学设计探索
——以沪教版教材一年级下册"100以内数的加减法"为例

2014年,教育部在《关于全面深化课程改革落实立德树人根本任务的意见》中首次提出"核心素养"的概念。关于数学学科核心素养,《普通高中数学课程标准(2022年版)》指出:数学核心素养是数学课程目标的集中体现,是具有数学基本特征的思维品质、关键能力以及情感、态度与价值观的综合体现,是在数学学习和应用的过程中逐步形成和发展的。格兰特·威金斯和杰伊·麦克泰格的《追求理解的教学设计》为我们培养数学学科核心素养的探索提供了新参考。他们提出的逆向设计是"以始为终"、从学习结果开始的逆向思考。区别于传统的教学设计,逆向教学设计使教师更加关注课程目标和核心素养,优化教学设计,有效地进行教学实践,进而促进学生的理解,具有积极的意义。

一、关于理解

在数学教学中,我们所谈到的理解是指能说明数学概念、性质、法则、公式、公理、定理等,以及由其内容反映的数学思想方法。理解的对象是学科大概念。格兰特·威金斯和杰伊·麦克泰格认为:理解是智力层面的构建,就是将我们的知识联系和结合起来,从而弄清楚事物的含义,如果没有理解,我们可能只会看到含糊的、孤立的或无用的事实。理解意味着能够智慧地、有效地应用和迁移——在实际的任务和环境中,有效地运用知识和技能。

理解是多维的和复杂的,其内涵也不是单一的,而是一系列相关联能力的组合。格兰特·威金斯和杰伊·麦克泰格形成了一个关于理解的多侧面视角,即理解六侧面。对理解进行深入分析和多侧面视角解读,要求学生学习数学就要理解数学。

图 1　理解六侧面

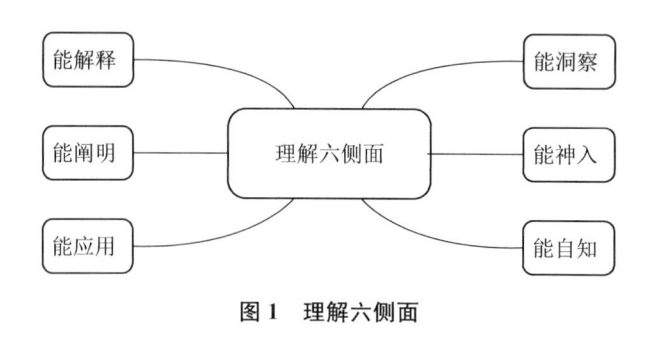

二、关于逆向教学设计

基于理解的逆向教学设计强调对事物的理解,所有学习结果都必须以理解为基础,强调以清晰的学习目标为起点,评价设计在前,教学活动设计在后,指向目标的达成。以始为终,在设计开始时就必须知道预期结果,再明确预期结果达到的证据,继而设计教学活动以发现证据。

以单元为单位进行逆向教学设计,化被动学习为主动学习,化记忆性学习为理解性学习,有利于转变学生的学习方式。学生根据自身已有的知识基础对新信息进行内化。逆向教学设计也有助于转变教师主体意识,教师要依据教学目标和学情,思考在教学活动中学生能学到什么、有能力做什么,将学生定位为教学活动的主体,将学习结果作为教学设计的起点。所以教师在落实逆向教学设计的时候,需要基于理解,从学生的思维和数学素养角度来展开具体的逆向教学设计工作。

三、基于理解的逆向教学设计的三个阶段

基于理解的逆向教学设计的设计过程分为三个阶段,每个阶段都有所要聚焦的核心概念。在阶段一中确定预期的学习结果,思考"什么是预期结果";在阶段二中确定合适的评估证据,思考"通过证据评估学生是否达到预期结果";在阶段三中设计学习体验和教学,思考"教学设计是否有目的地超预期结果发展"。

本文根据上述逆向教学设计过程的三个阶段,结合沪教版教材一年级下册"100以内数的加减法",进行逆向教学设计。

（一）阶段一：确定预期的学习结果

确定预期的学习结果，即要对整个教学设计的结果做一个预设，包括学习目标和学习结果。学习结果包括预期的迁移、预期的理解、主要问题、预期收获的知识与技能。

1. 预期的学习目标

"100 以内数的加减法"是沪教版小学数学"数与运算"的内容，依据《义务教育数学课程标准（2022 年版）》相应的内容要求，并结合数学学科核心素养，确定单元学习目标如表 1：

表 1　单元学习目标及依据

单元学习目标	依据的数学学科核心素养	依据的课程标准
掌握两位数加减整十数的计算方法，并能熟练地进行口算 掌握两位数加减一位数、两位数加减两位数的计算方法，并能熟练地进行口算，会提出自己的算法，进行交流和比较，提高数学交流能力 自主利用学具探究交流计算方法，养成自觉选择合理算法的意识，逐步发展计算的灵活性 理解连加、连减、加减混合的意义，掌握运算顺序并正确计算 联系生活实际，学会运用两位数加减法解决生活中一些简单的实际问题	数感：对于数与数量、数量关系及运算结果的直观感悟。建立数感有助于理解数的意义和数量关系，初步感受数学表达的简洁与精确，增强好奇心，培养学习数学的兴趣 符号意识：感悟符号的数学功能，知道符号表达的现实意义 运算能力：根据法则和运算律进行正确运算的能力。能够明晰运算的对象和意义，理解算法与算理之间的关系 应用意识：有意识地利用数学的概念、原理和方法解释现实世界中的现象与规律，解决现实世界中的问题	在具体情境中，了解加法和减法的含义，感悟运算之间的关系 能口算简单的 100 以内数的加减法 探索加法和减法的算理与算法，会 100 以内数的加减法 在解决生活情境问题的过程中，体会数和运算的意义，形成初步的符号意识、数感和运算能力

2. 预期的学习结果

（1）预期的迁移

迁移是将在课堂上学到的知识和技能运用到新的情境中去。迁移有两种：一种是知识和技能的迁移，另一种是观点、情感等的迁移。学生可以自主应用学习成果，以便在实际生活中进行 100 以内数的加减法计算；在实际生活中根据具体情境，应用算理和算法进行快速、简便计算，并对结果做出判断；提出自己的算法并发展算法的灵活性，进行交流和比较。

（2）预期的理解

100 以内数的加法的算理和算法（能解释），100 以内数的减法的算理和算法（能解释），100 以内数的加减法在实际情境中的意义和运用（能阐明、能应用),能在具体情境中用加法或减法来解决问题(能洞察),学生提出的灵活性算法(能自知)。

(3) 主要问题

100以内数的加法的算理是什么,算法是什么？100以内数的减法的算理是什么,算法是什么？你在生活中遇到过100以内的加减法吗？你有自己的算法吗？怎样发展算法的灵活性？如何交流比较？如何提高100以内数的加减法的计算准确性？

(4) 预期收获的知识与技能

学生将知道100以内数的加法的算理和算法,100以内数的减法的算理和算法,100以内的数在实际生活中的具体计算操作,100以内数的加减法计算方法的多样性。

学生将有能力运用计算方法进行简单的100以内数的加减法计算；根据数字规律和算法,解决生活中的实际问题；进行算法交流,实现算法个性化。

(二) 阶段二:确定合适的评估证据

在单元教学工作中,为了进一步明确学生的学习是否已经与预期学习目标相符合,逆向教学设计模式的研究者表示,需要通过评价的方式来获得直接的印证,而评估的方式需要在表现性任务情况的基础上来展开。在评估的过程中,要重视学生的参与和反馈,毕竟学生是知识获悉的主体,对于具体的教学设计工作有着极大的影响。通过收集评价的证据,能够更好地对单元教学工作形成反思。

1. 表现性任务

(1) 口头报告

第一,能用数学语言表示出计算结果。

第二,能正确表述100以内数的加减法的计算过程。

第三,能选择合理快捷的算法。

(2) 实践应用

第一,能够设计并正确完成100以内数字的竖式计算。

第二,能够在具体的生活情境中,正确运用100以内的数字进行表达。

2. 其他证据

(1) 课堂测试

第一,快速进行100以内数的加减法简单计算。

第二,开展 100 以内数的加减法分步计算和竖式计算测试。

第三,进行 100 以内数的加减法的综合应用测试。

(2)数学知识梳理作业

第一,对 100 以内数的加减法进行总结,提出自己的算法。

第二,收集错题并重新计算。

3. 自评与反馈

第一,自评自己对于 100 以内数的加减法的整体掌握。

第二,自评自己对于 100 以内数的加减法的运算能力。

第三,自评自己对于 100 以内数的加减法的运用能力。

(三)阶段三:设计学习体验和教学

本阶段的活动以 WHERETO 元素中相应的字母为每个活动编码:

W——学生学习的方向(Where)和学习结果(What)。

H——吸引(Hook)学生的注意和保持(Hold)学生兴趣。

E1——体验(Experience)学习过程和探索(Explore)学习任务。

R——反思(Rethink)和修改(Revise)。

E2——评价(Evaluate)学习表现和学习内容。

T——根据学生水平和个体差异制订(Tailor)学习计划。

O——组织(Organize)教学,使其最大限度地提升学生学习动力与持续参与的热情,提高学习效果。

本单元的活动顺序:

第一,复习 20 以内数的规律和 20 以内数的计算:通过具体比赛的方式引导学生对其进行回忆。(H)

第二,梳理 100 以内数的计算过程:通过构建故事情境,让学生结合情境中的内容,探究算法和计算过程,快速进行计算工作。(E1)

第三,解决生活中的实际问题:根据已知条件,说出简单的数量关系,列出算式,进行加减法计算。(E1)

第四,回顾整个单元知识结构:利用画思维结构图的方式,完成整个单元知识框架的构建。(W)

第五,对错题进行反思:通过对课堂训练中的错题进行归总,形成错题整合反思。(R)

第六,对错题进行分类,对不同错题进行整合归类,避免出现同样错误。(T)

四、基于理解的逆向教学设计的关键启示

在当前的小学数学课程教学活动中,教师想要落实相关的知识教学工作,以此来实现学生的成长与提升,就必须尊重学生的意愿和理解能力,构建一个以人为本的教学课堂。逆向教学设计工作充分发挥了学生学习的积极性,结合小学生的特点来构建数学知识、探究问题,以此来实现学生整体思维上的发展。

反思笔者有限的实践,可以发现逆向教学设计将在较长的时间内有其适用的价值,在核心素养引领数学教学走向新常态的背景下,逆向教学设计应当成为数学教师的意识与行为,且需要在实践当中进一步加以锤炼、修正、完善。

(陈盼盼)

从"前测和后测"看小学数学逆向设计

——以沪教版教材三年级上册"轴对称图形"为例

《义务教育数学课程标准(2022年版)》(以下简称《标准》)指出义务教育数学课程应使学生通过数学的学习,形成和发展面向未来社会和个人所需要的核心素养。课程目标以学生发展为本,以核心素养为导向,在新课程标准的实施下,教师的教学观念也应随之转变,课堂教学设计也要带来新的思考。

小学数学教学中的前测、后测是突破教学难点的有效路径。前测指教师在课前,通过不同的调查方式,了解学情并提出相应的课堂教学策略;后测则是课后再一次了解学生真实认知状况,通过学生课后的反馈来评价教学效果,以此作为进行后续课堂教学调整的依据。

基于理解的逆向教学设计模式,意在有效落实学生发展核心素养要求,保证核心素养目标得到落实。按照逆向教学设计的理论,可以分为三个阶段来进行教学设计。第一个阶段是确定预期的学习结果,第二个阶段是确定合适的评估证据,第三个阶段是设计合适的学习活动。

笔者从逆向设计"轴对称图形"一课出发,在教学实践中尝试了实施前测和后测两个环节,结合前测和后测的分析结果,探索逆向教学设计效果。

一、逆向教学设计案例

(一)阶段一:确定预期的学习结果

1. 预期的学习目标

"轴对称图形"是小学数学"图形与几何"中"图形的位置与运动"主题下的内容,根据《标准》和学科核心素养要求,本单元学习目标确定如表1:

表 1　单元学习目标及依据

学习目标	依　　据	
	数学学科核心素养	课程标准
激活生活经验,初步认识轴对称图形 通过操作(对折、两边完全重合),理解轴对称图形的定义,知道折痕所在直线即为对称轴,并会画对称轴 通过操作,感受轴对称图形的对称轴不止一条 在观察、欣赏和绘制轴对称图形的过程中,发展空间想象能力,感受图形的对称美	几何直观:主要是指运用图表描述和分析问题的意识与习惯。能够感知各种几何图形及其组成元素,建立形与数的联系,构建数学问题的直观模型;利用图表分析实际情境与数学问题,探索解决问题的思路 空间观念:主要是指对空间物体或图形的形状、大小及位置关系的认识。能够根据物体特征抽象出图形,根据几何图形想象出实际物体;想象并表达物体的空间方位和相互之间的位置关系;感知并描述图形的运动和变化规律	能在实际情境中,辨认出生活中的轴对称现象 直观感知轴对称的特征 经历对现实生活中图形的抽象过程,认识轴对称的特征,体会运动前后图形的变与不变,感受数学美,逐步形成几何直观和空间观念

2. 预期的学习结果

预期的学习结果包括预期的迁移、预期的理解、主要问题和预期收获的知识与技能。

(1) 预期的迁移

学生能够在实际生活中辨别轴对称现象;学生能够运用轴对称图形的特征解决生活中的问题;学生能够观察图形的运动和位置变化,发现事物的本质。

(2) 预期的理解

理解的对象是大概念,本单元的大概念是平面图形、对称、图形的位置、轴对称图形在生活中的应用、想象力、对称美。

逆向教学设计者提出了理解的六个层面:

表 2　理解六层面

理解六层面	含　　义
能解释	对于现象、事实、资料等做出系统叙述和分析,并提出阐明性的举例或例证
能阐明	讲述有意义的故事,对概念或事件能客观地揭示其意
能应用	将所学应用于新的、独特的真实情境或未知情境中
能洞察	提出对事件、主题或情境的个人看法,并做出分析,提出解决问题的方法
能神入	展现设身处地为他人着想的能力
能自知	自我反思与评价,以及阐述反思后的新认识,克服有偏见的想法

本单元有以下 5 个需要理解的事项:生活中物体的对称现象(能解释);轴对称图形及对称轴的概念(能阐明);常见轴对称图形对称轴的位置和条数(能洞察、能自知);想象图形的位置,感受图形对称美(能洞察);利用轴对称图形特征解决实际问题(能应用)。

（3）主要问题

什么是对称现象?生活中哪些物体是对称的?为什么对称?什么是轴对称图形?什么是对称轴?轴对称图形的特征是什么?有哪些常见的轴对称图形?对称轴可能有几条?通过想象图形的对称位置,是否感受到了对称美?想象力有什么好处?轴对称图形在生活中有什么应用?

（4）预期收获的知识与技能

学生将知道生活中物体的对称现象具有对称美;沿着一条直线对折,直线两边能完全重合的平面图形是轴对称图形;折痕所在直线的位置是轴对称图形的对称轴;常见的轴对称图形有正方形、长方形、圆形等,它们的对称轴可能不止一条;生活中常常利用对称美来建构房子、剪纸等。

学生将能够识别轴对称图形,找出常见轴对称图形的对称轴,利用轴对称图形的特征解决实际问题,发挥想象能力解决其他问题。

（二）阶段二:确定合适的评估证据

研究指出教师应该在设计评价任务时找到评估证据,来表明学生预期理解、实现知识迁移、提升核心素养的程度。

1. 表现性任务

第一,猜一猜——给出物品图片的一部分,猜出所表示的物品是什么并说明理由。

第二,找一找——找出生活中具有对称现象的物品,激活学生生活经验。

第三,折一折——给出根据生活中物品描绘而成的平面图形,动手操作发现该图形的轴对称特征及对称轴的位置。

第四,判一判——给出平面图形,通过手势判断是否为轴对称图形并说明理由。

第五,小组合作——同桌合作探究圆形、正方形、长方形和平行四边形是否为轴对称图形,并找出相应的对称轴。

第六,画一画——想象图形对称位置,画出图形的另一半。

第七,剪一剪——运用轴对称的特征,剪出生活中具有对称现象的物品。

2. 其他证据

第一,课堂问答:用数学语言描述轴对称图形和对称轴的概念,说出常见图形的对称轴,辨析轴对称图形,描述图形对应的位置。

第二,前测和后测:正确判断轴对称图形,找出对称轴,画出轴对称图形。

第三,实际应用:能发现并说出生活中的轴对称现象。

3. 自评与反馈

第一,自评对轴对称图形概念的理解程度。

第二,自评对常见平面图形对称轴的认识程度。

第三,自评对画出轴对称图形的掌握程度。

第四,同桌互评画对称轴和轴对称图形的完成情况。

第五,小组互评实际生活中轴对称现象的认识程度。

(三)阶段三:设计合适的学习活动

我们以阶段一和阶段二确定的结果和证据为参照设计合适的学习活动,逐次列出关键的教学和学习活动,以 WHERETO 元素为活动编码,如表3所示。

表3　WHERETO 元素

W	知道本单元的方向(Where)和预期的学习结果(What)
H	掌握(Hook)学生的情况和保持(Hold)兴趣
E1	体验(Experience)主要观点并探索(Explore)问题
R	反思(Rethink)和改进(Revise)
E2	评价(Evaluate)学习表现及其应用
T	依据学生不同水平,做到个性化教学设计(Tailor)
O	组织(Organize)教学,最大限度地提升学生的学习动力与学习热情,提高学习效果

本单元的活动顺序如下:

第一,前测。学生用20分钟当堂预习书本第54页和55页的内容,余下的15分钟完成相应的练习。(W)

第二,猜一猜、找一找的游戏活动。给出图形的一半猜出图示的是什么物品,找一找生活中的对称物品。(W)

第三,折一折的操作活动。给出四个根据日常生活物品描绘而成的平面图形,通过对折让学生感知轴对称图形的概念,并说一说什么是轴对称图形,什么是对称轴,对称轴有几条。(W,H)

第四,判一判的课堂活动。判断所给图形是否为轴对称图形并指出对称轴所在位置,比较辨析两边一样的图形是不是轴对称图形。(E1,R)

第五,画一画的学习活动。学生判断轴对称图形并画出其对称轴所在位置,巩固对轴对称图形及对称轴的理解。(E1,O)

第六,小组合作探究交流活动。给出圆形、长方形、正方形和平行四边形纸片,通过同桌合作发现常见图形的轴对称现象及对称轴的条数,知道轴对称图形的对称轴可能不止一条,并完成学习单填写。(E1,T,E2)

第七,"小小设计师"的情景活动。根据给定的对称轴,在方格纸中画出图形的另一半,使它成为轴对称图形。(E1)

第八,视频图片赏析活动。欣赏生活中一些物品的轴对称现象,发现轴对称在生活中的应用场景。(E2)

第九,剪一剪的操作活动。给出生活中具有轴对称的物品,描绘出轮廓,思考如何准确剪出该平面图形。(T,O)

第十,后测。课堂教学结束后学生用 15 分钟完成与前测相同的试题。(E1,R,E2)

二、前测、后测的实施与分析

(一)试题的设计

根据教材内容和教学重难点,笔者设计了以下试题:

表 4　试题及测试目标

试　　题	测试目标
下列图形,哪些是轴对称图形?是的打√,不是的打✕ (　　)　　(　　)　　(　　)	考查学生对生活中轴对称现象的认知和判断
画出下列图形的对称轴	考查学生对于对称轴概念的预习情况,能否画出对称轴,能找出几条对称轴

续表

试　　题	测试目标
填空 正方形有（　　）条对称轴 长方形有（　　）条对称轴 圆有（　　）条对称轴	考查学生是否能知道常见的轴对称图形并找到图形所有的对称轴
画出图形的另一半，使它们成为轴对称图形	在"变式"练习中，考查学生是否能综合运用自己的空间观念画出轴对称图形

（二）结果分析

通过配对样本T，检验分析前测、后测数据的均值是否存在显著性差异。从配对样本统计表可见前测、后测各题平均值的变化，后测的平均值较前测有所提高，说明通过逆向教学设计的课堂教学，学生对于轴对称图形和对称轴的概念理解程度整体有所提高。

先看配对样本相关性表，其中题型1和题型4的显著性分别为0.000 025和0.000 006（SPSS分析只保留三位小数），小于0.05，可以看出配对样本相关性显著；再看配对样本检验表，Sig（双尾）值分别为0.262和0.210，大于0.05，说明配对样本之间不存在显著差异，学生在这两个题型上的提升效果不显著，这可能与学生已有的生活经验比较丰富、出示的题型比较简单有关，他们能够判断一些生活中的轴对称图形并画出轴对称图形的另一半，具有一定的空间观念。

题型2和题型3的显著性分别为0.687和0.801，大于0.05，可以看出配对样本相关性不显著；再看配对样本检验表，Sig（双尾）值分别为0.000 084和4.45×10^{-10}，小于0.05，说明配对样本之间存在显著差异，学生在这两个题型上的提升效果显著，也显示出学生几何直观能力不足。因此，在逆向教学设计时针对题型2：经过课堂学习活动折一折、画一画、辨一辨等，即使仍有部分学生未找出全部的对称轴，但认为只有一条对称轴的人数明显减少，大多数学生都能画出两条以上的对称轴。针对题型3：通过合作探究、折一折、画一画等活动，平均值也有大幅度提升，学生能准确填出正方形、长方形、圆的对称轴条数，学生在操作、合作中深化了轴对称图形的概念并知道了对称轴条数不止一条，可能有无数条。

当然，此次的试题设计还有所不足，比如题型未涉及生活应用，在后续可以改进前测、后测的多种其他形式,如访谈、问卷等,更全面地观察逆向教学设计达成的效果,并探索优化逆向教学设计,据此改进课堂教学实践。

三、教学启示

(一)教学设计从关注知识走向关注学生核心素养

若教学设计单从知识内容出发,仅针对相关内容设计教案,进而开展教学,最终只是完成了既定的教学任务,而忽视了学生核心素养的发展和提升。逆向教学设计依据课程标准、相关素养指标和学生学情分析,确定了学习目标及合适的评价证据,再根据目标和证据设计相应的教学活动。这样的设计使得学习目标更适切,评价更可靠,教师也可以据此判断学生已有的学习经验和目标之间的距离,再安排跟进教学活动,并根据实际情况灵活调整。

(二)以学生的理解为设计核心,"为理解而教"

教师应该从"大概念"出发,从理解的6个层面来设计相应的理解事项,再将这些理解事项转化成基本问题,将这些基本问题作为教学支架,引导学生思考,进而达到理解的目的。逆向教学设计从单元整体出发,本单元教学中的理解事项围绕单元主题平面图形的认识与计算展开,关注学生学习的认知过程和情感体验,通过观察、操作、画图等活动认识图形性质,让学生在探究中亲历知识的形成与发展,做到为理解而教。

参考文献

[1] 中华人民共和国教育部.义务教育数学课程标准(2022年版)[S].北京:北京师范大学出版社,2022.

[2] [美]格兰特·威金斯,杰伊·麦克泰格.追求理解的教学设计[M].闫寒冰,宋雪莲,赖平,译.上海:华东师范大学出版社,2017:14.

[3] 卓杨晶.浅析数学教学如何借助前测、后测突破教学难点[J].新课程导学,2022(12):24-26.

[4] 史紫慧.基于课程标准的小学数学逆向教学设计探索——以小学数学"小数乘除法"单元为例[J].新智慧,2020(19):29-30,33.

(张金妹)

指向理解的小学数学中高年级概念逆向教学设计的案例研究

——以沪教版教材三年级下册第六单元为例

小学数学学习是为学生奠定数学知识与素养基础的起步学习过程,而概念教学在小学数学教学中的地位也是不言而喻的。逆向教学设计也是基于理解的教学设计,以"学"为起点,如何在小学数学概念教学中利用逆向教学设计来加深学生的理解是本文研究的重点。

《义务教育数学课程标准(2022年版)》明确指出要改变过于注重以课时为单位的教学设计,推进单元整体教学设计,体现数学知识之间的内在逻辑关系,以及学习内容与核心素养表现的关联。如何在小学数学概念教学中开展逆向教学设计?笔者以沪教版教材三年级下册第六单元为例,进行逆向教学单元设计的探索,并以本单元中"长方形、正方形的周长"一课为例进行课例研究。

一、逆向教学设计案例

(一)阶段一:确定预期的学习结果

预期的学习结果源于学习目标,学习结果包括预期的迁移、预期的理解、主要问题以及预期收获的知识与技能。

1. 预期的学习目标

单元学习目标由数学学科核心素养和数学课程目标统整确定。笔者基于学校对品质课堂的要求,将本单元的学习目标分为学术目标和育人目标。本单元学科核心素养和课程目标以《义务教育数学课程标准(2022年版)》为依据。本单元的具体学习目标及依据如表1所示。

表 1　单元学习目标及依据

单元目标		依　　据	
学术目标	育人目标	数学学科核心素养	课程目标
通过描一描、量一量等操作活动,理解周长的意义,知道平面图形的周长就是图形各边的长度之和	笃学:对探究充满好奇心,有积极的探索欲望 睿思:掌握周长的核心概念,运用科学思维,善于反思辨析对周长的错误理解 善辨:有发现问题的意识,积极主动地探究长方形、正方形的周长计算公式,可以进行不同方法之间的比较,找到最优的计算方法 合作:掌握合作技能,与组内成员一起探究问题,协同解决问题	空间观念:对空间物体或图形的形状、大小及位置关系的认识 几何直观:运用图表描述和分析问题的意识与习惯。能够感知各种几何图形及其组成元素,建立形与数的联系,构建数学问题的直观模型;利用图表分析实际情境与数学问题,探索解决问题的思路	结合实例认识周长,知道什么是图形的周长,会测量三角形、长方形和正方形的周长
用不同的方法计算长方形的周长,比较算法的多样性,归纳总结长方形的周长计算公式并会计算长方形的周长			在图形认识与测量的过程中,增强空间观念和量感
通过长方形的周长计算公式,迁移得出正方形的周长计算方法,进一步体会正方形是特殊的长方形			探索并掌握长方形、正方形的周长的计算公式
会解决有关长方形、正方形周长的简单实际问题			在解决图形周长的实际问题过程中,逐步积累操作的经验,形成量感和初步的几何直观
通过观察和操作进行比较、分析,探究周长相等的图形,面积不一定相等			
在单元学习过程中,发展探究意识,感受归纳、转化和比较的数学思想方法,体会数学与日常生活的密切联系,感知数学的有趣,体会数学的价值			

2. 预期的学习结果

(1) 预期的迁移

迁移是将学到的知识应用到新的情境中去。迁移分知识和技能的迁移,思想、情感、观点、原理、定律等的迁移。学生可以自主应用学习成果,以便在类比研究长方形、正方形的周长计算公式的过程中去研究其他数学问题;用长方形、正方形的周长公式解决实际问题中和周长有关的数学问题;体会转化、比较、归纳的数学思想,了解数学的思想方法。

(2) 预期的理解

理解的对象是大概念,本单元的大概念是周长,平面图形(长方形、正方形),逻辑思维(归纳、总结、比较),计算公式,周长与面积,理解周长的意义,周长与实际生活的联系。

逆向教学设计者提出了理解的六个层面:能解释(能说明)——对于现象、事实、资料等提出有系统的叙述,做出有联系的分析,并提出阐明性的举例或例证。能阐明(能诠释)——讲述有意义的故事,对概念或事件能客观地揭示其意义。能应用——将所学应用于新的、独特的真实情境或未知情境中。能洞察(有观点)——提出对事件、主题或情境的个人看法,并做出分析,提出解决问题的方法。能神入(有同理心)——展现设身处地为他人着想的能力,例如参与角色扮演、解读他人想法,以及分析、为他人行为辩护等。能自知——自我反思与评价,以及阐述反思后的新认识,克服有偏见的想法。

本单元的理解事项是:周长及平面图形的周长等概念(能解释);长方形、正方形周长计算公式的推导过程(能解释);长方形的长和宽与周长之间的关系,正方形的边长与周长之间的关系(能解释);当周长相等时,面积不一定相等(能阐明);平面图形的周长在解决实际问题中的重要作用(能应用);平面图形的周长在解决实际问题中的重要作用,感受周长与自己生活的密切联系(能自知)。

(3) 主要问题

周长的概念是什么?平面图形的周长是怎么计算的?如何求长方形的周长,以及如何归纳总结长方形的周长计算公式?如何根据长方形的周长计算公式类比推导正方形的周长计算公式?图形的周长相等时,图形的面积相等吗?如何用长方形、正方形的周长解决生活中的简单问题?

(4) 预期收获的知识与技能

学生将会知道平面图形周长的概念;长方形、正方形的周长计算公式;长方形的周长与正方形的周长之间的联系;平面图形的周长相等时,面积不一定相等。

学生将能够通过操作等活动积累有关周长的经验,理解周长的意义,认识与理解平面图形的周长;根据平面图形的特征,比较、归纳长方形的周长计算公式;根据长方形与正方形的特殊关系,利用转化的数学思想归纳总结正方形的周长计算公式;能够克服困难,会用长方形、正方形的周长计算公式分析问题,解决生活中遇到的问题;会用转化、比较的数学思想方法解决与周长有关的实际问题；通过操作、比较等活动，分析平面图形的周长相等时，图形的面积不一定相等。

(二) 阶段二：确定预期的评估证据

研究者指出，需要以真实的表现性任务为主，设计合适的评估证据，评价学生是否在单元学习的过程中，达到预期的学习结果。

1. 表现性任务

表 2　表现性任务

表现性任务
描一描——物体的边线。学生通过描一描、画一画不同物体的边线，可以准确说出物体的周长指的是什么
算一算——平面图形的周长。可以准确测量平面图形边线的长度，算出平面图形的周长
我是分析师——用周长的知识解决问题。学生通过分析讨论，了解要求出长方形菜地围一圈需要多少长度的栅栏，就是求长方形菜地的周长
算法最优化——比较计算长方形菜地的周长计算方法。学生可以列出求长方形菜地周长的计算方法，比较不同的算法，知道哪种算法最简便，并能归纳总结长方形的周长计算公式
学以致用——正方形的周长。会说出长方形和正方形的特殊关系，根据长方形的周长计算公式来计算要求的正方形的周长，还可以通过小组讨论探究正方形的周长计算公式
游戏探究——小组合作，利用同样数量的火柴棒首尾相连围平面图形，根据游戏规则围出多种平面图形，小组讨论并计算不同图形的周长和面积，探究周长和面积的情况

2. 其他证据

第一，课堂问答：用数学语言描述周长的概念，比较不同的方法来求长方形、正方形的周长，用数学语言描述长方形、正方形的计算公式。

第二，随堂练习：描一描图形的边线，测量图形的周长并准确计算，会用长方形、正方形的计算公式计算周长，分析周长与面积之间的关系。

第三，实例应用：分析生活中的实际问题，并解决生活中的周长问题。

3. 自评与反馈

第一，自评对周长概念的理解程度。

第二，自评对平面图形周长的理解程度。

第三，组内互评对长方形、正方形的周长公式的推导方法。

第四，自评是否理解长方形、正方形的计算公式的推导过程。

第五，互评利用长方形、正方形的周长计算公式解决问题的过程。

第六，自评能否解释当图形的周长一定时，面积是否相等的原因。

(三)阶段三：设计帮助学生完成理解和迁移的学习活动

学习活动建立在学习目标和评估证据的基础上，为有助于学生完成理解和预期，我们以阶段一和阶段二确定的结果和证据为参照设计合适的学习活动，在设计合适的学习活动和教学活动时，为逐次列出关键的教学和学习活动，以WHERETO元素为活动编码，如表3所示。

表3 WHERETO元素

W	知道本单元的方向(Where)和预期的学习结果(What)
H	掌握(Hook)学生的情况和保持(Hold)兴趣
E1	体验(Experience)主要观点并探索(Explore)问题
R	反思(Rethink)和改进(Revise)
E2	评价(Evaluate)学习表现及其应用
T	依据学生不同水平，做到个性化教学设计(Tailor)
O	组织(Organize)教学，最大限度地提升学生的学习动力与学习热情，提高学习效果

本单元的活动顺序如下：

第一，通过"爬行比赛"的游戏引入，引导学生讨论一周的概念，揭示课题。(W)

第二，通过描一描物体边线的活动，让学生感知物体边线的一周及周长的概念，并说一说什么是物体的周长。(W，H)

第三，通过对物体周长的辨析，比较不同物体的周长的大小，使学生知道物体的周长与面积之间的区别。(E2)

第四，学生根据方格纸一小格的长度，确定物体边线的长度，并通过平面图形周长的概念，来计算不同平面图形的周长，在计算平面图形周长的过程中进一步理解周长的概念。(W，E1)

第五，通过直尺来量一量平面图形边线的长度，再根据周长的概念，算一算平面图形的周长，并比较评价不同的计算方法，选出简便的计算方法。(W，R，E2)

第六，结合用栅栏围菜地的情境，探究长方形的周长，需要知道图中长、宽的数据信息,可以用喜欢的方法计算长方形菜地的周长,并比较不同的算法的异同点,找出最简便的长方形计算方法,渗透、比较归纳的数学思想。(H,O,W)

第七,学生通过自主探究,发现并掌握已知长方形的周长求长或宽的方法,知道可以用不同的方法解决问题。(H,T)

第八,学生通过比较、归纳总结长方形的周长计算公式,提升相关能力,并在具体的实际问题中利用长方形的周长计算公式进行计算。(H,E1,E2)

第九,根据长方形的计算公式,学生通过类比的思想方法来研究正方形周长,提升逻辑思维能力。(W,E1)

第十,通过用相同数量的火柴棒围图形的游戏,制定一定的游戏规则,以小组合作探究的形式开展讨论,比较相同数量的火柴棒围出的平面图形的周长和面积的情况。(E1,T,E2)

二、逆向教学设计对数学教学的启示

基于对本单元的逆向教学设计的研究与探索,笔者发现,现在的教学设计要从简单关注教材转向关注新的课程目标和数学学科核心素养,以及所在学校的育人目标。通过本单元逆向教学设计的研究,确定学生要达到的学科核心素养,进而确定合适的学习目标和评估证据,最后设计合理的教学活动,让学生真正理解数学概念的本质。在素质教育目标提出和新课程标准改革工作不断推进的背景下,以逆向教学设计理论为基础,在实际小学数学教学过程中有如下启示:

(一)明确课堂教学目标

课堂教学目标对于教师教学工作的开展和学生的学习情况都具有导向的作用,基于现阶段课程标准改革和发展的要求,在教学设计中需要重视对于教学目标的决策和制定,保证教学目标的设置能够体现出知识技能、数学思考、问题解决以及情感态度等重点内容。具体而言,在应用逆向教学设计方法时,对于课堂学习目标的设置,教师首先需要能够领会课程标准中对章节内容的要求,在对班级学生的学习水平和学习情况进行充分了解的基础上,结合具体的课题内容,对相关的课程标准要求进行深入研读。

(二)优化课堂教学过程

对于小学数学教学过程的优化设计,在逆向教学设计理论的指导下,教师首先需要认识到教学活动对于提升课堂教学效果的重要性。在以教学目标为指导、以教学评价为连接目标和学习活动的桥梁的前提下,需要充分发挥学习活动对于提升教学效果的重要作用,以便能够对学习活动进行更为详细的设计。

综上所述,应用逆向教学设计的方法,能够有效提升小学数学教学的效果和水平。基于新时代对小学基础教育教学科目改革发展提出的要求,在小学数学科目的教学方面可以应用逆向教学设计的方法,在明确课堂学习目标的基础上,通过对学习指标的规划评估和对教学过程的优化设计来提升实际的教学质量,帮助学生打好数学科目的学习基础,这对培养学生的数学核心素养具有重要的意义。

参考文献

[1] [美]格兰特·威金斯,杰伊·麦克泰格.追求理解的教学设计[M].闫寒冰,宋雪莲,赖平,译.上海:华东师范大学出版社,2017.

[2] 中华人民共和国教育部.义务教育数学课程标准(2022年版)[S].北京:北京师范大学出版社,2022.

(李晓倩)

关注核心素养的单元逆向教学设计
——以沪教版教材四年级上册"几何小实践"为例

《义务教育数学课程标准(2022年版)》提出义务教育数学课程应使学生通过数学的学习,形成和发展面向未来社会和个人发展所需要的核心素养。美国学者格兰特·威金斯和杰伊·麦克泰格在其著作《追求理解的教学设计》一书中提出了逆向设计的概念。不同于先确定单元学习活动,再开发评价标准的传统教学设计,逆向设计是基于理解学习的教学过程的逆向程序,以目标为起点,强调评价先于活动,凸显核心素养的导向作用和学习目标的引领作用。可见,逆向设计的理念与关注核心素养的理念完全一致。

逆向设计强调教学分为三个阶段:确定预期的学习结果—制定合适的评价证据—确定合适的学习活动。为了在小学数学课堂实践逆向教学,笔者以沪教版教材四年级上册第五单元"几何小实践"为例进行单元逆向教学设计初探。

一、单元逆向教学设计案例

(一)阶段一:确定预期的学习结果

预期的学习结果由学习目标和学习结果组成。学习目标是学科素养和课程标准的具体化、微观化,是教学的指向,而学习结果是建立在理解层面上的学习导向。

1. 预期的学习目标

表1 单元学习目标及依据

单元学习目标	依 据	
	数学学科核心素养	课程标准
初步了解圆的概念,用圆的特征解释生活中的现象,掌握半径与直径之间的关系	空间观念——根据物体特征抽象出几何图形,根据几何图形想象出所描述的实际物体,根据语言的描述画出图形	了解平面图形的基本特征
能按给出的半径或直径用圆规画圆,能按给出的图案画出由圆组成的各种图形,体会几何图形的美		了解平面图形的基本特征,掌握测量、识图、画图的基本方法
初步建立射线、直线的概念,会用字母表示,并能说出线段与射线、直线的关系		结合实例了解线段、射线、直线的基本特征
进一步认识角,建立角的概念,知道三种特殊角(直角、平角、周角)		了解平面图形的基本特征
能用量角器量出角的大小,并按要求画出角,能进行简单的角的加减法计算		了解平面图形的基本特征,掌握测量、识图、画图的基本方法

2. 预期的学习结果

(1) 预期的迁移

迁移是将学到的知识应用到新的情境中去,包括知识技能、情感、原理、定律的迁移。学生可以自主应用学习成果,以便根据圆的特征描述生活中与圆有关的事物,并按要求画圆;根据线段、射线、直线的特征按要求作图;用量角器量出所给角的大小,并按要求画出角,养成良好的画图习惯。

(2) 预期的理解

理解的对象是大概念,本单元的大概念包括基本几何图形角、圆、线的概念。基于大概念,本单元要理解的具体事项为:圆上所有的点到固定点O都有相同的长度r(能阐明);线段、射线、直线的特征及其区别(能洞察);一点和从这个点出发的两条射线组成的图形是角,角也可以看作由射线绕它的端点旋转而成(能洞察);周角、平角、直角的意义,锐角、直角、钝角、平角、周角之间的大小关系(能应用);角的数量关系——两角之和或两角之差(能应用)。

（3）主要问题

圆具有什么样的特征？线段、射线、直线的特征及其区别是什么？角是由什么组成的？角的形成过程是怎样的？几种特殊角有什么样的特点，它们具有怎样的大小关系？如何计算两个角的和与差？

（4）预期收获的知识与技能

学生将知道圆的特点，线段、射线、直线的特点，角的两种定义，几种特殊角——直角、平角、周角。

学生将能够用圆规、直尺等工具按要求画出角；用字母表示线段、射线、直线，并按要求画出线段、射线、直线；用量角器量角，画指定度数的角；进行简单的角的加减法计算。

（二）阶段二：制定合适的评价证据

评价要依据评价标准，判断学生的表现是否达到了预期的学习结果，为教师的反馈、调整提供参考依据。评价证据包括表现性任务、其他证据、自评与反馈。

1. 表现性任务

第一，将生活中的物体与圆相联系，用圆的特征解释生活中的现象。

第二，规范地用圆规画圆，感知圆心和半径的意义，知道半径与直径的关系。

第三，按给出的图案画出由圆组成的各种图形，感受圆的对称美。

第四，按照要求根据线段、射线、直线的特征画图。

第五，观察钟面上秒针的运动过程，画出秒针转一圈、半圈及 1/4 圈形成的角。

第六，在相交直线中找出所有的角，量出所给角的大小，画出指定角度的角。

2. 其他证据

第一，课堂对话——能用准确的数学语言描述圆、线段、射线、直线、角的概念。

第二，随堂作业——借助工具按要求画圆、角，量出指定角的度数。

第三，实际应用——解决生活中和圆、角有关的数学问题。

3. 自评与反馈

第一，自评对圆、线段、射线、直线、角的初步掌握情况。

第二，互评画圆、画线段、画射线、画直线、画角的作图能力。

第三，互评实际生活中将圆、线段、射线、直线、角抽象成数学问题的能力。

(三)阶段三：确定合适的学习活动

在设计学习活动时，我们要始终以学习目标和评价证据为参考。有了目标的引领和评价的导向，确定学习活动就是单元逆向教学设计的目的地。

根据格兰特·威金斯和杰伊·麦克泰格在其逆向教学设计中列出的关键教学活动和学习活动，以 WHERETO 元素中的相应字母为活动编码：

W——帮助学生了解单元的方向(Where)和预期结果(What)。

H——把握(Hook)学生认知情况和保持(Hold)学生学习兴趣。

E1——武装(Equip)学生，帮助他们体验(Experience)主要观点和探索(Explore)问题。

R——提供机会给学生去反思(Rethink)和改进(Revise)他们的理解和学习表现。

E2——允许学生评价(Evaluate)他们的学习表现及其应用。

T——依据学生不同的需要、兴趣的能力，做到量体裁衣(Tailor,个性化)。

O——组织(Organize)教学，使其最大限度地提升学生的学习动力与持续参与的热情，提高学习效果。

由此设计如下学习活动：

第一，通过观察、交流生活中的圆，感知圆的特征。(W)

第二，通过用不同的工具画圆，进一步感知，认识圆的两个要素——圆心和半径。(E1，T)

第三，尝试用圆规画圆，在动手尝试的过程中总结出圆规的正确使用方法以及画圆的注意事项。(E1，R，E2)

第四，正确地用圆规画出指定大小的圆、同心圆、圆形组成的图案。(H，E1，O)

第五，通过对折圆形纸片，找到圆的对称轴，了解圆的直径就是对称轴，直径的长度是半径的两倍，圆有无数条直径。(E1)

第六，通过观察激光束，构建射线的表象，探究射线的特点。(W)

第七，在认识线段的基础上初步建立射线与直线的概念，探究三者之间的联系。(W，E1)

第八，用直尺画线段、射线和直线，在动手操作活动中进一步理解线段、射

线、直线。(E1，R)

第九，通过观察灯光秀、激光束，建立角的表象，进一步感悟角的概念。(W，O)

第十，尽量多地找到相交直线形成的角，用符号正确表示角，并正确读出来。(W，H，T，E2)

第十一，通过了解数学史，知道角的计量单位是"度"，认识三个特殊角，探究周角、平角、直角、锐角、钝角的大小关系。(W，O，E1)

第十二，认识量角器，掌握量角的方法，探究角的大小与边长的关系。(W，E1)

第十三，使用量角器画指定度数的角。(W，E1)

第十四，进行简单的角的加减法计算。(W)

二、单元逆向教学设计的思考和启发

（一）以结果为导向，以评价为依据

基于单元整体的逆向教学设计与传统"教—学—评"的教学设计模式最大的不同是以终为始，评价先行。

本次"几何小实践"单元的逆向教学设计初探，笔者参考课程标准和数学核心素养目标，分解了单元教学目标，将单元知识体系分为圆、射线及直线、角这三部分，在此基础上将目标细化，从而形成了五个总体目标。

明确了学生要学什么、学到什么程度之后再制定预期的评价证据，要思考两个问题：一是评什么，即评价内容，学习结果是评价的衡量标准，评价内容可以根据学习目标来确定；二是怎么评，即评价方法，取决于知识类型和认知层级，可以根据斯蒂金斯"学习目标与评价方法组合表"来确定。合适的评价证据能体现目标达成度，便于教师收集信息、及时反馈、调整教学。

（二）以单元大概念为基搭建知识体系

《普通高中课程方案》强调"重视以学科大概念为核心，使课程内容结构化"。大概念也称"核心概念"，具有内在的可迁移特性，能够将离散的主题和技能联系起来，它是一种概念性工具，可以强化思维，连接不同的知识片段。小学阶段的数学课程中，大概念往往指的是定义定理、思想方法等，而本教学设计案例中的大概念是平面图形圆、射线、直线、角的定义和特征。

（三）追求深度理解，落实核心素养价值

数学老师总是会有这样的困惑：学生会做数学作业，但没有真正理解数学概念的本质。因为传统的教学模式并不能让学生具备真正的数学能力和素养，能力的获取是建立在理解基础上的，理解是关于知识的应用和迁移，深度理解就是能在不同的情境和问题下灵活运用所学知识和技能。格兰特·威金斯和杰伊·麦克泰格将理解归纳为六个层面：能解释、能阐明、能应用、能洞察、能神入、能自知。基于理解的逆向教学设计，将学生的理解作为教学的归宿，以学生为主体，落实核心素养的价值。

参考文献

[1] 中华人民共和国教育部.义务教育数学课程标准(2022年版)[S].北京:北京师范大学出版社,2022:7.

[2] [美]格兰特·威金斯,杰伊·麦克泰格.追求理解的教学设计[M].闫寒冰,宋雪莲,赖平,译.上海:华东师范大学出版社,2017:14.

（顾凯婷）

浅谈小学数学逆向教学设计

——以沪教版教材四年级上册"工作效率、工作时间、工作量"为例

小学数学课程的知识，多数与实际生活有着密切的联系。过去，教师通常会让学生先对数学知识进行一定了解，再去引导学生如何将所学的知识运用到日常生活中，采用的是先学再用的教学模式。而逆向教学设计则是从关注教材转向关注课程标准的一种方式。这种不同于传统教学的教学模式，能让学生更加直接地感受到学习数学知识的意义和价值，从而调动学生学习的主动性，培养学生的数学学习能力。

一、何为逆向教学设计

美国课程改革专家格兰特·威金斯和杰伊·麦克泰格在《追求理解的教学设计》一书中，探讨了一种新的教学设计模式——逆向教学设计，即"从终点——预期的结果出发，根据标准要求确定合适的评估证据，再进行学习体验和教学的设计"[1]。

逆向教学设计旨在通过设定明确的学习目标，并将其融入教学评估和活动中，以达成预期的学习成果。这种教学设计方式不同于传统的顺向思维，而是在教学准备阶段采取一种思考问题的方法，从而更有效地实现学习目标。

从预期的学习结果出发，有助于提升学生的数学学习能力，培养学生的数学核心素养。"素养"旨在让学生在实际工作和日常生活中更好地运用他们的数学知识，培养他们的实际操作能力。

二、逆向教学设计案例

如何在小学数学中开展逆向教学设计？笔者以沪教版教材四年级上册"工作效率、工作时间、工作量"为例，进行逆向教学设计的探讨。

（一）阶段一：确定预期的学习结果

预期的学习结果源于学习目标。学习结果包括预期的迁移、预期的理解、主要问题、预期收获的知识与技能。

1. 预期的学习目标

单元学习目标由数学学科核心素养和数学课程目标组成。学科核心素养和课程目标依据的是《义务教育数学课程标准（2022年版）》[2]。本单元的具体学习目标如下：

根据三个生活实例，正确理解工作效率的概念。理解并掌握工作效率、工作时间、工作量之间的关系。能灵活运用工作效率、工作时间、工作量之间的关系解决生活实际问题。

依据的数学学科核心素养：运算能力——根据法则和运算律进行正确运算的能力。模型意识——能够认识到现实生活中的大量问题都与数学有关，有意识地用数学的概念与方法予以解释。

依据的课程目标：能在真实情境中，发现常见数量关系，利用常见数量关系解决问题。

2. 预期的学习结果

预期的学习结果由确定的学习目标转换而来，目标与结果是抽象与具体的关系。

（1）预期的迁移

通过将所学知识运用到新的情境中，更好地理解和掌握所学内容。迁移是学习的最终目的，是学习本单元最重要的应用。迁移有知识的迁移及观点、思想、情感、原理、定律的迁移。学生可以自主应用学习成果，以便在课外其他场合理解工作效率、工作时间、工作量的含义；借助树状算图理解工作效率、工作时间、工作量的数量关系，培养数形结合的能力；用基本数量关系（工作效率＝工作量÷工作时间）解决简单的实际问题。

(2) 预期的理解

理解的对象是大概念。本单元的大概念是：工作效率，工作效率、工作时间、工作量之间的数量关系，树状算图，工作效率、工作时间、工作量与生活的联系。

关于理解，逆向教学设计者提出了理解的六个层面[3]：能解释——对于现象、事实、资料等提出有系统的叙述，做出有联系的分析，并提出阐明性的举例或例证；能阐明——讲述有意义的故事，对概念或事件能客观地揭示其意义；能应用——将所学应用于新的、独特的真实情景或未知情境中；能洞察——提出对事件、主题或情境的个人看法，并做出分析，提出解决问题的方法；能神入——展现设身处地为他人着想的能力；能自知——自我反思与评价，以及阐述反思后的新认识，克服有偏见的想法。

本单元的理解事项是：工作效率的概念（能解释），工作效率、工作时间、工作量的关系（能阐明），借助树状算图解决工作效率、工作时间、工作量的问题（能应用），工作效率、工作时间、工作量与生活的密切联系（能自知）。

(3) 主要问题

主要问题由预期的理解转换而来：工作量是什么？工作效率的概念是什么？工作时间、工作量和工作效率之间有什么关系？要提高工作效率可以从哪两个方面努力？用什么工具来辅助分析数量间的关系？意义是什么？工作效率、工作时间、工作量与生活的哪些方面有密切的联系？

(4) 预期收获的知识与技能

学生将知道工作效率的概念，工作效率、工作时间、工作量之间的数量关系，树状算图的意义。

学生将能够对工作效率的实际意义进行辨析说理，利用工作效率、工作时间、工作量之间的数量关系解决简单的实际问题，借助树状算图分析解决问题。

(二) 阶段二：确定预期的评估证据

研究者指出，需要以真实的表现性任务为主，设计合适的评估证据，评价学生是否在单元学习的过程中达到预期的学习结果。

1. 表现性任务

第一，计算——通过计算平均每小时做小熊的个数、平均每分钟打字的个数、平均每天修路的米数三个生活实例，正确了解工作效率的概念。其中能正确计算出三个实例的为 A 级水平，能正确计算出两个实例的为 B 级水平，能正确计算出一个实例的为 C 级水平,三个实例都不能正确计算的为 D 级水平。

第二,判断——正确说出画线处表示的数量,区分工作效率、工作时间、工作量。

第三,口答——根据工作效率、工作时间、工作量中的任意两个量,求另一个量。

第四,能借助树状算图这个辅助工具正确分析和理解数量之间的关系,知道它的意义。

2. 其他证据

第一,课堂问答——正确说出各部分表示的数量,正确说出问题中的数量关系。

第二,实际应用——利用数量关系解决实际问题,进一步体会工作效率、工作时间、工作量在生活中的运用。

3. 自评与反馈

第一,自评对工作效率、工作时间、工作量概念的理解程度。

第二,自评对树状算图的认识程度。

第三,同桌互评对工作效率、工作时间、工作量的数量关系的运用情况。

第四,能各自说出工作效率、工作时间、工作量与生活的哪些方面有密切联系。

(三)阶段三:设计合适的学习活动

依据阶段一和阶段二确定的结果和证据,为了更好地体现活动的顺序排列,逆向教学设计采用 WHERETO 元素作为活动编码来设计更加合适的学习活动和教学活动。

表 1　WHERETO 元素

W	知道本单元的方向和预期的学习结果
H	掌握学生的情况和保持兴趣
E1	体验主要观点并探索问题
R	反思和改进
E2	评价学习表现及其应用
T	根据学生不同水平,做到个性化教学设计
O	组织教学,最大限度地提升学生的学习动力与学习热情,提高学习效果

本单元的活动顺序如下：

第一，通过"选出玩具工厂最快小熊生产者"的情境体验，激发学生对学习工作效率的兴趣及探究欲望。（W，H）

第二，能借助树状算图这个辅助工具正确分析和理解数量之间的关系，从而知道利用树状算图分析的好处是形象化和可视化。（T）

第三，通过比较做小熊的快慢、打字的快慢、修路的快慢，收集学生的感性经验，再进一步抽象，从中提炼出工作效率的概念。（W，E1）

第四，根据工作效率、工作时间、工作量的概念，判断"每分钟打印50张纸""200张纸""4分钟"表示哪个量，注意加强辨析与比较，强化学生对三个量含义的理解，帮助学生正确区分三个量。（E1，E2）

第五，经历"讨论猜想—总结归纳"的学习过程，得出：工作效率＝工作量÷工作时间。围绕"讨论猜想—总结归纳"两个环节进行学习指导，帮助学生更好地理解和掌握。（E1，O）

第六，根据工作效率＝工作量÷工作时间，以及乘除法之间的关系，进一步得出求工作量、工作时间的方法，并能根据已知的两个量求出第三个量。（E2）

第七，运用工作效率、工作时间、工作量三者之间的数量关系解决简单的实际问题。（T，R）

三、逆向教学设计带来的思考

学生在学习"工作效率、工作时间、工作量"之前，已经有了除数是两位数除法的计算基础，并且对乘除法各部分之间的关系有了一定掌握，也具备了初步解决问题的思考能力。但是对于工作效率、工作时间和工作量这三者之间的关系，多数的学生只能有一个初步的猜想，不会有深刻的认知。因此，逆向设计更适用于本单元的教学，它鼓励学生在教学活动中进行积极的探究，通过问题引导整个单元的教学过程，从而促进学生的深度学习和理解。在逆向教学设计的过程中，通过设计一系列学生需要思考的问题，加深学生对于工作效率、工作时间、工作量的理解，也为建构工作问题中的数量关系模型及解决相应的实际问题提供了前提条件。

对"工作效率、工作时间、工作量"逆向教学设计的研究与探索，能够让教师更加有效地引导学生进行数学学习,引发学生的探究热情。在进行逆向教学设计时,应当以课程标准为依据。首先,教师需要认真研读课程标准,结合数学核心素养来制定明确的学习目标。其次,教师要重点考虑各个阶段的学习内容以及学生的认知水平等因素,根据总体目标进行适当的调整,从而精确设计。

在逆向教学设计中,我们将评估放到了课堂活动的首位。在设计教学活动之前,就已经确定了目标达成的证据。通过确定学习目标,采取适当的评估方法,从而设计出更加适合班级学生的教学活动,提高教学质量。总的来说,逆向教学设计以学生为主体,旨在让学生主动进行探究,培养学生的数学核心素养。而如何更好地将逆向教学设计融入数学教学中,需要我们不断去探索及优化。

参考文献

[1][3][美]格兰特·威金斯,杰伊·麦克泰格.追求理解的教学设计[M].闫寒冰,宋雪莲,赖平,译.上海:华东师范大学出版社,2017.

[2] 中华人民共和国教育部.义务教育数学课程标准(2022年版)[S].北京:北京师范大学出版社,2022:8-22.

(周 懿)

指向学习品质提升的小学英语逆向教学设计探索

——以上海牛津英语教材三年级上册第一单元为例

一、案例研究背景

《义务教育英语课程标准(2022年版)》指出:准确把握课程要培养的学生核心素养,明确教学内容和教学活动的素养要求,科学设定教学目标,改革教学过程和教学方法,把立德树人根本任务落实到具体教育教学活动中。其中明确提出我们要在教育教学过程中坚持素养导向,探索大单元教学。因此,新的教学设计不能以"课时"和"知识点"为教学设计单位,而是要以"大单元"为设计单位,切实让核心素养落地。

格兰特·威金斯和杰伊·麦克泰格合著的《追求理解的教学设计》从一个新的视角,依据成果导向教育理论,提出逆向教学设计理论,引导教师跳出一般的教学设计思维框架,对教学设计进行重构。这种教学设计以"大单元"为一个整体,用"大概念"来引导教学,能够更好地深化学生的理解,培育学生的核心素养,也为一线教师的课堂教学改革提供了一条有效的实践路径。

2021年,马陆小学成为嘉定区"品质课堂"研究项目校,我们围绕"基于逆向教学设计指向学生学习品质提升的'灵智课堂'实践与研究"主题,运用逆向教学设计理论,为教师课堂教学实践提供思路,致力于提升学生"笃学、睿思、善辨、合作"的学习品质。本文以上海牛津英语教材三年级上册第一单元为例,借助逆向教学设计方法,将学习品质与逆向教学设计的三个阶段整合为一个"闭环",通过逆向教学设计探索与实践,不断优化课堂教学,从而提升学生的学习品质。

二、逆向设计解析

逆向教学设计强调以"大单元"为单位进行教学设计,强调对事物的理解,所有学习结果都必须以理解为基础,要求我们在设计中先确定预期的学习结果,再确定合适的评估证据,最后设计合适的学习活动。

(一)阶段一:确定预期的学习结果

阶段一的内容包括预期的学习目标和预期的学习结果,而预期的学习结果包括预期的迁移、预期的理解、主要问题以及预期收获的知识与技能。

1. 预期的学习目标

本单元教学目标由英语学科核心素养和英语课程目标统整而成,具体目标描述如下:

第一,学生能在语境中理解、尝试运用核心单词表达学校中的场所。

依据的核心素养:语言能力——能理解常见词语的意思,理解基本句式和常用时态表达的意义。思维品质——能通过对图片、具体现象和事物的观察获取信息,了解不同事物的特点。

依据的课程目标:理解和领悟词语的基本含义以及在特定语境中的意义。

第二,学生能在语境中运用句型和他人进行问答。

依据的核心素养:语言能力——能通过听、说,理解询问个人信息的基本表达方式;能听懂日常学习和生活中的简单指令。

依据的课程目标:能用正确的语音、语调进行情景对话。

第三,学生能借助图片或其他资源从地点、活动、感受等方面向他人介绍自己的学校。

依据的核心素养:语言能力——能围绕相关主题,运用所学语言,进行简单的交流,介绍自己和身边熟悉的人或事物,表达情感和喜好等,语言达意。学习能力——能在学习过程中积极思考,发现并尝试解决语言学习中的问题。

依据的课程目标:积极运用所学英语进行表达和交流。

第四,通过单元学习,学生能体会学校生活的快乐,培养学生美化校园、热爱学校的情操。

依据的核心素养:文化意识——有观察、感知真善美的愿望,明白自己的身份,热爱自己的国家和文化。思维品质——能根据个人经历对语篇内容、人物或事件等表达自己的喜恶。

依据的课程目标:乐于与他人合作,养成和谐、积极向上的品格。

2. 预期的学习结果

(1) 预期的迁移

能根据元音字母 o 的发音,掌握有字母 o 的单词的发音规律;能用英语从地点、活动、感受等方面介绍某一个场所;能体验学校生活的快乐,培养学生美化校园、热爱学校的情操。

(2) 预期的理解

理解的对象就是大概念。逆向教学设计理论者提出了"理解"的六个层面:能解释(能说明)、能阐明(能诠释)、能应用、能洞察(有观点)、能神入(有同理心)、能自知。本单元有三个大概念,分别是语音(元音字母 o 发音规律),抓住本质特征说明事物(学校不同场所的特征和功能),感知美的愿望(在介绍学校的语境中感受校园的美)。

本单元的理解事项是:元音字母 o 在不同单词中的读音规则(能解释);学校的主要场所以及各场所的功能(能阐明);从地点、活动、感受等方面介绍自己的学校,善于观察,了解不同场所的特征(能应用、能洞察);在介绍学校的过程中,能与同伴一起体验学校生活的快乐,培养学生美化校园、热爱学校的情操(能神入)。

(3) 主要问题

基本问题由预期的理解转化而来。根据本单元预期的理解,梳理基本问题如下:

元音字母 o 有哪些发音？元音字母 o 在单词中的发音有什么规则？学校有哪些学习、生活和活动场所？学校各场所有什么不同特征？学校各种场所的地点在哪里？学校的各种场所能开展什么活动？在各场所中开展活动的感受是什么？与同伴一起能体会到哪些学校生活的快乐？怎么样进一步美化自己的校园？

(4) 预期收获的知识与技能

学生将会知道元音字母 o 的读音规则,运用核心单词介绍学校场所,正确运用句型和他人进行问答,从地点、活动和感受等方面介绍学校。

学生将能够知晓元音字母 o 的读音规则,能听懂课文和语篇"My School(我的学校)";在语境中理解并运用核心单词和核心句型与他人交流,并用英语介绍自己的学校;正确朗读本单元核心词汇、核心句型以及文本内容,做到发音正确,基本达意;正确书写核心单词和句型,并能从地点、活动、感受等方面描述自己的学校。

（二）阶段二：确定合适的评估证据

1. 表现性任务

第一，听一听——听懂并模仿朗读课文"My School"。

第二，问一问——借助相关图片，小组合作使用句型进行日常问答。

图 1

第三，唱一唱——能唱儿歌。

第四，画一画——画一张学校平面图或者设计一张理想中的学校示意图。

第五，说一说——创设班级来了一位新同学的语境，向新朋友介绍学校主要场所的地点和功能，在介绍时表达对学校生活的热爱。

2. 其他证据

第一，辨一辨——辨音 T/F。

第二，连一连——能看图说句子并连线。

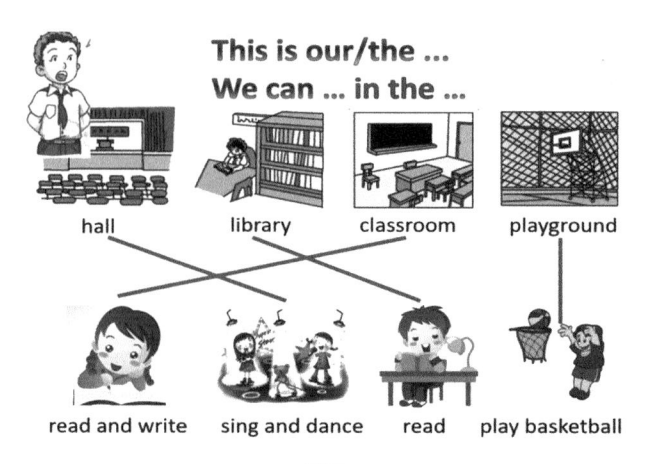

图 2

第三,写一写——用本单元所学内容写一篇短文"My School"。

3. 自评与反馈

第一,自评短文"My School"。

第二,同伴互评问答练习。

第三,单元学习结束时,总结出自己学校的特征,能反思学校功能场所设置存在哪些不足,尝试规划理想中的学校。

(三)阶段三:设计合适的学习活动

学习活动是在学习目标与评估证据的基础上进行,活动的设计自始至终都是以目标和证据作为参照物。

为了方便将学习活动按照主次进行排序,逆向教学设计以 WHERETO 元素作为每个活动的编码,具体如下:

W——了解本单元的学习方向(Where)以及预期的学习结果(What)。

H——把握(Hook)学生的情况及保持(Hold)学生情趣。

E1——代表学生知识体验(Experience)和观点探索(Explore)。

R——反思(Rethink)和修改(Revise)。

E2——允许学生对自我的作业和应用进行自评和互评(Evaluate)。

T——根据学生的个体需求、兴趣与能力来设计作业和活动(Tailor)。

O——组织(Organize)教学,使其最大限度提升学生的学习动力和持续参与的热情,提高学习效果。

根据以上活动编码,设计的单元教学活动如下:

第一,通过图片、视频和问答等形式引入本单元话题,创设语境,为本单元的教学目标做准备。(W)

第二,通过歌曲欣赏和学唱活动,激发学生的学习兴趣,培养学生的语言应用能力。(H,E1)

第三,创设情境,通过图片学习元音字母 o 的发音,能正确朗读。利用读音规则,能对新单词做出正确的预测。(H)

第四,通过图片、视频及小组问答等方式,学习本单元表示场所、地点的核心词汇。(E1,T)

第五,通过文本试听,先通过整体感知来理解文本,再尝试朗读文本,注重朗读时的语音、语调。(R,E2)

第六,通过整体感知,让学生了解学校不同场所的特征和主要功能。(E1,T)

第七,开展小组讨论,向同伴介绍自己学校的一个场所,通过小组互评的方式,检验学习。(E1,E2)

第八,通过说、练的方式对课本内容进行巩固,从参与情况和正确率这两个方面进行评价。(E1,E2)

第九,学唱歌曲并对自己的语音进行评价。(E2,T)

第十,进行对话表演,体验校园生活的快乐。(E1,O)

第十一,运用本单元所学,向朋友介绍自己的学校,体现对学校的热爱之情。(E1,T,O)

第十二,画一画自己学校的平面图,尝试在图中规划自己理想的学校。(T,O)

三、案例反思

通过这一单元的逆向教学实践探索,笔者有三方面的思考与反思:一是对"大概念"的思考,二是对教师教学行为的思考,三是对学生学习品质的思考。

(一)以"大概念"为核心的单元整体教学

在以"大概念"为核心的整合性教学实践中,由于小学英语学科的特征,如何找到我们所强调的"大概念",是单元整体教学设计的难点和重点。鉴于此,我们需要对大概念的特征与形式、类型与构成进行探讨。大概念的内涵认识有三个共识:第一,大概念是抽象概括出来的概念;第二,大概念是联系整合的概念;第三,大概念是能广泛迁移的概念。基于此,本单元思考的三个"大概念"分别是语音(元音字母o发音规律),抓住本质特征说明事物(学校不同场所的特征和功能),感知美的愿望(在介绍学校的语境中感受校园的美)。

(二)逆向设计改进教师教学行为

在常规的教学设计中,教师考虑最多的往往是"要教给学生什么",教师的主体意识在"我",所以在教学设计中过于关注"我应该怎样教",而忽视了学习目标,即通过学习在学生身上产生什么结果的预期。逆向教学设计的不同之处在于,教师要先依据学情、校情以及课程标准,思考在单元活动中学生"能学到什么",通过学习他们又"能做到什么"。这种以学习者为中心的教学意识,突出了学生的主体地位,主体意识的转变也改变了教师的课堂教学行为,对提升课堂教学效率有着重要的意义。

（三）逆向设计提升学生学习品质

本案例研究以提升学生学习品质为主要目标，借助指向高阶思维能力培养的逆向教学设计，通过设计合适的评估证据和指向学习品质的课堂观察量表，方便教师直观地了解到不同学生的学习情况，用数据检验目标达成情况，及时诊断和反馈学生在学习过程中的问题，真正实现以评促学、以评促教。

参考文献

［1］［美］格兰特·威金斯,杰伊·麦克泰格.追求理解的教学设计[M].闫寒冰,宋雪莲,赖平,译.上海:华东师范大学出版社,2017.

［2］李松林.以大概念为核心的整合性教学[J].课程·教材·教法,2020(10):56-61.

［3］胡立德.德育"感恩"主题教育活动的逆向教学设计[J].中小学德育,2019(4):53-57.

［4］中华人民共和国教育部.义务教育英语课程标准(2022年版)[S].北京:北京师范大学出版社,2022.

（陆建松）

小学英语逆向设计探索

——以上海牛津英语教材三年级上册第一单元为例

20世纪90年代末,美国课程和教学领域的专家格兰特·威金斯和杰伊·麦克泰格最先提出了逆向教学的概念。他们认为传统教学设计存在不足之处,因此提出了逆向教学设计,从终点反推想要的结果。这种教学设计,首先是要确定学生预期的学习结果,然后明确这些结果达成的证据,最后进行教学活动的设计以发现证据,整个过程"强调以清晰的学习目标为起点,评价设计先于教学活动设计,指向促进目标的达成"。

一、逆向教学设计的概念

逆向教学设计有别于传统教学设计,是将"教学设计确定为三个教学阶段"。第一个阶段——对学生的学习结果做出预期判断,第二个阶段——设计评价学生学习结果的证据,第三个阶段——设计相关的课堂教学活动。三者形成的教学目标,决定教学评价,教学评价引导教学活动的因果。

二、逆向教学设计的三个阶段

笔者以上海牛津英语教材三年级上册第一单元为例,依据逆向教学的设计方法和理论依据,围绕逆向教学的主导思想和三个阶段进行逆向设计的探索。

(一)阶段一:确定预期的学习结果

阶段一的设计内容包括学习目标和表示目标达成的学习结果。学习目标要能转化成学习结果,学习结果包括预期的迁移、预期的理解、主要问题、预期收获的知识与技能。

1. 预期的学习目标

本单元学习目标由英语学科核心素养和英语课程目标统整而成。

本单元的具体学习目标如下：

第一,学生能知晓元音字母 u 在重读闭音节单词中的发音,并根据其发音规则正确朗读含该字母的单词及儿歌。

依据的课程目标:提升思维品质——能在语言学习中发展思维,在思维发展中推进语言学习。

第二,学生能在语境中知晓、理解并运用本单元核心单词来表达昆虫的名称。

依据的核心素养:语言能力——能借助图片、视频、音频等方式理解、领悟核心词汇的基本含义。

依据的课程目标:发展语言能力目标——能在感知、体验、积累和运用等语言实践活动中,逐步形成语言意识,积累语言经验,进行有意义的沟通与交流。

第三,学生能在语境中理解并运用相关句型对昆虫的名称进行问答。

依据的核心素养:语言能力——能在社会情境中,以听、说的方式表达和理解昆虫的名称。

第四,学生能借助图片或其他资源,向以英语为母语的人介绍昆虫及昆虫的名称、大小、颜色、能力等相关信息。

依据的核心素养:语言能力——能根据交际的对象和目的,正确流利地进行口头表达。学习能力——能从多渠道获取学习资源,提升英语学习效率。

依据的课程目标:提高学习能力目标——能在学习中注意倾听、乐于交流、大胆尝试。

第五,通过单元的学习,学生能了解昆虫的特征和能力,感受昆虫世界的奇妙,表达对大自然的热爱之情。

依据的核心素养:思维品质——能分析、判断、理性表达,用英语进行多元思维等活动。

依据的社会主义核心价值观:和谐——学生能通过昆虫感受自然的奇妙,学会和自然和谐相处。

2. 预期的学习结果

预期的学习结果由预期的学习目标转化而来。

(1) 预期的迁移

学生将能独立应用其学习成果,以便从名称、大小、颜色、能力等方面介绍课本外的昆虫;在校园或居住的社区中寻找课本外昆虫,体会昆虫世界的奇妙。

(2) 预期的理解

理解的对象是大概念,本单元的大概念是:语法(发音规则、单词、句型),语境,生物(昆虫),热爱大自然。

根据《追求理解的教学设计》一书,理解有六个层面,分别是能解释(能说明,Explanation)、能阐明(能诠释,Interpretation)、能应用(Application)、能洞察(有观点,Perspective)、能神入(有同理心,Empathy)、能自知(Self-Knowledge)。本单元理解的事项是:不同的昆虫有不同的能力(能解释);大多数人有自己喜爱的昆虫(能阐明);昆虫的世界很奇妙(能应用);热爱昆虫,感受大自然的多姿多彩(能洞察);从昆虫的角度出发,理解它们对自然环境的要求(能自知);热爱大自然,处理好人与自然的和谐关系(能神入)。

(3) 主要问题

主要问题由预期的理解转化而来:不同的昆虫有哪些不同的能力?怎样描述自己喜爱的昆虫?昆虫世界的奇妙体现在哪些方面?为什么要热爱昆虫?怎样感受大自然的多姿多彩?不同的昆虫对大自然的环境有哪些不同的要求?人类为什么要与大自然和谐相处?怎样表达对大自然的热爱之情?

(4) 预期收获的知识与技能

学生将知道元音字母 u 在重读闭音节的单词中的发音;昆虫的名称;热爱昆虫,热爱大自然。

学生将有能力阐述元音字母 u 在重读闭音节的单词中的发音规则;用相关句型对昆虫的名称进行问答;从名称、大小、颜色、能力等方面,熟练介绍自己喜爱的昆虫。

(二) 阶段二:确定预期的评估证据

作为评估证据,要和阶段一中预期的学习结果相对应,即预期的学习结果要有能够对应的评估证据。阶段二包括以下内容:

1. 表现性任务

第一,短篇朗读:优秀——能根据元音字母 u 在重读闭音节的单词中的发音规则,正确并流利朗读语篇;良好——能根据元音字母 u 在重读闭音节的单词中的发音规则,正确朗读语篇;待进步——能根据元音字母 u 在重读闭音节的单词中的发音规则,勉强朗读语篇。

第二,句子读选:优秀——看图正确选出与昆虫名称相关的单词、词组,并流利朗读;良好——看图正确选出与昆虫名称相关的单词、词组,并较流利朗读;待进步——看图正确选出部分与昆虫名称相关的单词、词组,并勉强朗读。

第三,听力课堂:优秀——完全听懂关于昆虫的一段介绍,并能提炼出所有相关信息,完成表格中的所有内容;良好——听懂关于昆虫的一段介绍,并能提炼出部分相关信息,完成表格中的大部分内容;待进步——大概听懂关于昆虫的一段介绍,并能提炼出部分相关信息,完成表格中的小部分内容。

第四,卡片制作:优秀——生动形象地画出自己喜欢的一种昆虫,完成信息卡的填写;良好——大致画出自己喜欢的一种昆虫,完成信息卡的填写;待进步——画出自己喜欢的一种昆虫的大致轮廓,完成信息卡的填写。

第五,写作表达:优秀——能从名称、大小、颜色、能力等多方面,写一写自己喜爱的昆虫,没有语法错误;良好——能从名称、大小、颜色、能力等一两个方面,写一写自己喜爱的昆虫,没有语法错误;待进步——能从名称、大小、颜色、能力等一两个方面,写一写自己喜爱的昆虫,存在少部分语法错误。

第六,视频宣传:优秀——制作一个画质清晰的短视频,介绍多种不同昆虫的不同生存环境;良好——制作一个画质清晰的短视频,介绍一两种昆虫的不同生存环境;待进步——制作一个画质较清晰的短视频,呼吁人们爱护昆虫,介绍一种昆虫的生存环境。

第七,手抄报制作:优秀——制作一份图文并茂的手抄报,通过事例介绍人与自然的和谐关系;良好——制作一份包含一些图片、文字的手抄报,通过事例介绍人与自然的和谐关系;待进步——制作一份只有图片或文字的手抄报,介绍人与自然的和谐关系。

第八,讨论交流:优秀——举多个例子,说出自己有哪些行为能说明对大自然的热爱;良好——举一个例子,说出自己有哪些行为能说明对大自然的热爱;待进步——列举一些可以表达对大自然的热爱的行为。

2. 其他证据

第一,单词认读——能正确认读本单元的核心词汇。

第二,课本朗读——能朗读课本内容,做到语音、语调正确。

第三,师生问答——能够在课堂上积极回答老师关于昆虫的相关问题。

3. 自评与反馈

第一,学生自我评价对课本内容的朗读情况。

第二,学生自我评价课堂参与度和课堂关注度。

第三,学生借助分享自己的昆虫照片,介绍喜欢的昆虫,在小组之间就"表达是否流畅""语句是否正确"等开展互评。

(三) 阶段三:确定合适的学习活动

在学习目标和相对应的评估证据的基础上,教师需要设计符合学生学习规律、心理特征和道德特征的学习活动,并以WHERETO元素中的相应字母为每个活动编码,如表1所示:

表1　WHERETO 元素

W	知道本单元的学习方向(Where)和预期结果(What)
H	把握(Hook)学生的情况和保持(Hold)学生的情趣
E1	代表学生知识、体验(Experience)和主要观点的探讨(Explore)
R	引导学生反思(Rethink)和修改(Revise)已有的理解
E2	允许学生对自己的作业和应用进行自评和互评(Evaluate)
T	根据不同的学生个体的需求、兴趣和能力来设计作业和活动(Tailor)
O	组织(Organize)教学,使其最大限度地提升学生的学习动力与持续参与的热情,提高学习效果

依据上述活动编码,设计的活动顺序如下:

第一,听读单词和儿歌,感知元音字母 u 在单词中的发音规则。(E1)

第二,模仿教师朗读,听教师归纳总结,知晓元音字母 u 在单词中的发音规则。(R,O)

第三,试听文本,让学生通过整体感知来理解核心单词和文本,尝试理解并朗读,注重朗读时的语音、语调。(R,E2)

第四,通过阅读对话、角色扮演及师生问答等方式,学习本单元的核心词汇并正确认读及书写。(E1,T)

第五,组织学生在小组内,对昆虫的特征进行讨论,并进行总结归纳,帮助学生区分蜘蛛等生物是否属于昆虫。(E1,R,O)

第六,学生自由组合进行对话表演,对学习的文本内容进行巩固掌握。(E1,E2,T)

第七，学生利用卡片信息和所学语言，完成介绍 4 种不同昆虫不同能力的卡片。(E1，T，O)

第八，组织学生观看书本以外的昆虫视频，分组选择自己喜欢的昆虫，从名称、大小、颜色、能力等方面介绍，出示评价要求，同学间互评。(E1，R，E2，T，O)

第九，学生欣赏包含丰富昆虫的视频；通过视频，回顾总结单元学习内容，深入了解不同昆虫对大自然的要求以及昆虫在大自然中的作用，激发学生对昆虫和大自然的热爱。(W，H，E1，O)

第十，老师总结人类要与昆虫以及大自然和谐相处的原因。希望学生在学习生活中通过实际的行动关心爱护大自然，表达对大自然的热爱之情。(W，H，R)

第十一，课后学生分小组活动，在校园或居住的社区中寻找课本外的昆虫并进行观察，和组内同学谈谈自己感受到的奇妙的昆虫世界，同学间互评。(E1，E2，T，O)

第十二，课后学生分组查找更多昆虫资料，通过昆虫不同的名称、大小、颜色、能力等方面，了解昆虫的奇妙世界，以及不同的昆虫对大自然的环境有哪些不同的要求。(E1，E2，O)

第十三，学生通过课上的学习和课后的了解，制作与昆虫相关的手抄报，感受昆虫世界及大自然的多姿多彩。呼吁人们关爱昆虫，并且和大自然的其他生物和谐相处。(E1，E2，O)

上述 13 个活动需 3 个课时完成。第一课时活动包括活动一、三、四、五、六、七，第二课时活动包括活动二、三、四、六、十二，第三课时活动包括活动六、八、九、十、十一、十二、十三。

三、逆向教学设计的启示

区别于传统的教学设计，逆向教学设计对教师提出了更细致的要求。教师要先依据教学目标和学生学情，考虑学生在教学活动中"能学到什么，能做到什么"，把学生视为教学活动的"主体"，教师要考虑学生的学习结果，将其作为教学设计的起点。由于这种教学设计是以学习者为中心的教学，因此它能促使学习者依照既定的目标,督促自己完成学习任务,不断在过程中反思、调整和优化自己的学习行为,为逐渐养成良好的学习习惯及主动学习和反思的能力助力。

逆向教学设计由于要从预期判断学生的学习结果、确定合适恰当的评估办法及设计相关的教学活动这三个阶段来开展教学设计,因此打通了课堂与学生真实学习的关系,发展了以生为本的教育理念。从这个意义上说,逆向教学设计为那些渴求转变教学设计思维方式的英语教师提供了一定的借鉴。

参考文献

[1][美]格兰特·威金斯,杰伊·麦克泰格.追求理解的教学设计[M].闫寒冰,宋雪莲,赖平,译.上海:华东师范大学出版社,2017:94-95.

[2]胡立德.德育"感恩"主题教育活动的逆向教学设计[J].中小学德育,2019(4):53-57.

[3]胡立德.解析基于理解的逆向教学设计[M]//季洪旭.单元教学探索:基于理解的逆向教学设计案例.上海:华东师范大学出版社,2019:1-10.

[4]中华人民共和国教育部.义务教育英语课程标准(2022年版)[S].北京:北京师范大学出版社,2022.

(吴逸凡)

基于逆向设计的小学英语
"灵智课堂"实践研究

——以上海牛津英语教材三年级下册第三单元为例

美国教育专家格兰特·威金斯和杰伊·麦克泰格在《追求理解的教学设计》一书中提出了逆向设计的概念和方法。他们认为,课程教学、课堂教学和单元教学在逻辑上应该从想要达到的学习结果中导出,而不是从教法、教材和活动中导出,也就是说,教学设计是从"终点"(学生的学习结果)出发,逆推到教学活动。而我们平常的英语课堂教学设计,一般都是从"起点"(依据教学内容,确定教学目标)出发,再设计教学活动,最后通过作业或者单元练习进行评估。这种从"终点"出发的逆向教学设计属于成果导向教育理论指引下的教学设计,是一种适合培养英语核心素养的教学设计。

本文以上海牛津英语教材三年级下册第三单元为例,围绕逆向教学设计的思想,通过逆向教学设计的三个阶段,探索教学设计方法。本文设计案例以学习成果为导向,建立英语学科核心素养和课程教学的内在联系,旨在提升学生的学习兴趣,提高课堂教学品质。

一、逆向教学设计的三个阶段

在逆向教学设计中,预期的学习结果由学习目标细化成预期的迁移、预期的理解、主要问题、预期收获的知识与技能。学习结果一般按照从简单到复杂的内容维度和从低到高的能力维度进行预设,这种设计能激发学生的学习兴趣,促进学生语言知识和语言技能的发展。本单元学习目标细化如下:

(一)阶段一:确定预期的学习结果

这一单元学习目标确定依据是英语学科的核心素养和课程目标。教育部所指定的《义务教育英语课程标准(2022年版)》是官方参考依据。教师要根据课标和学生实际制定教学目标,明确教学的基本问题,确定学生通过学习需要获得哪些关键的知识和技能,逐步将其转化为能力和素养。具体内容如表1:

表1 预期的学习目标和学习结果

预期的学习目标
学生能描述一年四季和四季变化 依据的核心素养:语言能力——能借助图片、视频、音频等方式,正确流利地进行口头表达 依据的课程目标:发展语言能力——能在感知、体验、积累和运用等语言实践活动中,进行有意义的沟通与交流 学生能感受四季之美,介绍自己最喜欢的季节并阐述理由 依据的核心素养:思维品质——能够分析、判断、理性表达、用英语发展多元思维等 依据的课程目标:提升思维品质——能够在语言学习中发展思维,在思维发展中推进语言学习 学生将通过制作季节相册介绍身边事物的四季变化,并评选出最佳相册 依据的核心素养:学习能力——能够从多渠道获取学习资源,提升英语学习效率 依据的课程目标:提高学习能力——在学习中注意倾听、乐于交流、大胆尝试,学会自主探究、合作互助

预期的学习结果
预期的迁移 迁移是将学到的知识技能、观点、情感运用到新的情境中。本单元预期的迁移是学生通过对四季的学习,在课外活动与他人交流时能够介绍不同季节的特色

预期的理解	主要问题
理解的对象是大概念,本单元的大概念是人与自然。基于大概念,本单元要理解的具体事项为:一年四季的不同之处;四季的不同景色和特色活动;大自然的季节变化,感受自然之美,热爱自然	一年有哪四季?(The four seasons in a year.)不同的季节有什么具体特征?(What are different seasons like?)我们在不同的季节能够做些什么?(What can we do in different seasons?)你最喜欢的季节是哪个并说明理由(What's your favourite season? Why?)
学生将会知道一年有四个季节及产生季节变化的原因,与季节相关的词汇和句型表达,如何制作和向别人展示季节相册	学生将能描述一年四季和季节的变化;向他人介绍自己喜欢的季节并说明理由;通过小组合作的形式来制作季节相册,展示身边事物的自然之美

(二)阶段二:确定预期的评估依据

厘清评估依据,检验理解程度。确定预期的评估依据,教师将理解的六个层面作为评估蓝图,当学生能解释、能阐明、能应用、能洞察、能神入、能自知时,表明其实现了真正的理解。在逆向教学设计中,评估依据首先指向的是学习结果能否实现,要逐一引导阶段三的学习活动,保证评估证据与学习活动的关联性。

在本单元中,评估证据包括三类:表现性任务、其他证据以及自评与反馈。

1. 表现性任务

学生以小组为单位,组内的同学相互合作,通过查阅搜集资料,讨论和绘制季节相册,过程中学生需要正确运用本单元的核心词汇和核心句型描述不同季节特点(包括天气、活动等),将所学知识迁移应用到新的问题情境中,从而检测学生是否实现了真正的理解。

2. 其他证据

第一,单词认读:能够正确认读本单元的核心词汇。

第二,课本朗读:能够朗读课本内容,做到语音、语调正确。

第三,师生问答:能够在课堂上积极思考,并准确回答老师的提问。

第四,交流分享:能够与同伴分享自己喜欢的季节。

3. 自评与反馈

第一,能使用与季节有关的词汇和句型描述不同的季节。

第二,能搜集不同地方或国家的四季变化资料,并与同学分享。

第三,能在小组合作中,完成季节相册的制作,并展示给同学。

第四,能感悟自然界四季变化之美,热爱自然,保护大自然。

教师设置明确的评估依据,通过真实的表现性任务使学生围绕基本问题开展学习和探究活动,将自评与反馈相结合,全面评价学生学习过程,促进学生对学习内容的持久性理解。

(三)阶段三:确定合适的学习活动

逆向教学设计追求目标、评价与学习活动的一致性,学习活动的设计要以学生的学习结果为依据和出发点,让学习体验和学习活动有了更明确的方向,通过设计多种维度、多种形式的学习活动,引发学生有效探究学习活动,从而激发学生的学习潜能,形成积极的情感态度和文化意识,促进预期学习结果的达成。

为了方便将学习活动按照主次进行排序,逆向教学设计以 WHERETO 元素作为每个活动的编码。

W——了解本单元的学习方向(Where)以及预期的学习结果(What)。

H——把握(Hook)学生的情况及保持(Hold)学生情趣。

E1——代表学生知识体验(Experience)和观点探索(Explore)。

R——反思(Rethink)和修改(Revise)。

E2——允许学生对自我的作业和应用进行自评和互评(Evaluate)。

T——根据学生的个体需求、兴趣与能力来设计作业和活动(Tailor)。

O——组织(Organize)教学,使其最大限度提升学生的学习动力和持续参与的热情,提高学习效果。

根据以上活动编码,教师要选择最适合的教学活动解决最核心的问题。本单元,教师将大任务设置为"制作四季相册",在大任务层层展开的过程中,学生逐层深入理解并逐步解决核心问题。根据每个课时的内容设计的教学活动,主要包括以下内容。

第一,在学习理解的层面,学习四季的表达,能够用核心词汇和句型描述四季的天气、颜色等,感受四季之美。

第二,在应用实践的层面,巩固与四季有关的词汇和句型,学会描述最喜欢的季节并阐述原因。

第三,在迁移创新的层面,学生通过小组合作的形式,制作、展示四季相册,运用所学知识解决实际问题,不再局限于讨论课本中展示的四季,而是将范围扩展到不同国家和区域的四季变化,延伸文本内容,丰富主题内涵。教师引导学生主动学习和巩固所学知识和技能,并将所学灵活运用于新的情境。这个自主学习的过程就是深化理解的过程。

二、逆向教学设计带来的启示

逆向教学设计理念在小学英语"灵智课堂"中的运用取得了一定的成效:第一,学生在课堂上所学的知识能被有效地应用于真实生活中。第二,学生的思维不再局限于被动地接受知识,而是能够学会主动尝试探索,积极建构知识。第三,学生在"灵智课堂"中能更了解自己的学习目标和学习效果,甚至能在参与制定评价标准的过程中提升自己的知识运用能力,这得益于贯穿于整节课的表现性评价以及学习式评价的运用。学生从单元大概念视角理解主题,根据预设的评估证据判断学习效果,带着方向和目标探究主题,运用主题内容进行实践应用和创新迁移,将知识转化为能力,促进了英语核心素养的形成。

参考文献

[1] [美]格兰特·威金斯,杰伊·麦克泰格.追求理解的教学设计[M].闫寒冰,宋雪莲,赖平,译.上海:华东师范大学出版社,2017:94-95.

[2] 胡立德.德育"感恩"主题教育活动的逆向教学设计[J].中小学德育,2019(4):53-57.

[3] 郭靓.指向理解的小学英语逆向教学设计探究——以"Our dreams"的教学为例[J].江苏教育研究,2022(Z5):101-104.

[4] 中华人民共和国教育部.义务教育英语课程标准(2022年版)[S].北京:北京师范大学出版社,2022.

[5] 陈卫卫,程序.逆向教学设计在小学英语教学中的实践研究[J].基础教育课程,2017(6):41-50.

（方雨婷）

以终为始逆向设计，目标导向提升素养

——以上海牛津英语教材四年级上册第三单元为例

一、逆向教学设计的概述

格兰特·威金斯和杰伊·麦克泰格在《追求理解的教学设计》一书中，提出逆向教学设计理论即"追求理解的教学设计"。[1]这种教学设计以一个单元为整体，明确用大概念来引导教学，要求设计者对教学"以终为始"，从学习结果开始设计预期的评估证据，从而确定合适的教学活动，创造为理解而教、促进学生"深度学习"的教学框架。同时，研究将理解从"横切面"上分为六个层面，包括能解释、能阐明、能应用、能洞察、能神入、能自知；也在"纵切面"上将理解的基础分为需要熟悉的知识、需要掌握和完成的重要内容、大概念和核心任务三个层面，促进了学生在体验中"学会学习"，也在教学行为上为一线教师提供了一条扎实有效的教学实践路径。

二、逆向教学设计的三个阶段

（一）阶段一：确定预期的学习结果

阶段一的设计内容包括学习目标和学习结果。学习目标要转换成学习结果，学习结果包括预期的迁移、预期的理解、主要问题和预期收获的知识与技能。

1. 预期的学习目标

依据《义务教育英语课程标准（2022年版）》中的核心素养和课程目标，确立了以下学习目标。

第一,学生能知晓字母组合的读音规则;能运用核心词汇和句型,并能正确使用词法和句法描述物品的数量和价格;能通过多媒体资源,在语境中朗读、理解语篇内容,获取基本信息,并运用购物的相关知识和语言,通过对话来完成购物体验。

依据的核心素养:能运用语言和非语言知识以及各种策略,参与特定情境下相关主题的语言活动,提升语言理解和表达能力。

依据的课程目标:能在感知体验积累和运用等语言实践活动中,认识英语与汉语的异同,逐步形成语言意识,积累语言经验,进行有意义的沟通与交流。

第二,学生能通过观察图片、试听文本、解读思维导图和制作购物计划单等活动获取信息,并进行观察、理解、分析、归纳、推断和总结,提升思维品质和问题解决能力。

依据的核心素养:思维品质指人的思维个性特征,反映学生在理解、分析、比较、推断、批判、评价、创造等方面的层次和水平,有助于提升学生发现问题、分析问题和解决问题能力。

依据的课程目标:能通过图片、思维导图和对具体现象与事物的观察获取信息,了解不同事物的特点,理解语篇意义;能根据图片或关键词,归纳语篇的重要信息;能根据标题、图片、语篇信息或个人经验等进行预测。

第三,学生能通过学习策略、学习渠道和方法努力提升英语学习效率。

依据的核心素养:积极运用和主动调适英语学习策略,拓展英语学习渠道,努力提升英语学习效率,掌握科学的学习方法,养成终身学习的良好习惯。

依据的课程目标:对英语感兴趣;在学习中注意倾听,乐于模仿、交流和尝试;学会反思并调整学习进展。

第四,学生能通过制作购物单活动树立合理购物、关心家人的意识;能在购物语境中体会与他人相处的礼仪,并具备相互尊重、理解与包容的态度。

依据的核心素养:对文化的理解和鉴赏,是学生表现出的跨文化认知、态度和行为选择。

依据的课程目标:能在交际中具备正确的态度和文明礼仪素养。

2. 预期的学习结果

预期的学习结果以预期的学习目标为导向,它是预期的学习目标的具体化,包括预期的迁移、预期的理解、主要问题以及预期收获的知识与技能四个方面。

(1) 预期的迁移

迁移是指将学到的知识运用到新的情境中。迁移包括知识与技能的迁移，也包括情感、思想、观点、原理、定理的迁移。本单元预期的迁移包括：在购物语境中运用语言与他人进行购物交际，并能与他人和谐沟通；在购物语境下感知合理购物的意义，树立关心家人的意识。

(2) 预期的理解

理解是学生学习和实践的基础，具体指学生在没有老师的帮助下，能自发地学以致用，将知识和概念用到实践中。理解的对象是大概念，包括词、短语、句子等，大概念由子概念构成。根据格兰特·威金斯和杰伊·麦克泰格，理解可归纳为六层次，分别是能解释（能说明，Explanation）、能阐明（能诠释，Interpretation）、能应用（Application）、能洞察（有观点，Perspective）、能神入（有同理心，Empathy）和能自知（Self-Knowledge）。

本单元包含四个概念，分别是购物、语言能力、购物清单制定和购物交际礼仪。学生将通过单词的跟读、朗读，理解常见辅音字母组合的发音规则（能解释）；通过购物理解物品数量和价格的关系（能阐明）；通过购物理解购物计划的作用，并理解合理购物的意义（能阐明）；在学习购物的过程中，运用思维能力和学习策略，实施制定购物清单活动（能应用）；在学习购物的过程中，懂得购物交际用语和购物礼仪，并理解人与人之间和谐相处的意义（能应用、能神入）。

(3) 主要问题

主要问题由预期的理解转化而来，与理解相对应：你能举出几个关于辅音字母组合的单词？你能朗读它们吗？你知道关于辅音字母组合的发音规则吗？购物中你通常会购买哪些食品？你能说出它们的名称吗？购物中你如何用量词表达食品的数量？购物中你如何询问食品的价格？数量和价格有什么关系吗？购物为什么需要计划？合理购物有意义吗？你知道在制定购物清单活动中能运用什么思维能力和学习策略？你知道哪些购物交际用语和购物礼仪？购物中人与人之间如何相处才算和谐？购物中和谐相处有什么意义？

(4) 预期收获的知识与技能

学生将会知道语音——字母组合的读音规则；购物主题的核心词汇；购物主题的核心语法——正确使用特殊疑问句，并尝试用相关句型做出应答及描述;购物主题的相关语篇——理解购物语境下的对话、文本和配图故事的表达意义;购物主题的相关语用——从物品数量和价格等方面描述如何合理购物,在购物交际中使用礼貌交际语。

学生将能听——辨别字母组合在单词中的正确发音,听懂购物活动中使用的核心词汇,听懂询问物品价格的问答,听懂购物交际语;说——根据读音规则说出相关单词,用核心词汇和句型对物品数量和价格进行描述,使用购物交际语进行对话;读——根据读音规则正确朗读相关单词及儿歌,正确朗读关于购物的核心词句,流利朗读关于购物的语篇;写——正确书写关于购物所需的核心词句,运用核心词句就如何购物进行书写;看——通过观察图片、文本、思维导图及购物单进行信息提取和推测。

(二)阶段二:确定合适的评估证据

在设置评估证据时,研究需要考虑什么样的证据才能证明学生达到了预期的理解,什么样的评鉴能帮助学生促成学习目标的实现。合适的评估证据应指向预期的学习结果,并与之对应。因此,阶段二的设计包括以下三方面,即表现性任务、其他证据以及自评与反馈。

1. 表现性任务

表现性任务立足于与真实世界相联系的情境,通过引导学生进行自主探究和实践,帮助学生完成知识的理解和迁移。

第一,分享购物单:能模仿课文中人物对自己购物清单的描述,并借助思维导图说一说自己的购物清单。

第二,对话表演:在商店情景下表演购物对话,能进行购物礼仪交际。

第三,故事复述:通过观看熊猫眼镜店发生的故事,观察故事流程图(包括路径图、气泡图、韦恩图、表情包等),从中体会购物的相处之道。

2. 其他证据

为了更好地衡量学生的学习结果,教师还需设计一些多样化的教学任务补充评估证据,为后期学生学习结果的评价做好资料搜集工作。其他证据包括课内知识点检测、正误辨析、问题回答以及课堂作业完成情况等。

第一,语音朗读和课本朗读:能正确朗读含有辅音字母组合的相关单词及儿歌;能朗读语篇,做到语音、语调正确。

第二,小测验:能正确认读本单元的核心知识;能通过游戏、选词填空、改写句子等熟悉词法和句法,并通过选择和判断理解语篇。

第三，师生回答：能根据录音，积极思考，准确回答问题。

3. 自评与反馈

学生的自评与反馈主要针对语言能力。基于此，对学生自评表设计如下：

第一，学生自评：能在课堂随堂练习时就语言能力进行自评，包括三大部分，即听力、口语和书写。

第二，学生互评：能从练习单的反馈中对同桌进行评价。另外，学生就购物单进行交流，小组之间开展互评。

第三，即时评价：能从"内容表达是否正确""口语表达是否流畅""语音语调是否饱含情感"三方面对表达进行即时评价。

（三）阶段三：确定合适的学习活动

在确定预期的学习结果和合适的评估证据后，教师需考虑哪些教学方法能够帮助学生获得所需的语言能力，什么样的教学顺序能激发学生学习兴趣，以及哪些学习材料适合学生学习。因此，在设计教学活动时需考虑以下三大要素——活动顺序、关键活动、活动编码，即教与学的体验顺序如何安排，才有助于学生展示和发展预期的理解。为了方便将学习活动按照主次进行排序，逆向教学设计以 WHERETO 元素作为每个活动的编码。

W——了解本单元的学习方向（Where）以及预期的学习结果（What）。

H——把握（Hook）学生的情况及保持（Hold）学生情趣。

E1——代表学生知识体验（Experience）和观点探索（Explore）。

R——反思（Rethink）和修改（Revise）。

E2——允许学生对自我的作业和应用进行自评和互评（Evaluate）。

T——根据学生的个体需求、兴趣与能力来设计作业和活动（Tailor）。

O——组织（Organize）教学，使其最大限度提升学生的学习动力和持续参与的热情，提高学习效果。

根据以上活动编码，设计的本单元教学活动主要包括以下几方面。

第一，语境创设：通过视频、图片和猜测等形式创设语境，引入购物话题，为学习购物做准备。（W，H）

第二，语音训练：通过儿歌欣赏和图片等形式掌握字母组合在单词中的正确发音。（W，E1）

第三，听说训练：通过看、听和问答等活动，激发学生学习兴趣，培养学生语言运用能力。（E1，T）

第四,语法训练:通过跟读、吟唱、猜测、头脑风暴及观看视频等方式,学习核心词汇和句型,并掌握词法和句法,做到正确认读及书写。(E2,T,O)

第五,购物计划制订:通过"贴一贴、说一说"和对话等活动,进一步了解如何制订购物计划。(E2,T,O)

第六,思维训练:通过观察思维导图,分享购物计划。(E2,T,O)

第七,通过图片欣赏和跟读,让学生更加直观地了解购物的礼仪和用语。(E2,T,O)

第八,语篇朗读:通过朗读课文,从课堂的参与度和关注度方面进行自评。(E2,T)

第九,阅读理解:通过完成关于购物语篇的阅读理解,展开评价单上的互评。(E2,T,O)

第十,会话表达:通过自由组合、对话表演,进行购物体验。(E2,T,O)

第十一,书写与交流:通过观察图片和文本架构,选择并分享自己想要购买的物品。(E1,R,T)

第十二,故事欣赏:通过观看熊猫眼镜店的故事,观察图形组合并开展相关练习,进行自评。(E1,E2,T,O)

三、逆向教学设计的补充和反思

通过本单元逆向教学设计,可以发现,在进行逆向教学设计时,教师应当将语言能力、文化意识、思维品质和学习能力四大要素融入教学,发挥核心素养的统领作用[2];针对当前小学英语教学课堂实践中存在的缺乏理解、缺失大概念、思维浅层等现象,建议要打破教材所编排的顺序,依据主题,从单元全局出发,整合优化教学内容,重整语篇;让学生在"大概念"的引导下构建系统性、逻辑性、结构性的知识体系,促进学生深度学习的发展。最后,在教学过程中,要重视学习者差异,以人为本,充分照顾每个学生在学习中存在的差异,注重评价多元性,采取一些因人而异的方法,开展多样化活动,鼓励学生参与到自主探究、问题调研和小组合作等活动中,提高学生自主评价的质量,进而提升学生的思维品质,最终实现人的全面而有个性的发展。

参考文献

[1] [美]格兰特·威金斯,杰伊·麦克泰格.追求理解的教学设计[M].闫寒冰,宋雪莲,赖平,译.上海:华东师范大学出版社,2017:99-103.

[2] 中华人民共和国教育部.义务教育英语课程标准(2022年版)[S].北京:北京师范大学出版社,2022:4-11.

(雷雅蕾)

小学英语逆向教学设计探索
——以上海牛津英语教材四年级上册第三单元为例

本文以上海牛津英语教材四年级上册第三单元的教学设计为例,详细阐述了如何应用逆向设计原理,以培养学生的核心素养为目标,从语言能力、文化意识、思维品质和学习能力四个维度来设计整个单元的教学过程。

一、基于理解的逆向教学设计

（一）什么是基于理解的逆向教学设计

"基于理解的逆向教学设计"源自美国教育评估专家格兰特·威金斯和杰伊·麦克泰格,他们强调课堂、单元和课程在逻辑上应该从想要达到的学习结果导出,而不是从我们所擅长的教法、教材和活动中导出。[1]墨尔本大学教授约翰·哈蒂在《可见的学习（教师版）》中也强调,学习起始于"逆向设计",而不是起始于教科书、备受喜欢的课或久负盛名的活动。学习从教师（最好还有学生）期望的结果（对应于学习目的的成功标准）开始,然后逆向运行到学生开始上课的状态。[2]这种逆向设计是适合于培养英语核心素养的一种教学设计,它属于成果导向教育（Outcome-Based Education, OBE）理论指引下的教学设计。成果导向教育理论自1981年由斯派迪创设以来,受到国内外教育学界的追捧。OBE理论的基本理念是所有学习者均成功（Success for All）。[3]也就是说,它一反往常的教学设计,而是以学生为主体,从"终点"（学生的学习结果）出发,逆推到教学活动。

在进行英语教学设计时,如果采用成果导向教育理论下的逆向设计,就不能仅依据教材内容来确定学习目标,而是要依据学科核心素养和英语课程目标来确定学习目标,明确学生能运用课程知识与技能做什么,再设计能证明实现学习目标的证据,最后设计能引导学生达成学习目标的活动和方法。学习过程和教学方法要有利于培养学生的学科核心素养。

(二)为什么要进行基于理解的逆向教学设计

理解的内涵是多维和复杂的。理解是一系列相关联能力的组合。格兰特·威金斯和杰伊·麦克泰格提出了关于理解的多侧面视角,即"理解六侧面",包括能解释、能阐明、能应用、能洞察、能神入、能自知。[4]基于理解的逆向教学设计是以目标为导向的教学过程评估。在日常的教学中,教师更加注重教的知识,对学生的理解关注度还不够,很多时候很难把握学生对知识的掌握程度。基于理解的逆向教学设计为教师更好地把握学生的学习情况提供了新的思路。根据确定的预期结果,来确定具体的评估证据和教学活动,更有目的性和导向性。

二、基于理解的逆向教学设计的三个阶段

根据逆向教学设计的逻辑:如果预期的学习结果是要学生理解并迁移知识和技能,那么需要证明学生有能力理解并迁移这些知识和技能,因此学习活动必须围绕理解和迁移能力展开。

(一)阶段一:确定预期的学习结果

阶段一的设计内容包括学习目标和目标达成的学习结果。学习目标要转换成学习结果,包括预期的迁移、预期的理解、主要问题和预期收获的知识与技能。

1. 预期的学习目标

单元教学目标由英语核心素养和英语课程目标统整而成。本单元的具体教学目标如下所述。

第一,能知晓字母组合的发音规则,根据发音规律正确朗读含有字母组合的单词和儿歌。能在语境中知晓、理解并运用关于天气和月份的词汇,介绍四季的天气和相对应的活动。

依据的核心素养:语言能力——能根据交际对象和目的,连贯、灵活地进行口头表达。

依据的课程目标:初步养成用英语交际的习惯;能够准确地描述事物,比较

得体地表达见解。

第二,能在语境中运用句型就天气进行询问、应答及描述。

依据的核心素养:语言能力——能在感知、体验、积累和运用等语言实践活动中,积累语言经验,进行有意义的沟通与交流。思维品质——能初步从多角度观察和认识世界、看待事物,有理有据、有条理地表达观点。学习能力——能主动参与语言实践活动,在学习中注意倾听、乐于交流、大胆尝试,学会自主探究、合作互助。[5]

依据的课程目标:能围绕相关主题,运用所学语言,进行简单的交流,语言达意。

第三,能在语境中理解语篇内容,获取基本信息,介绍不同季节、不同天气以及所进行的活动。

依据的核心素养:语言能力——能分析、理解文本内容和结构,获取信息,并在此基础上进行连贯、流畅的书面表达。

依据的课程目标:能写出意思连贯、结构完整的短文。

第四,了解不同季节的天气特征,感受天气的多样性和大自然的丰富多彩,以及人们不同的审美、不同的活动和生活习惯。

依据的核心素养:学习能力——能多渠道地获取信息。文化意识——能通过文化对比,形成理解、尊重与包容的态度。

依据的课程目标:具有较强的自主学习能力,并具有一定的分析和鉴赏能力。

2. 预期的学习结果

预期的学习结果由预期的学习目标转化而来,目标是抽象的,结果是具体的。

(1) 预期的迁移

迁移就是将学到的知识技能、观点、情感应用到新的情境中。迁移有两种类型:一是知识和技能的迁移,二是思想、观点、情感、原理和定理的迁移。学生可以自主应用学习成果,以便在不同的场合,用英语问候天气;在实际生活中体会到不同季节气候的美。

(2) 预期的理解

理解的对象是大概念。本单元的大概念是语言能力、思维品质、文化与情感。理解的六个层面是能解释、能阐明、能应用、能洞察、能神入、能自知。基于大概念,本单元要理解的具体事项为:借助图片用英语解释季节、天气和活动（能解释）;在理解英语核心词汇和句型的基础上,应用英语核心词汇和句型问候天气（能应用）;用英语比较不同地区的季节和天气及与季节相关的活动（能阐明）;理解人们对季节有不同审美观,有不同活动和生活习惯（能神入）;用英语表达对某种气候的喜爱（能自知）。

（3）主要问题

主要问题由预期的理解转化而来:能用英语分辨图片中的季节、天气和活动吗？英语中有哪些不同的词汇句型来表达不同的季节和天气？不用句型来问候天气可以吗？在不同季节的不同天气中,人们分别有什么活动？你喜欢哪种季节的哪一类活动？在不同的季节里,有哪些不同的审美和生活习惯？能用哪些词或句式表达对气候的喜爱？

（4）预期收获的知识与技能

学生将会知道关于天气和月份的核心词汇和拓展词汇;询问天气的核心句型及拓展句型;不同地区的气候差异,不同地区、不同天气以及所进行的活动;用英语描述比较不同地区的季节、天气及活动。

学生将能运用核心词汇、句型和拓展词汇口头问候天气;运用核心词汇、句型和拓展词汇口头描述某个季节天气的特点;用英语制作不同地区气候差异的图表,并进行口头描述;用英语制作思维导图,展示不同地区的季节、天气及活动,并进行书面描述。

(二) 阶段二:确定合适的评估证据

1. 表现性任务

第一,对话交流——在春游、运动会、体育课和小队活动的情境中,分小组进行主题对话。

第二,口头描述——口头练习视频和图片中展示的四个季节的天气,根据所给语言框架,选择其中一个季节介绍天气。说出各个季节气候的美,例如春天春风和煦的美、夏天阳光明媚的美、秋天天高云淡的美、冬天大雪纷飞的美。

第三,口语展示——分小组将所给四种气候差异的图表补充完整,模仿天气预报广播员,用不同的词汇和句型进行口头描述。

第四,对比归纳——对比气候差异及活动,例如温暖、干燥、寒冷、湿润等,又如种树、吃冰激凌、放风筝、堆雪人等,制作成思维导图,并根据提示完成书面描述。

第五，画一画——根据自己的喜好，画出四个季节不同气候的不同场景，表现自己的生活习惯和审美。

2. 其他证据

第一，在不同的天气里有不同的活动，例如在有风的天气里放风筝，在炎热的天气里吃冰激凌，在下雪的天气里堆雪人，你喜欢哪一种呢？分小组进行口头描述。

第二，在春游的情境中，分小组进行英语对话，问候天气。

第三，在运动会的情境中，口头描述天气。

第四，在体育课的情境中，记录和描述天气，形成天气报告。

第五，在小队活动的不同情境中，撰写书面作文。

第六，用所学的核心词汇和句型，表达对某种天气的喜爱，例如能用相关词汇，表达对不同天气的喜爱。

3. 自评与反馈

第一，组内互评对话。

第二，自评口头描述。

第三，组内互评口语展示。

第四，自评书面作文。

(三) 阶段三：设计帮助学生完成理解与迁移的学习活动

阶段三的学习活动设计要思考三个要素——活动顺序、关键活动、活动编码，即教育学的体验顺序如何安排，才有助于学生展示和发展预期的理解。为了便于把学习体验和教学活动按照优先次序进行排列，逆向教学设计以WHERETO元素为活动编码。

这些字母的含义是：

W——了解学习的方向(Where)和预期结果(What)。

H——把握(Hook)学生情况和保持(Hold)学生兴趣。

E1——代表知识体验(Experience)和观点探索(Explore)。

R——反思(Rethink)和修改(Revise)等。

E2——允许学生对自己的作业和应用进行自评、互评(Evaluate)。

T——根据学生个体需求、兴趣和能力来设计作业和活动(Tailor)。

O——组织(Organize)教学，使其最大限度地提升学生的学习动力与持续参与的热情，提高学习效果。

本单元的活动顺序如下：

第一，以一些联系实际的问题切入主题，引发学生对文本内容的好奇和兴趣。让学生看活动相册集，里面有各种天气的活动，例如春天春游，夏天去海边，秋天参加运动会，以及冬天堆雪人。（H）

第二，开展分辨图片的活动巩固所学，用核心词汇和句型来分辨相册里的春、夏、秋、冬，晴朗、下雪、下雨等天气，以及放风筝、野餐和骑自行车等活动。（W）

第三，以看相册的方式，呈现小朋友在公园春游的情境，运用核心句型问候天气。（E1，E2）

第四，以看相册的方式，呈现小朋友暑假在海边游泳和吃冰激凌的情境，口头描述天气。（E1，E2）

第五，以看相册的方式，呈现小朋友秋天参加运动会的情境，口头描述天气。（E1，E2）

第六，以看相册的方式，呈现小朋友寒假回家乡堆雪人的情境，口头描述天气。（E1，E2）

第七，从四张照片中选择一张最喜欢的，分小组进行介绍，小组互评，选出一位小组代表进行展示。（O，E2）

第八，讨论在不同的天气里，小朋友们还有哪些不同的活动，例如在晴朗的天气野餐，在下雨的天气看电影，在有风的天气放风筝等。（R）

第九，对比不同天气的不同活动，例如温暖、干燥、寒冷、炎热、湿润、有风、下雨、下雪等，又如春游、去海边、运动会、堆雪人、放风筝等，通过简笔画呈现不同的天气和活动，将思维导图补充完整，感受不同天气的美。（E1）

第十，根据完成的思维导图，选择自己最喜欢的天气和活动，进行口头和书面介绍。（T）

三、对逆向教学设计探究和实施的反思

通过对这一单元的逆向教学设计探究，有如下几点反思。

（一）关注课程标准的逆向教学设计使核心素养得到有效落实

基于理解的逆向教学设计是与英语学科核心素养相统一的。如何实现从基于活动的设计到基于理解的逆向教学设计的转变呢？在追求理解的逆向教

学设计中,利用基本问题来架构目标可使这一模式得以部分实现。通过设计问题,引发学生思考,利用已有的知识解释一些生活现象。同时要围绕着英语学科大概念来设计问题,这与英语学科的核心素养相统一。在设计这一单元的过程中,为达到预期的学习目标,会对教学活动设计有更多的思考,更加注重对学生科学探究能力的培养。在设计预期教学结果中,学生思考的都是需要理解的问题。

(二)以学生为主体的逆向教学设计使课堂教学更加生动有趣

唯教材论、以教师为主体的教学设计更加关注的是教师如何教,而忽略了学生如何学,没有关注学生的主体地位,从而影响了学生的学习效果。逆向教学设计以学生为主体。学生的认知结构、心理特点、学习力等因素,直接影响教学目标的制定。一切教学活动指向教学目标,最终达到落实教学目标的目的。《义务教育英语课程标准(2022年版)》指出:"教师要有意识地为学生创设主动参与和探究主题意义的情境和空间,使学生获得积极的学习体验,成为意义探究的主体和积极主动的知识建构者。根据不同学段学生的年龄、认知和语言发展水平,设计由浅入深、关联递进、形式多样的学习活动。"[6]在根据教学目标设计教学活动时,要根据学情设置贴近生活实际的情境,有效调动学生的积极性,各个活动之间具有关联性和递进性,关注单元整体,使课堂更加生动有趣。

在本单元教学设计中,笔者设置了贴近学生实际生活的情境,分别有不同的天气和不同的活动,例如春天在公园野餐,夏天在海边吃冰激凌,秋天参加运动会,以及冬天堆雪人。四个教学课时分别对应四个情境,以春、夏、秋、冬作为时间线将四个课时串联起来。在活动的过程中调动学生的主观能动性,实现知识技能的迁移运用。

(三)基于理解的逆向教学设计使学科知识更加融会贯通

为了让学生对知识有深刻的理解,我们需要通过六个侧面来评估学生对知识的理解。理解的六侧面包括能解释、能阐明、能应用、能洞察、能神入、能自知。能解释是指根据所学知识,学生能够解释生活中的现象,洞察事物之间的联系。能阐明是指演绎、解说和转述,从而提供某种意义。能应用是指在新的、不同的、现实的情境中有效地运用知识,使学生能够将已学知识与后期学习的知识联系起来,形成知识网络。能洞察是指有自己的看法,有批判性地解决问题的方法,将生活与理论知识联系起来,学以致用,理解更加深刻。能神入是指感受到别人的情感和世界观的能力,该侧面在此设计中体现较少。能自知是指知道自己"无知"的智慧,知道自己的思维模式与行为方式如何促进或妨碍了认知。通过自评和互评所学知识,学生将更加了解自己学习习惯存在的问题。通过基于理解的逆向教学设计,学生能够跳出常规的学习模式,更加有目的性、探究性地学习知识。这对学生思考问题的方式、学习的模式会有积极的影响。理解的六侧面有机融合,贯穿于整个教学设计的始终。

参考文献

[1][4][美]格兰特·威金斯,杰伊·麦克泰格.追求理解的教学设计[M].闫寒冰,宋雪莲,赖平,译.上海:华东师范大学出版社,2017:14,18.

[2][新西兰]约翰·哈蒂.可见的学习(教师版)[M].金莺莲,洪超,裴新宁,译.北京:教育科学出版社,2015:105.

[3] William G. Spady, Marshall K.J. Beyond traditional outcome-based education[J]. Educational Leadership, 1991(2):67-72.

[5][6]中华人民共和国教育部.义务教育英语课程标准(2022年版)[S].北京:北京师范大学出版社,2022:6-11,50.

(武雪颖)

提升核心素养的逆向教学设计
——以上海牛津英语教材四年级下册第二单元为例

传统的教学设计基本上是正方向设计,即教师根据课程标准和学科内容来确定教学目标,再根据教学内容设计教学活动,最后通过作业来检验教学成果。教师在这样的教学设计中主要关注教师的教,而不是学习目标达成的预期,学习结果是什么,有什么评估证据能够证明学生达到了预期的学习结果等。1998年,美国课程学家格兰特·威金斯和杰伊·麦克泰格在其撰写的《追求理解的教学设计》中,提出了一个新的模式,即"基于理解的教学设计"。此种模式以一种新的视角,提出了"基于理解的逆向教学设计"这一设计方法。

一、逆向教学设计概念

逆向教学设计,强调课堂、单元在逻辑上应该从想要达到的学习结果中导出,而不是从我们所擅长的教法、教材和活动中导出。逆向设计是对基于理解的教学程序的逆向推断。这里的"逆向"有别于传统教学设计,是以学习成果为先,即先确定学习目标达成的学习成果,再设计评估证据,最后设计相关的教学活动。

二、逆向教学设计案例

基于理解的逆向教学设计包括三个阶段:设置预期的学习结果,确定合适的评估证据,确定合适的学习活动。阶段一:设置预期的学习结果。此阶段要结合英语学科核心素养和英语课程目标,阐明学生能够进行怎样的迁移,能够理解什么，将会解决什么问题，以及能够获得怎样的知识和技能。阶段二：确定合适的评估证据。教师在设计课程时要思考如何确定学生是否达到了预期的学习结果，这就要教师搜集相应的评估证据。阶段三：确定合适的学习活动。要让学生达到预期的学习结果，教师需要设计符合学情的学习活动。

受此启发，笔者以上海牛津英语教材四年级下册第二单元为例，进行了逆向教学设计的尝试。

（一）阶段一：设置预期的学习结果

阶段一的设计包括学习目标和学习结果。学习目标要转化成学习结果，学习结果包括预期的迁移、预期的理解、主要问题、预期收获的知识与技能。

1. 预期的学习目标

本单元学习目标由英语学科核心素养和英语课程目标统整而成。

本单元的具体学习目标如下：

第一，学生能正确理解、认读、拼写并运用核心词汇表达部分中国传统节日，运用句型来询问他人喜欢什么中国传统节日并对他人的问题做出回答。

依据的社会主义核心价值观目标：爱国是中华民族的优良传统，学生应先了解祖国的悠久历史和传统文化，这样才能热爱和尊重祖国的文化，增强文化自信。

依据的核心素养：语言能力——能借助图片、视频、音频等方式理解、领悟核心词汇及句型的基本含义，并运用它们来询问中国传统节日的相关知识。

第二，学生在语境中加深对中国传统节日的认识，运用核心句型询问中国传统节日的风俗并对他人的问题做出回答。

依据的课程目标：能用一般现在时写出描述中国传统节日的短文。

第三，学生能向以英语为母语的人介绍中国传统节日（特别是重阳节）的时间、天气、活动、食物、风俗等相关信息。

依据的核心素养：语言能力——能根据交际的对象和目的，正确流利地进行口头表达。

依据的课程目标：能正确、流利地描述中国传统节日（特别是重阳节）的各个特征，初步养成英语交际的习惯。

第四，学生能通过多媒体资源了解中国更多的传统节日。

依据的学校育人目标：懂礼仪，展灵秀。四年级的小学生已经学习了一些节日的风俗，但是对中国传统节日的认识还不够，为了传承中华优秀传统文化，知晓中国传统礼仪,小学生应了解中国传统节日的时间、天气、活动、食物、风俗等特征。

依据的核心素养:学习能力——能从多种渠道获取信息。文化意识——能树立文化意识,增强文化理解,认同语言文化差异。

依据的课程目标:具有自主学习能力,能从不同渠道获取信息。

第五,学生能综合运用所学中国传统节日(特别是重阳节)的相关知识和语言,询问别人喜欢的节日是什么,并熟练表达自己喜欢的节日,传承中国传统节日。

依据的核心素养:语言能力——能灵活地进行口头表达。文化意识——激发对中国传统节日的热爱,传承节日习俗。

依据的课程目标:能适应真实的语言环境,比较得体地表达自己的观点。

2. 预期的学习结果

(1) 预期的迁移

学生将能独立应用其学习成果,以便从时间、天气、活动、食物、风俗等方面介绍西方的母亲节;体会中国传统节日的文化,并在特定的场合注重传承中国传统文化。

(2) 预期的理解

理解的对象是大概念,本单元的大概念是中国传统节日(春节、端午节、中秋节和重阳节),朗读并运用句型。

学生将理解中国传统节日的时间和天气,尊重传统节日不同的风俗,中国传统节日的饮食,对传统节日能有自己的看法,热爱并传承中国传统文化的意义。

(3) 主要问题

主要问题由预期的理解转化而来,学生将持续思考:中国有哪些传统节日?其时间和天气如何?不同的传统节日有哪些饮食?不同的传统节日有哪些风俗?为什么尊重传统节日的不同风俗?怎样描述自己喜爱的中国传统节日以及对节日的看法?怎样表达自己对传统节日的热爱?传承中国传统节日的意义是什么?

(4) 预期收获的知识与技能

学生将知道中国传统节日(特别是重阳节)的特征、风俗及其英文表达;中国更多的传统节日特征及其风俗;热爱中国传统节日,传承节日习俗。

学生将有能力以口头或书面方式描述中国传统节日的不同特征和风俗,用相关句型询问他人,了解并喜爱中国传统节日,熟练表达自己喜爱的中国传统节日。

(二)阶段二:确定合适的评估证据

作为评估证据,要和阶段一预期的学习结果相对应,即预期的学习结果要有相对应的评估证据。

1. 表现性任务

第一,听力课堂——听懂关于中国传统节日的节目,并能提炼出相关信息。

第二,绘制海报——能绘制一张自己喜欢的中国传统节日的海报,包含节日日期、传统习俗和饮食等,表达自己对中国传统节日的喜爱。

第三,宣传大使——制作一个短视频,从不同方面介绍中国传统节日,感受节日的氛围。

第四,在特定的活动中,从时间、天气、饮食、风俗等方面介绍中国的元宵节。

第五,在春节时贴春联,在端午节时包粽子等。

2. 其他证据

第一,单词认读——能正确认读本单元的核心词汇。

第二,课本朗读——能朗读课本内容,做到语音语调正确。

第三,师生问答——能在课堂上积极回答老师关于中国传统节日的问题。

第四,作文分享——能在作文中写出自己喜欢的中国传统节日并表达自己对节日的喜爱。

3. 自评与反馈

第一,以事实和书本为准,自我评价自己了解的中国传统节日知识是否正确。

第二,小组成员之间互相评价所写的作文,判断对传统节日的表达是否正确。

(三)阶段三:确定合适的学习活动

在学习目标和相应的评估证据的基础上,教师要设计符合学生学习规律、心理特征和道德特征的学习活动,并以 WHERETO 元素中的相应字母为每个活动编码:

W——知道本单元的学习方向(Where)和预期结果(What)。

H——把握(Hook)学生的情况和保持(Hold)学生的情趣。

E1——代表学生知识、体验(Experience)和主要观点探讨(Explore)。

R——引导学生反思(Rethink)和修改(Revise)已有的理解。

E2——允许学生对自己的作业和应用进行自评和互评(Evaluate)。

T——根据不同学生的个体需求、兴趣和能力来设计作业和活动(Tailor)。

O——组织(Organize)教学,使其最大限度地提升学生的学习动力与持续参与的热情,提高学习效果。

依据上述活动编码,设计的活动顺序如下:

第一,欣赏关于中国传统节日的视频:通过视频,学生初步感知四个传统节日。(W,H)

第二,介绍基本问题:看了视频,说说介绍了哪些中国传统节日,节日的日期是什么,当时是什么天气,在节日那天会做什么,节日当天会吃什么。(W)

第三,根据学习任务的需要,引导学生了解和阅读文本,了解四个中国传统节日的基本信息,积累相关的词汇和句型,为后期的表现性任务做准备。(E1)

第四,猜谜游戏:通过猜谜引出最后一个节日,让学生根据关键信息来写一小段关于重阳节的文本。(E1)

第五,通过多媒体等资源,让同学们查找相关资料,并聊聊自己了解到的关于重阳节的知识,让学生就自己组内同学的表现进行评价。(E2)

第六,选取有关重阳节信息的报刊等,进一步让学生提炼有关重阳节的信息,老师从旁观察并提供相应的指导。(E1,E2)

第七,整合信息:让学生通过关键词将之前的内容与查找到的内容进行整合,表达自己对重阳节的感受。(E2)

第八,通过图片,引出春节,创设语境,让学生了解春节及除夕夜的活动。(W)

第九,小组分享自己在课前查找的以及自己在春节期间做的事情,如贴春联等,表达自己过春节时的感受,让学生就同学的表现进行互评。在端午节和家人一起包粽子,将自己包的粽子分享给同学。(E2,T)

第十,提炼信息,完成表格:通过同学们对于喜爱的节日的讨论,提炼信息,完成表格,为之后表达自己喜爱的节日打下基础。(W,E1)

第十一,询问他人喜爱的节日,并从历史文化等方面谈喜爱这个节日的原因。(R)

第十二,制作PPT,分享自己喜爱的节日并谈谈自己内心的感受。(T)

第十三，在元宵节当天，在课堂上向组内同学介绍其时间、天气、饮食、风俗、活动等。（E2，O）

第十四，小组之间分享探讨，一些中国传统节日的习俗在慢慢消失，为了将中国节日的习俗传承下去，我们要怎么做。（R）

第十五，绘制一张自己喜爱的中国传统节日海报或录制视频，向别人介绍对此节日的看法。（T）

三、提升核心素养的逆向教学设计的思考

在运用逆向教学设计进行本单元教学设计探索的过程中，笔者对逆向教学设计有了新的思考。

（一）逆向教学设计落实小学英语学科核心素养

英语是一门语言，为了培养学生的核心素养，教师应设计更能吸引学生注意的教学。教师应结合学生的实际情况，深入研究教材，思考学生能在课堂中学到什么，将学生作为课堂的主体，将学习结果作为教学设计的起点，充分考虑学生能做到什么，设计出提升学生核心素养的教学活动。在逆向教学设计中，学习目标的依据是核心素养。理解的对象是大概念，大概念里包含了核心素养。

在本次逆向教学设计案例中，三个阶段环环相扣、紧密相连，培养学生的核心素养也一直贯穿其中。例如，在预期的学习目标中，学生能通过多媒体资源了解中国更多的传统节日；在预期的学习结果中，学生将热爱中国传统节日并传承节日风俗，增强文化意识。在阶段二，学生能绘制一张海报，表达自己对中国传统节日的喜爱；在阶段三也设计了合适的学习活动与此相对应。

（二）逆向教学设计提升教师自身素养

在教学中，英语核心素养是否能够落实关键在教师。在设计教学时，只有教师自己先具备一定的核心素养，比如了解中国传统文化的习俗等，具有一定的文化意识，知道要培养学生的什么素养，让学生达到怎样的学习目标，才能设计出提升学生核心素养的教学活动。阿尔博特·班杜拉认为社会学理论是探讨个人的认知、行为和环境因素三者及其交互作用对人类行为的影响。他认为，人的行为，特别是人的复杂行为，主要是后天习得的。老师的引导对学生的

主动学习有一定的影响,不仅体现在教授知识上,也体现在价值观上,所以教师的价值观、品行等会对学生的思想的形成、学习习惯的养成等产生深远的影响。为此教师更应该以身作则,严格要求自己,为学生做好典范。

参考文献

[1][美]格兰特·威金斯,杰伊·麦克泰格.追求理解的教学设计[M].闫寒冰,宋雪莲,赖平,译.上海:华东师范大学出版社,2017:46.

[2]胡立德.德育"感恩"主题教育活动的逆向教学设计[J].中小学德育,2019(4):53-57.

[3]中华人民共和国教育部.义务教育英语课程标准(2022年版)[S].北京:北京师范大学出版社,2022.

(祖玉贞)

基于核心素养的逆向教学设计
——以上海牛津英语教材五年级上册第二单元为例

本文以上海牛津英语教材五年级上册第二单元的教学设计为例，围绕逆向教学设计方法，进行了基于核心素养的逆向教学设计探索，把教学研究从传统经验型转向实证型，以学习结果为出发点，为培养学生英语学科的核心素养提供了一条新思路。

一、逆向教学设计

逆向教学设计是美国教学改革家格兰特·威金斯和杰伊·麦克泰格倡导的，它从学生的学习结果出发，依据学情制定预期学习目标，再通过评价来证明预期目标的可操作性，即制定评估证据，在此基础上确定教学内容，设计学习活动。

二、逆向教学设计案例

传统的教学设计是根据课标、教材和学情来制定单元学习目标，设计教学活动，但逆向教学设计要从预期的学习结果出发，从终点开始，设计评估证据，最后设计教学活动。

笔者在这一单元的教学设计中，尝试使用逆向设计模板来进行这个单元三节课的整体设计，具体从三个阶段展开教学设计。

（一）阶段一：确定预期的学习结果

阶段一的设计内容包括预期的学习目标和预期的学习结果。需要将单元学习目标转换成学习结果。学习结果包括预期的迁移、预期的理解、主要问题、预期收获的知识与技能。

1. 预期的学习目标

单元教学目标由英语学科核心素养和英语课程目标统整而成。本单元的具体教学目标如下所述：

第一，学生识别国际音标，知晓含有相关音素的字母 u 与字母组合 oo 的读音规则，能尝试根据发音规律正确朗读和认读单词。

依据的核心素养：语言能力——在语言学习的过程中形成语言意识和语感。

依据的课程目标：能依据录音模仿音标发音和字母组合的发音，做到发音清楚。乐于模仿，敢于开口，积极参与。

第二，学生能知晓相关词汇的发音和含义，了解不定代词及形容词的用法，能听、读、书写和背记，并能在语境中加以正确理解和运用。

依据的核心素养：语言运用——能理解简短的指令，根据要求进行学习活动。

依据的课程目标：能在教师的指导下，根据图片用简单的语言进行描述，要求语音、语调正确。

第三，在语境中运用陈述句进行交流，表达自己和朋友的喜好，友好相处，注重知识的习得与人的发展并存。

依据的核心素养：语言运用——能根据语境，连贯、灵活地进行口头表达。

依据的课程目标：能在教师的指导下，根据图片用简单的语言进行描述，要求语音语调正确。

第四，学生能在语境中提炼与朋友相关的语篇信息，以口头与书面的方式围绕"朋友"的话题进行表达。

依据的核心素养：语言运用——能运用相关语言知识进行连贯、流畅的口头表达。学习能力——能多渠道地获取所需信息。

依据的课程目标：能就熟悉的生活话题交流信息和简单的意见。

第五，感受兴趣相投时的快乐。当立场不同时，也能与人沟通协商，解决问题，培养沟通协作的能力。

依据的核心素养：思维品质——提升学生分析问题和解决问题的能力，对事物做出正确的决断。

依据的课程目标:能在英语交流中注意并理解他人的情感,能在学习中相互学习帮助,克服困难。

2. 预期的学习结果

(1) 预期的迁移

在其他单词中遇到字母组合 oo,能根据发音规律猜测发音,朗读单词;在其他语境中理解和运用相关词汇;在其他情境中用陈述句来流利地表达观点;依据提炼的相关朋友的语篇信息来介绍朋友;有包容理解的心态,正确对待遇到的问题,积极解决。

(2) 预期的理解

理解的对象是大概念,本单元的大概念是语言(音标、词汇、句子),表达及沟通。朋友间要分享快乐,学会与人交往,结交朋友。

学生将理解字母组合 oo 的读音规则(能阐明);掌握相关词汇音、形、义的统一(能阐明);用陈述句进行交流和表达自己与朋友的喜好(能解释);理解和尊重别人的不同,介绍和朋友的异同点(能洞察);享受和朋友兴趣相投时的快乐,当和朋友立场不同时,也能和朋友快乐相处(能神入)。

(3) 主要问题

基本问题由预期的理解转化而来:你了解哪些读音规则,能够知晓含有相关音素的字母 u 与字母组合 oo 的读音规则吗?如何正确理解和运用相关词汇的发音和含义,了解不定代词及形容词的用法?如何运用陈述句进行交流和表达自己与朋友的喜好?学校要开运动会,你会选择什么项目,选择谁做搭档,为什么?如何介绍朋友?如何介绍自己和朋友兴趣爱好的共同点和不同点?怎样享受和朋友兴趣相投时的快乐?当和朋友立场不同时,怎样和朋友欢乐相处?

(4) 预期收获的知识与技能

学生将会知道字母组合 oo 的读音规则,能根据发音规律预测发音;"朋友"主题的核心词汇和拓展句型。

学生将能够预测含有相关音素的字母 u 与字母组合 oo 的读音;能用英语,按照一定顺序来口头介绍和朋友的异同;能够写作,完成报告。

(二) 阶段二:确定合适的评估证据

1. 表现性任务

第一,音节归类——读一首含有相关音素和字母组合 oo 词汇的小诗,根据发音规律猜测发音,将其分类。

第二,配对连线——将正确的图片与单词相匹配,并能正确朗读相关词汇。

第三,看图写话——根据图片内容,结合已给句型,用一句话来介绍图片。

第四,介绍朋友——运动会接力比赛项目中,你选择的搭档是谁? 说明选择的原因,如朋友的喜好、共同的兴趣爱好、享受一起运动的快乐等。

第五,"患难见真情"主题班会——我用包容的心态帮助朋友解决问题,走出困境。

2. 其他证据

第一,朗读和默写核心词句——本单元核心单词、词组及句子。

第二,小练习——辨音,用单词的适当形式填空,改写句子。

第三,写作训练——写一篇作文,要写出共同点和不同点。

3. 自评与反馈

第一,组内互评含有相关音素的字母 u 与字母组合 oo 的读音是否正确。

第二,自评作文。

第三,小组互评,用核心句型交流和表达自己与朋友的兴趣爱好,并以此为依据来选择项目和搭档。

第四,单元结束时,小组讨论和朋友相处之道,当和朋友立场不同时,如何正确地表达自己的观点,通过协商沟通解决问题。

(三) 阶段三:设计帮助学生完成理解和迁移的学习活动

学习活动建立在学习目标和评估证据的基础上,设计阶段三的学习活动时,要始终围绕学习目标和评估证据,要思考如何安排教学体验顺序和学习活动,才能有助于学生达到预期的结果。格兰特·威金斯和杰伊·麦克泰格在逆向教学设计中提出了 WHERETO 标准,每个字母代表相应的活动编码:

W——了解单元学习的方向(Where)和预期结果(What)。

H——把握(Hook)学生情况和保持(Hold)学习兴趣。

E1——代表知识体验(Experience)和观点探索(Explore)。

R——反思(Rethink)和修改(Revise)等。

E2——允许学生对自己的作业和应用进行自评、互评(Evaluate)。

T——根据学生个体的需要、兴趣和能力来设计作业和活动(Tailor)。

O——组织(Organize)教学,使其最大限度地提升学生的学习动力与持续参与的热情,提高学习效果。

根据上述活动编码，本单元的学习活动主要包括以下几个方面：

第一，观看体育运动类的视频和图片，激活旧知，看到字母 u 和字母组合 oo 的单词，能正确朗读。对新知词汇，利用拼读规则，能做出正确的预测。（H）

第二，观察图片，进行头脑风暴，通过韦恩图比较团体运动和单人运动项目，引导学生归纳比较。（E1）

第三，让学生发现问题，提出问题，并用包容的心态解决问题。（H）

第四，通过听力训练、阅读文章，了解人物各自的喜好以及共同的兴趣。（E1）

第五，各小组分享探究性的学习结果，运用相关词汇，结合生活实际，进一步讨论。学生进行组内互评，老师从旁观察，并提供相应的指导。（E1，E2）

第六，通过听、说、读等方式综合训练，用相关句型有理有据地表达自己的观点。（E1）

第七，听录音，在表格中圈一圈，找出书中人物各自的擅长点和兴趣点。（E1，R）

第八，分享一下和朋友相处时的快乐，并说一说当立场不同时，如何解决问题。（E1，E2）

第九，在马陆小学开运动会的语境中，利用所学的语言支架，说一说谁是你的搭档并阐明理由。（T）

第十，小组合作完成读书报告，梳理本课内容，与生活实际相联系，结构化所学，学有所用。组员间互评，并根据评价反馈进行修改。（E2，T）

三、逆向教学设计对教学的启示

通过对这一单元教学内容的逆向教学设计与实践，笔者的教学设计思维方式也发生了三个"逆向"转变。

（一）教学活动与评估证据的逆向转变

一方面，在确定单元目标后，与传统的教学设计不同，逆向教学设计中评价为先的策略从输出的角度进一步明确这个单元需要学生达成目标的证据，检测单元目标是否达成，确保评估证据与单元目标的一致性。另一方面，将评估证据置于教学活动之前，可以统领整个单元的教与学的过程。将评估证据嵌入每一个教学设计中，使其成为判断教与学过程设计好坏的标准，让教学活动更有方向感,确保教学过程的质量,实现教学评的一致性。

(二)教师视角与学生视角的逆向转变

以往我们更关注该怎么教,该怎么说,该怎么做,完全从教师的视角思考教学过程,而非学习过程。逆向教学设计从教师视角转向学生视角,意味着我们更应该以学生为主体,从学生的视角出发,从我们自己作为教师的教转向学生的学。

(三)教学过程与学习结果的逆向转变

设计学习过程时我们以往会更关注过程,预测过程带动学习结果的发生,而忽略了思考在这过程中学生会学到哪里,学到什么程度,学习结果会怎样。逆向教学设计从学习结果出发,把视角转向学生的学习经历和学习体验,关注每个过程和每个环节的设计是否围绕学习结果展开,以确保学习目标的顺利实现。

参考文献

[1] 邓亚庆,苗若楠.基于逆向设计的单元整体教学设计与实践[J].基础外语教育,2018,20(4):78-85,111.

[2] 杨靓.基于"教—学—评一体化"的小学英语逆向教学设计——以译林版英语单元教学为例[J].中小学课堂教学研究,2020(9):37-41,53.

[3] 姚丽娟.以评导学 以评助学 以评促教——中职《职业生涯规划》逆向教学设计实践研究[J].知识文库,2022(2):82-84.

[4] 屈宸羽.基于逆向设计的小学英语单元整体教学"4M模式"研究[J].中小学教学研究,2021,22(1):47-52.

(刘 莹)

提升"灵智课堂"品质的小学英语逆向教学设计

——以上海牛津英语教材五年级上册第三单元为例

本文以上海牛津英语教材五年级上册第三单元设计为例,基于逆向设计模板,通过问题链的方式培养和激发学生思维,融育人目标于教学内容和教学过程之中,培养学生的逆向思维能力,引导学生学会自我学习,实现学科育人的目标。

一、逆向教学设计与传统教学设计的区别

逆向教学设计提倡评价设计优先于教学活动,它强调以学习目标为起点,以目标预设的评价方式与标准为基础,继而设计相应的教学活动。[1]

传统英语教学设计主要依据课程目标或者教材内容确定学习目标,围绕学习内容设计教学活动,最后检测学习目标是否达成。

二、逆向教学设计与学科核心素养培育的关系

美国教育评估专家格兰特·威金斯和杰伊·麦克泰格在《追求理解的教学设计》一书中,提出了一种新颖的教学设计模式——逆向教学设计,即最好的设计应该是"以终为始",从学习结果开始的逆向思考。[2]这种逆向教学设计对于培养小学英语学科的核心素养是非常有作用的。首先要依据学科核心素养和英语课程标准来确定学习目标,考虑什么学习结果可以达成目标,需要制定学生获得学科核心素养的评价标准,学习过程和教学方法要有利于学生获得具体的学科核心素养,最后设计教学活动。

三、逆向教学设计案例

根据逆向设计的逻辑,如果预期的学习结果是要学生理解并迁移知识和技能,那么需要证明学生有能力理解并迁移这些知识和技能,因此学习活动必须围绕获得理解和迁移能力展开。[3]

笔者在本单元的教学设计中,尝试使用逆向设计模板来进行单元五课时的整体教学设计,具体从以下三个阶段来展开。

(一)阶段一:确定预期的学习结果

一般来说,预期结果由学习目标和学习结果组成。其中,目标是教学指向,结果则是学习导向。预期的学习结果又包括预期的迁移、预期的理解、主要问题以及预期收获的知识与技能。[4]

1. 预期的学习目标

能知晓含有相关音素的字母与字母组合的读音规则,并能根据读音规则正确朗读和认读含有这两个音素的单词。能在语境中知晓并理解相关词汇,对病症进行表述和书写,音、形、义基本正确。能在语境中使用核心句型进行询问、应答和书写,发音基本准确,表达较为流利。能使用相关句型对健康状况进行询问及应答,并能够使用相关短语有针对性地给他人一些保持健康的建议,内容相对完整,表达较为流利。

依据的核心素养:思维品质的提升有助于学生学会发现问题、分析问题和解决问题,对事物做出正确的价值判断。[5]

依据的课程标准:能领悟基本语调表达的意义;能理解常见词语的意思,理解基本句式和常用时态表达的意义;能对获取的语篇信息进行简单的分类和对比,加深对语篇意义的理解,能在学习活动中与他人合作,共同完成学习任务。[6]

2. 预期的学习结果

(1)预期的迁移

迁移就是把所学的知识与技能或思想、情感、观点运用到新的情境中去。迁移一般有两种类型:一是知识和技能的迁移,二是思想、观点、情感、原理、定律的迁移。本单元预期的迁移包括:在其他单词中遇到相关音素,能根据发音规律猜测并朗读新单词;在其他语境中理解和运用相关词汇;在其他情境中用相关句型来流利地表达观点;在故事阅读的启迪下,远离坏习惯,养成良好的生活习惯。

(2) 预期的理解

理解的对象就是大概念。本单元的大概念是语法(相关音素的读音规则,核心词汇的理解和运用,能用核心句型表达和交流)、语篇(能使用相关句型对健康状况进行询问及应答,并能够使用相关短语有针对性地给他人一些保持健康的建议)、健康(学会护齿,养成一日两刷的健康习惯)。

学生将理解相关音素的读音规则(能解释);掌握相关词汇词、形、义的统一(能解释);用相关句型询问和建议(能阐明);从老虎的牙从有到无的经历中进一步理解保护牙齿的重要性,反思自己平时的生活习惯(能神入);学会护齿的意义(能自知);养成良好的健康习惯(能自知)。

(3) 主要问题

有哪一些单词的发音还含有相关音素?如果我们感冒、发烧、咳嗽、牙疼时,应该怎么做?老虎为什么会牙疼,应该怎么做?你平时在护齿方面有哪些良好的习惯,哪些不良的习惯?保护牙齿有哪些好处,你可以举例说明吗?

(4) 预期收获的知识与技能

学生将会知道语音——相关音素在单词中的读音规则,词法——表示常见的疾病名称的核心词汇,句法——相关句型的询问和回答,语篇——相关短语在语篇中的应用。

学生将能够听——辨别出相关音素在单词中的发音,并根据读音规则,列举两个含有此音素的单词;说——正确识读核心词汇,运用核心句型对健康建议进行询问并应答;读——正确朗读本单元核心词汇和核心句型,非常准确、流利地朗读本课教材文本内容和再构文本内容;写——正确书写本单元核心词汇和句型,运用本单元核心词汇和句型尝试进行话题表达。

(二) 阶段二:确定合适的评估证据

1. 表现性任务

第一,通过观看视频,感知、理解和学习含有相关音素的词汇。

第二,设计一个去医院看病的情境,通过观看视频,感知、理解和学习相关句型。

第三,设计一个老虎去看牙医的情境,通过分析老虎牙疼的原因,给他提出合理的健康建议。

第四,设计一个动画 PPT,通过故事阅读,意识到护牙的重要性,并能给出护牙的日常建议。

第五,设计护牙小册子,列出哪些是应该做的,哪些是不应该做的。

第六,进行小组角色扮演活动,分小组上台表演,能说出护齿的实际意义。

第七,设计一份健康小报,通过区分生活习惯的好与坏,来给出良好生活习惯的合理建议。

2. 其他证据

第一,音标学习:能够正确朗读相关音素。

第二,单词认读:能够正确认读本单元的核心词汇。

第三,课本朗读:能够正确朗读课本内容,做到语音、语调正确。

第四,师生问答:能够在课堂上积极思考,并准确回答老师的提问。

第五,交流分享:能够在情境中和同伴们交流护牙相关的日常建议。

第六,角色扮演:能够在情境中给他人提出护牙的建议,如每天早晚刷牙、不要吃太多的甜食、不要睡前吃东西等。

第七,深入探究:能够在所学基础上,提升至身体健康高度,与同伴分享自己好的生活习惯,并能区分对方生活习惯的好与坏,给出合理的建议。

3. 自评与反馈

第一,学生自评课本内容朗读情况。

第二,学生从"课堂参与度"和"课堂关注度"两个维度对自己进行评价。

第三,学生借助自己健康生活习惯的照片,分享感受,在小组之间就"表达是否流畅""语句是否正确"等展开互评。

(三)阶段三:设计帮助学生完成理解和迁移的学习活动

阶段三的学习活动设计要考虑三个要素——活动顺序、关键活动、活动编码,即教与学的体验顺序如何安排,才有助于学生展示和发展预期的理解。依据顺序逐次列出关键的教学和学习活动,同时以 WHERETO 元素中相应字母为活动编码。

W——了解本单元的学习方向(Where)以及预期的学习结果(What)。

H——把握(Hook)学生情况及保持(Hold)学生情趣。

E1——代表学生知识体验(Experience)和观点探索(Explore)。

R——反思(Rethink)和修改(Revise)。

E2——允许学生对自我的作业和应用进行自评和互评(Evaluate)。

T——根据学生的个体需求、兴趣与能力来设计作业和活动（Tailor）。

O——组织（Organize）教学，使其最大限度地提升学生的学习动力和持续参与的热情，提高学习效果。

本单元的活动顺序如下：

第一，通过图片、视频和师生问答等形式引入本单元话题，创设语境，为本单元的教学目标做准备。（W）

第二，模仿跟读含有相关音素的词汇，培养学生的语言应用能力。（E1）

第三，通过看图片、欣赏视频及师生问答等方式，学习本单元的核心词汇并正确认读及书写。（E1，T）

第四，通过观看一段动画——老虎生病的视频，让学生更清晰直观地感受健康生活习惯的重要性。（E1，T）

第五，设计一个让学生给老虎送出"健康建议卡"的环节，自然引入相关句型，并给出示范。（E1，E2，T）

第六，在设计护牙小册子时，组织小组同伴对一些不良生活习惯的语段进行朗读和讨论，从而给出相应的建议，最后进行小语段的输出。（E1，E2，T，O）

第七，学生自由组合，在活动中扮演医生和病人，分角色朗读课文，并对自己的语音、语调进行评价。（R，E2，T）

第八，学生模仿故事角色（老虎、兔子等动物）进行表演，运用所学核心词汇和句型，进行牙疼病症描述并给出合理的建议。（E1，T，O）

第九，开展小组讨论，设计一个去医院看病（比如感冒、发烧、咳嗽、牙疼）的游戏，通过小组对话活动（谈论保护牙齿的好处），来检验学生的语段表达和对文本内容的理解能力，学生之间展开互评。（E1，E2）

第十，学生通过设计一份健康小报对课本内容进行迁移，分享自己的日常生活习惯并举例说明保护牙齿的好处，进行互评并给出合理的建议。（T，O）

四、逆向教学设计的感悟

通过这一单元的逆向教学设计探索，笔者的教学设计思维有了四个"逆向"变化。

一是根据教科书内容确定学习目标的思维习惯有了变化。学科核心素养是引领,从语言能力、文化意识、思维品质、学习能力方面,凸显学科育人价值。

二是学习目标中的"知识技能、过程方法、情感态度"的三维度思维习惯有了变化。这个思维目标与布卢姆的教育目标相呼应,由低阶向高阶思维转变。

三是确定学习目标后设计教学活动的习惯有了变化。学习目标显性化,学生也能清楚地知道要理解学习到的具体知识和技能并加以转化,在一个新的情境中去检验自己的掌握程度。

四是教学活动的安排有了变化。注重学生活动与学生兴趣结合,学生自我评价与学生之间互评结合,以学为中心,真正发挥学生学习主体的作用。

参考文献

[1][2][3][4] [美]格兰特·威金斯,杰伊·麦克泰格.追求理解的教学设计[M].闫寒冰,宋雪莲,赖平,译.上海:华东师范大学出版社,2017.

[5][6] 中华人民共和国教育部.义务教育英语课程标准(2022年版)[S].北京:北京师范大学出版社,2022.

(彭 蕴)

基于结果导向的小学英语教学设计探索
——以上海牛津英语教材五年级下册第二单元为例

目前小学英语课堂中的教学设计顺序是：确定教学目标，设计教学活动，最后检查教学目标是否达成。这一教学流程的设计不禁让人产生疑问：在教学结束后，学生需要达到的预期学习结果是什么？什么样的评估证据能够证明学生已经达到了预期的学习结果？在这些问题的驱使下，笔者以"逆向教学"为理论基础，开始了基于理解的逆向教学设计的探索。

一、基于逆向教学理念，设计教学环节

"逆向教学设计"这一理念来源于美国课程学家格兰特·威金斯和杰伊·麦克泰格在1998年提出的"基于理解的教学设计"模式（见图1）。

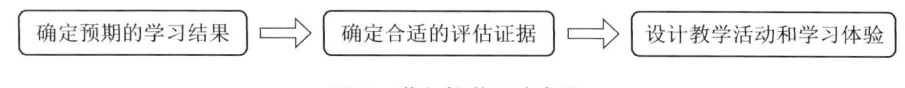

确定预期的学习结果 ⟹ 确定合适的评估证据 ⟹ 设计教学活动和学习体验

图1 逆向教学设计步骤

二、基于逆向理念的教学设计

（一）阶段一：确定预期的学习结果

1. 预期的学习目标

预期的学习目标是逆向教学设计的核心和方向。本单元中预期的学习目标如下：

第一,学生能理解辅音音标/θ/与/ð/在单词中的发音,并根据掌握的发音规律正确朗读和认读含有字母组合 th 的单词。

第二,学生能在图片和语言框架的帮助下,对自己喜欢或不喜欢的天气进行描述并说明观点,包括景色、温度、人们的感受、人们的活动等。

第三,学生能独立完成一周的天气预报表,并运用正确的语言结构来描述一周的天气情况。

第四,学生能比较台湾天气和上海天气的异同点,并完成天气比较的韦恩图。

第五,学生能根据某一天气特征制订一份出游计划。

《义务教育英语课程标准(2022 年版)》中的核心素养部分强调思维品质主要反映学生在理解、分析、比较等方面的层次和水平。本单元预期学习目标中的天气预报表制作和韦恩图比较分别促进了学生的理解和分析比较的高层次思维能力的提升。而学生对字母组合 th 发音的学习、对不同的天气进行情感和观点的表达、能够用正确的语言结构描述一周的天气情况都体现了核心素养对语言能力的要求。在学习能力方面,学生能够独立完成一周的天气预报表、根据天气特征制订出游计划等都体现了学生对英语学习方法的学习,帮助学生将所学的内容运用到生活实际中,有利于其掌握科学的学习方法。

2. 预期的学习结果

(1) 预期的迁移

预期的迁移是指知识和技能,思想、观点、原理和情感的迁移。本单元中预期的迁移包括:能够根据掌握的发音规律正确朗读和认读含有音素/θ/与/ð/的新单词;能够在谈论天气的新语境中,有逻辑地表达自己对不同天气的喜爱或厌恶,并说明观点;能够制作任意一周的天气预报表,并运用正确的语言结构描述这一周的天气情况;能够尝试比较两个地区天气的异同点;能够根据某一天气特征制订一份出游计划。

(2) 预期的理解

本单元中学生需要理解字母组合 th 的发音,对不同天气的情感态度和观点表达,以及对天气预报表的描述和说明。逆向教学设计中所涉及的理解包括能解释、能阐明、能应用、能洞察、能神入和能自知。在本单元中,学生需要理解的内容总结为以下几个方面:掌握字母组合 th 的发音规则(能阐明),对某一天气的情感态度和观点的表达(能洞察),制作一周的天气预报表并进行天气预报员的角色体验(能应用、能神入),比较台湾天气和上海天气的异同(能洞察),根据某一天气特征制订一份出游计划(能应用)。

(3) 主要问题

主要问题是由预期的理解转换而来,主要问题的设置要与预期的理解一一对应。本单元需要考虑的主要问题包括:字母组合 th 的发音规则是什么?为什么要懂得发音规则?如何有逻辑地表达自己对于某一天气的情感态度并阐明观点?如何掌握天气预报表格式,运用正确的语言结构描述一周的天气情况及体验天气预报员角色?如何比较台湾天气和上海天气的异同(从哪几个方面)?如何根据某一天气特征制订一份出游计划(从哪几个方面)?

(4) 预期收获的知识与技能

学生将会知道字母组合 th 的发音规则、天气主题的语言表达。

学生将能够尝试认读含有字母组合 th 的新单词;对自己喜欢或不喜欢的一种天气进行详细的描述,并表达观点;完成某一周的天气预报表并运用正确的语言结构描述这一周的天气情况;尝试比较不同地区天气的异同点;根据某一天气特征,制订一份出游计划。

(二) 阶段二:确定合适的评估证据

合适的评估证据是衡量学习结果能否实现的重要保障,评估证据应该指向预期的学习结果,并与之一一对应。评估证据主要由三方面构成:表现性任务、其他证据及自评与反馈。

1. 表现性任务

第一,能进行不同地区天气异同点的比较(见图 2)。

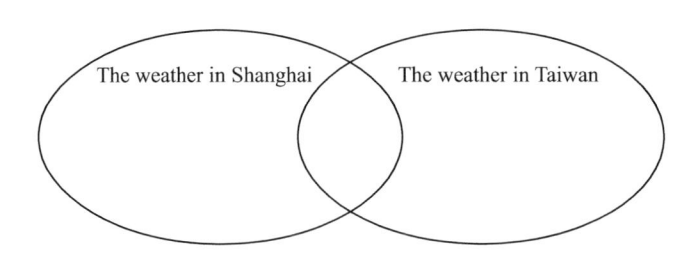

图 2 台湾天气和上海天气的异同点比较

第二,在新的语境中,能说出"我喜欢/不喜欢的天气"的原因(见图3)。

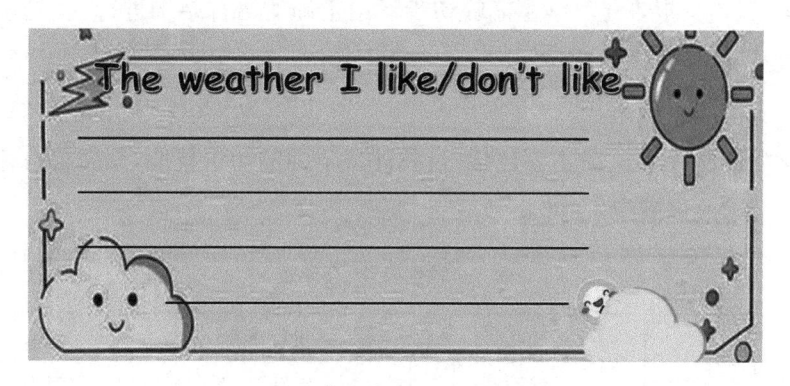

图3 我喜欢/不喜欢的天气

第三,能填写一周天气预报表,并描述这一周的天气情况。
第四,能够制订出游计划(见图4)。

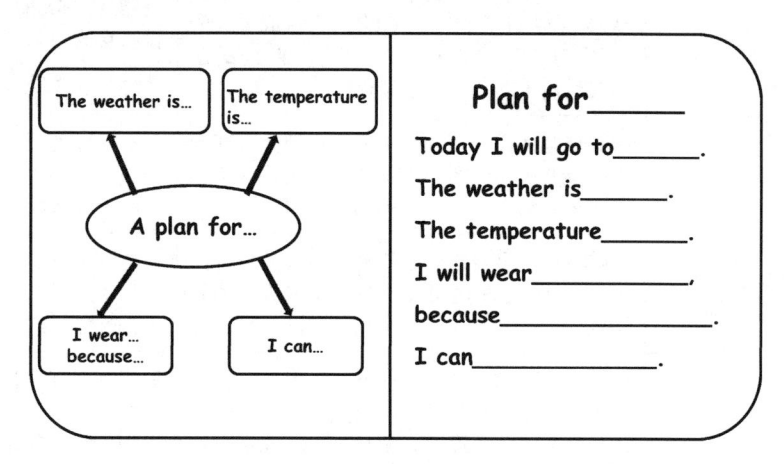

图4 出游计划

2. 其他证据

其他证据包括课内知识点检测、问题回答以及课堂作业完成情况等。

第一,语音训练——学生能正确朗读含有字母组合 th 的新旧单词,并将含有 th 的单词分别归类到音素 /θ/ 与 /ð/ 的方框中。

第二,师生问答——学生能够正确做出字母组合 th 的咬舌发音动作。学生能够在阅读文章后尝试从温度、景色、感受等方面来回答台湾天气和上海天气的异同点。学生能够口头回答喜欢或不喜欢某一天气的原因,并阐明观点。学生能够回答出游计划的制订需要考虑哪些方面(比如温度、天气、穿着等)。

第三,口头报告——学生能够初步运用正确的语言结构进行"我是小小天气预报员"的角色扮演活动。

3. 自评与反馈

学生的自评与反馈主要包括:自我评价学到的知识技能,反思自身存在的不足以寻求改进措施。(见表1)

表1 学生自评、互评表

评价内容	评价标准		
	优秀	良好	需努力
课本内容朗读	语速正常,语调优美,有节奏感,语音正确且声音洪亮	语速正常,语调不够自然	语流不够流畅,有个别单词发音不正确
写作表达	能够从多角度描述自己喜欢或讨厌的天气,没有语法错误且句式运用丰富	能够从两三个角度描述自己喜欢或讨厌的天气,有一两处语法错误	只能从一个角度描述自己喜欢或讨厌的天气且有多处语法错误
一周天气预报语言表达	能够规范使用天气预报的英文表达介绍一周的天气情况	能够使用部分天气预报的英文表达介绍一周的天气情况	基本不能使用天气预报的英文表达介绍一周的天气情况
比较台湾天气和上海天气的异同点	能够写出所有台湾天气和上海天气的异同点	能够写出大部分台湾天气和上海天气的异同点,漏掉一两处	能够写出部分台湾天气和上海天气的异同点,漏掉三四处
出游计划制订	能够运用思维导图,多维度考量制订自己的出游计划,且没有语法错误	能够运用大部分出游考量点制订自己的出游计划,有部分语法错误	只能运用部分出游考量点制订自己的出游计划,且有多处语法错误

(三)阶段三:设计教学活动和学习体验

在设计教学活动和学习体验这一阶段,教师需要考虑三个因素:活动顺序、关键顺序和活动编码。逆向教学一般采用WHERETO要素进行活动编码,本单元的活动编码如下:

第一,搜集各类天气图标。教师在课前让学生搜集各类天气图标,提高学生在学习活动中的参与度,激发学生学习的积极性,帮助学生明确本节课的单元话题。(W,H)

第二,尝试朗读含有字母组合 th 的新旧单词,将含有 th 的单词分别归类到音素/θ/与/ð/的方框中,并进行同伴互评。(E1,E2)

第三,阅读训练。学生在阅读关于天气喜好的语篇时,需要圈出语篇中人物喜欢或讨厌某一天气的原因,感知喜欢或讨厌某一天气的原因主要分为几个方面。(E1)

第四,小组讨论。各小组通过集体讨论的形式提炼出可以从哪几个方面来表达自己对某一天气的情感态度。(E1)

第五,头脑风暴讨论会。教师听取各小组的观点陈述,组织头脑风暴讨论会对内容加以补充,最后总结出表达天气喜好时需要考虑的方面有哪些。(O)

第六,完成关于天气喜好的书面表达。在教师总结需要考虑的内容后,学生进行观点反思并独立完成关于天气喜好的书面表达。(R,T)

第七,听力活动。学生通过听取天气预报员关于一周天气情况的语言描述,初步感知描述一周天气情况的英文表达。(E1)

第八,角色扮演活动。学生在组内初步运用语言结构进行"我是小小天气预报员"的角色体验,激发学生参与活动的积极性。(H,E1)

第九,小组合作与展示。学生通过小组合作共同制作一周的天气预报表,并在课堂中进行 PPT 演示和角色扮演。(E1)

第十,完成一周天气预报表。在听取别人的天气预报演示后,学生进行反思并独立制作一周的天气预报表,与同伴进行分享和互评。(R,E2)

第十一,阅读训练。学生需要阅读描述台湾天气和上海天气的语篇,并圈出台湾天气和上海天气的特征。(E1)

第十二,小组讨论。各小组通过讨论提炼出台湾天气和上海天气的特征以及异同点,并进行展示。(E1)

第十三,教师总结。教师听取各小组的观点陈述并进行异同点总结。(O)

第十四,完成天气比较的韦恩图。学生在教师总结后进行观点反思,并独立完成天气异同点比较的韦恩图,进行组内互评。(R,E2)

第十五,听力活动。学生通过听取语篇中人物的出游计划,感知出游计划的制订需要考虑哪些方面。(E1)

第十六,小组讨论。各小组通过讨论提炼出制订出游计划需要考虑哪些方面。(E1)

第十七,教师点评和总结。教师听取各小组的观点陈述并对制订出游计划

的考量点进行总结。(O)

第十八,制订出游计划。根据教师的考量点总结,学生进行反思并独立完成出游计划的制订,进行同伴互评。(R,E2)

三、逆向教学设计的反思

逆向教学设计提倡"以终为始"的教学理念,要求教师从学生学习结果出发,确定学习结果的引领地位。《义务教育英语课程标准(2022年版)》的颁布,预示着义务教育英语课程的目标将从"综合语言运用能力"全面转向"核心素养导向",这一转向要求教师在确定预期的学习结果时,需要在学习结果中对核心素养的四要素进行有效渗透。此外,评估证据的设置需要指向预期的学习结果并与之一一对应。教师在设置评估证据时需要明确哪些评估证据可以帮助自己衡量学习结果是否实现,从而真正做到以评促学、以评促教。在设计教学活动时,教师需要结合学生生活实际和学生个性发展特征,设置角色体验、小组讨论、PPT展示等教学活动,培养学生的自主探究意识和合作意识。当然,由于逆向教学设计在小学课堂中的应用还不是很广泛,还有需要探索的空间,教师需要根据学生的具体情况进行合理设计和使用。

参考文献

[1] 王蔷,李亮.推动核心素养背景下英语课堂教—学—评一体化:意义、理论与方法[J].课程·教材·教法,2019(5):114-120.
[2] [美]格兰特·威金斯,杰伊·麦克泰格.追求理解的教学设计[M].闫寒冰,宋雪莲,赖平,译.上海:华东师范大学出版社,2017.
[3] 李松林.以大概念为核心的整合性教学[J].课程·教材·教法,2020(10):56-61.
[4] 胡立德.德育"感恩"主题教育活动的逆向教学设计[J].中小学德育,2019(4):53-57.
[5] 中华人民共和国教育部.义务教育英语课程标准(2022年版)[S].北京:北京师范大学出版社,2022.

(韩 姝)

逆向设计在小学自然教学设计中的应用
——以远东版教材五年级上册第一单元"植物的生存"为例

《义务教育科学课程标准（2022年版）》提出了科学课程的核心素养为"学生在学习科学课程的过程中，逐步形成适应个人终身发展和社会发展所需要的正确价值观、必备品格和关键能力"，这些要求均指向学生的健康成长，是学科与人的集中体现。传统教学已经无法满足新时代学生发展的需求，而逆向设计却能达到这一目的。逆向设计由美国课程与教育领域的知名专家格兰特·威金斯和杰伊·麦克泰格提出，逆向教学设计是从终点——想要的结果（目标或标准）开始，与传统教学方式相比，逆向教学设计更注重学生对教学内容的理解，也被称为"通过设计促进理解"（Understanding by Design，UbD），这种教学设计具有深厚的理论基础和较强的操作性，符合当下我国课程标准的要求。

一、逆向教学设计

逆向教学设计之所以称为逆向，是因为它与常规的教学设计方式相逆。在常规的教学方式中，教师首先关注的是书本内容及已成定规的教学活动等，而不是根据既定目标与标准来选择教学内容及组织相应的教学活动。逆向教学设计则是先确定预期的学习结果，然后确定合适的评估证据，最后设计学习体验。评价设计在教学活动设计之前进行，教学过程即为发现评价证据的过程，在逻辑上讲，逆向教学设计方式是顺向、合理的。

逆向教学设计注重学生对知识真正的理解，实际上是由 UbD 理论发展而来的更成熟和更便于落实的模式。UbD 理论注重以学生的理解为出发点和归宿。为了达到更深层次的理解，格兰特·威金斯和杰伊·麦克泰格正式提出了逆向教学设计的模式，并且将"理解"划分为六个维度，即能解释、能阐明、能应用、能洞察、能神入、能自知。在此阶段,学习者能够在此基础上进行自我评估、自我调节。理解的六个维度帮助我们从多角度观察学生,为我们培养学生的核心素养提供了可操作的理论依据。

逆向教学设计以目标为导向,关注学习结果。教学成为发现证据的过程,课堂变得更高效。评价是在教学过程中完成的,教学评价变得更多样、更有效。与传统教学活动不同,逆向教学设计按照"目标—评价—活动"的顺序进行教学,使得教学活动与教学目标相匹配,最终引导学生达到对知识的真正理解。值得一提的是,逆向教学设计强调围绕"大概念"进行设计,有助于学生建立完整的知识体系,促进学生的知识迁移,明确教学评价的标准。总之,逆向教学设计充分体现了"教—学—评"一体化,符合课程标准的要求,所以在小学科学教学中研究逆向教学设计是很有必要的。

二、逆向教学设计在科学教学中的应用

"植物的生存"是远东版教材五年级上册第一单元的内容,笔者对该内容进行逆向教学设计,分析逆向教学设计在科学教学中的应用。

(一)阶段一:确定预期的学习结果

1. 预期的学习目标

第一,通过观察、比较认识植物的生命周期,知道大多数植物都要经历萌发、生长、成熟、死亡的过程;列举植物有不同生命周期的实例。

依据的核心素养:科学观念——在理解科学概念、规律、原理的基础上形成对客观事物的总体认识。

第二,通过实验、探究、观察等活动知道种子结构,知道种子萌发需要水、空气和适宜的温度等条件,知道一些植物通常通过根、茎或叶进行繁殖。

依据的核心素养:探究实践——提出科学问题,并针对科学问题进行合理猜想与假设;制订计划并搜集证据,分析证据并得出结论;对结果进行解释与评估;准确表达观点,反思探究过程与结果。

第三,通过解剖和观察,知道花的结构与种子的形成有关;说出植物的花在繁殖中起重要作用的是雄蕊和雌蕊,描述花的受精过程,知道种子的形成过程;知道风媒花和虫媒花的结构与传播方式相适应,感悟植物的生存智慧。

依据的核心素养:探究实践——提出科学问题,并针对科学问题进行合理猜想与假设;制订计划并搜集证据,分析证据并得出结论;对结果进行解释与评估;准确表达观点,反思探究过程与结果。

第四,知道种子有不同的传播方式;知道种子外形特征与传播方式相适应,对植物繁衍后代具有积极意义。

依据的核心素养:探究实践——提出科学问题,并针对科学问题进行合理猜想与假设;制订计划并搜集证据,分析证据并得出结论;对结果进行解释与评估;准确表达观点,反思探究过程与结果。

第五,通过图书、网络等途径搜集植物适应性的证据,列举植物生长环境的不同与其结构差异关系,知道植物不同的形态结构是适应生存环境的结果;感悟生物自然的神奇,激发探求生物奥妙的兴趣。

依据的核心素养:态度责任——热爱自然,具有节约资源、保护环境、推动生态文明建设和可持续发展的责任感。

第六,知道植物的遗传是指子代的许多特征从其亲代继承下来的现象,能举例说明植物遗传与变异现象的例子,了解遗传、变异对物种的保存和植物多样性的意义。

依据的核心素养:态度责任——热爱自然,具有节约资源、保护环境、推动生态文明建设和可持续发展的责任感。

2. 预期的学习结果

学习目标与学习结果是抽象与具体的关系。

(1) 预期的迁移

迁移指的是将学到的知识和技能或思想、情感、观点、原理、定律运用到新的情景中。迁移有两种类型:知识和技能的迁移,思想、情感、观点、定理、定律的迁移。通过本单元的学习,学生将提升以下迁移能力:能运用学到的查阅资料和整理资料的方式,解决学习中遇到的植物适应性相关问题;能将学到的观察计划和观察次序迁移到对其他生物的观察中;能将形态结构、生理功能与环境相适应的观念迁移到对植物传粉方式、种子传播方式、植物适应环境特点的初步分析中。

(2) 预期的理解

理解的对象是大概念。本单元的大概念是植物的生命周期、植物的繁殖、植物的适应性、遗传与变异等。植物的繁殖主要包括种子的形成、种子的传播和种子萌发的条件等内容。

理解有六个层面:能解释(能说明,Explanation)指的是能够运用适当的理论合理地对事件、行为、观点等进行系统说明或例证。能阐明(能诠释,Interpretation)指的是通过演绎、解说和转述,提供概念或事件的某种意义,比如"这意味着什么""它暗含了什么意思""你能获得的经验和启示是什么"等问题都是衡量阐明维度的重要指标。能应用(Application)指的是学习者能够将所学的各种知识有效地应用在各种真实的情境之中。能洞察(有观点,Perspective)指的是掌握教师和课本背后的观点后,充分认识所学内容的优点与局限,能运用所学的知识批判性地认识事件、主题或情境,达到深层次的学习。能神入(有同理心,Empathy)指的是从他人的角度看待事物的发展,将自己代入当事人的立场,从而设身处地为他人着想。能自知(Self-Knowledge)指的是能够进行自我思考、自我反思,克服偏见,反思后形成新的认知。以上"理解"的六个层面是学生获得学习结果的基础。

通过本单元的学习,学生将知道植物的生命周期有哪些阶段,花有不同的传粉方式,种子不同的传播方式及其与形态结构相适应的特点(能解释);知道一些植物的形态结构与环境相适应的特点(能阐明);知道常见植物的种子结构和萌发条件,花的哪些结构与种子的形成过程有关,有些植物能通过根、茎、叶繁殖,植物的遗传和变异现象并能举例说明(能应用);学会从形态结构与功能等不同角度有序、全面观察植物的种子和花,感知植物对环境的适应,深化对生命现象一般规律的认识(能洞察);感悟植物生存的智慧,树立尊重自然、保护环境的概念(能神入);反思自己对生物认识方法的片面,学会综合运用已学知识和探究技能(能自知)。

(3)主要问题

主要问题由上文的六个"理解"转化而来,是将要理解的内容转换成问题让学生思考,从而达到理解的目的。以下问题基本与上述六个"理解"对应。

学生将继续思考:番茄和马铃薯的生命周期包括哪些阶段?花的传粉方式有哪些?风媒花与虫媒花的特征有什么?种子是怎样形成的?种子的传播方式有哪些?仙人球和睡莲等植物的形态结构是怎样与环境相适应的?蚕豆种子的萌发条件是什么?花的哪些结构与种子的形成过程有关?能否举例说明有些植物能通过根、茎、叶繁殖?植物的遗传和变异现象原因是什么?怎样从形态结构与功能等不同角度有序、全面观察植物的种子和花?你能否列举身边的植物,说明植物是怎样与环境相适应的？你了解了植物的繁殖之后,感悟到植物生存的哪些智慧？通过本单元的学习,你发现自己对植物哪些方面的认识更加全面了？

(4) 预期收获的知识与技能

学生将知道植物的生命周期,植物的生殖器官和繁殖方式,植物适应环境及环境变化的方式,植物有遗传和变异的现象。

学生将有能力通过图书、网络搜集信息,运用科学语言整理信息,学会查阅资料的方式;通过观察种子和花的结构,学会科学有序的观察方式。

(二) 阶段二:确定合适的评估证据

1. 表现性任务

第一,手抄报:查阅资料,了解某种植物的生命周期,用手抄报加以总结并在课堂上向同学们介绍。

第二,解剖实验:以小组为单位解剖植物的种子和花,了解其内部结构和各结构的功能,理解结构与功能相适应的特点,感悟植物的智慧。

第三,调研报告:查阅资料,尽可能多地搜集不同环境中的植物繁殖(根、茎、叶)方式,做成电子小报并在课上展示交流,在此过程中了解自然的美丽,培养对大自然的热爱。

第四,种植实验:设计实验方案,探究绿豆种子萌发需要的条件并进行总结,在这个过程中学会爱护生命。

2. 其他证据

第一,课堂小游戏:"排序游戏"——准备若干张写着植物不同生命周期的卡片,请学生进行正确的排序;"猜一猜游戏"——出示多种植物的种子,请学生根据它们的形态结构,猜测一下它们怎样传播到远方;"为植物找妈妈"——对比一些植物子代与亲代的图片,找到它们与亲代相似和不同的特征,深入理解植物的遗传变异现象。

第二,随堂检测:根据图示,写出蚕豆种子和玉米种子的结构,并分辨哪些结构能长成一株植物。

第三,植物学者:选择一种植物的花朵来解剖,认识花朵结构,知道哪些结构与植物的繁殖有关,知道花的传粉方式。

第四,课堂小故事:课前查阅资料,讲述一种植物的形态结构与周围的环境有关,介绍植物是怎样与环境相适应的。

3. 自评与反馈

该单元的学习结束时,根据课上的表现进行自评、小组内互评和师评,得到客观全面的评价结果,引导学生学习反思。

(三)阶段三:设计学习体验

教学活动是实现教学目标的载体,整个教学过程都是围绕教学目标来实现的。所以,该阶段的学习活动是以阶段一和阶段二为参照进行设计的,为了更好地体现活动排序,将 WHERETO 元素作为活动编码。WHERETO 元素中每个字母都代表了一类活动目的:W 指知道本单元的方向(Where)和预期的学习结果(What);H 指掌握(Hook)学生的情况和保持(Hold)兴趣;E1 指体验(Experience)主要观点并探索(Explore)问题;R 指反思(Rethink)和改进(Revise);E2 指评价(Evaluate)学习表现及其应用;T 指依据学生不同水平,做到个性化教学设计(Tailor);O 指(Organize)教学,最大限度地提升学生的学习动力与学习热情,提高学习效果。

本单元的活动顺序如下:

第一,通过举办一场"植物的一生"介绍会,请学生扮演课下查阅的植物并介绍其生命周期,概括植物的生命周期特点,了解不同植物具有不同的生命周期,知道这是植物适应环境的一种方式。(E1,R)

第二,观察不同种类植物的花,猜测其传粉方式并解释原因,说明哪些形态结构与传粉方式相适应。(H,R)

第三,解剖桃花,认识花各个结构的名称,了解哪些结构发育成种子,知道哪些结构与种子的形成有关。(E1,E2,R)

第四,解剖蚕豆种子,认识蚕豆种子的结构,通过阅读交流蚕豆种子各结构的功能,知道种子的哪些结构可以发育成植物体。(H,E1,E2,R)

第五,举行"我来照顾绿豆苗"的活动,以小组为单位探究绿豆种子萌发的条件,分工明确,定期观察、记录绿豆苗在不同环境下的长势,课上展示探究结果,知道种子萌发的条件。活动后进行自我评价,根据评价结果分发"精灵币"。(W,E1,E2,O)

第六,根据图片中种子的结构猜测其传播方式,理解种子的结构与传播方式相适应,深入理解结构与功能相适应的生物学思想。(H,R)

第七,了解有些植物有其他的繁殖方式,根、茎、叶等器官也可以用于繁殖,知道这是植物适应环境的一种表现。(H)

第八，观察不同植物的植株，按一定的顺序观察该植物，并猜测其繁殖器官、传粉方式、种子的传播方式等。（H）

第九，按一定顺序观察图片中植物的幼年植株和成年植株，帮助植物找到自己的"妈妈"，知道植物具有遗传现象；观察其和"妈妈"长得不一样的地方，知道植物具有变异现象。（E1，E2，R）

第十，制作一张海报，介绍一种感兴趣的植物，通过查阅资料和整理资料介绍该植物生命周期有哪些阶段，与繁殖相关的器官是什么，是怎样进行传粉和传播种子的，是怎样适应环境的；反思自己对植物认识的片面，树立尊重自然的意识。（R，O）

三、逆向教学设计带来的启示

传统教学模式下，教学目标的落实不是特别突出和扎实，学生学习就好似"无的放矢"，大大降低了学习效率。评价的设置缺乏目的性和依据，缺乏效度和信度，教学目标的达成没有实质的保证和衡量标准。学习的关键就在于对知识的运用，也就是学生要达到对知识真正的理解并进行迁移。逆向教学设计是一套全新的教学模式，体现了目标、评价和教学的一体性，保证了教学目标扎实落实。而且，逆向教学设计是一种为了理解而学的教学方式，重视学生对知识的迁移，其倡导的理论与课程标准的要求十分契合。

通过逆向教学设计案例的分析可以看出，教学设计的过程是以学习成果为中心的，重在教学目标的达成。教学目标既是起点也是终点，每个教学阶段都紧紧围绕教学目标来进行，学生事先知道学习目标是什么，证据是什么，学习活动对应学习目标和证据，不断促进目标的达成。逆向设计实现了"教、学、评"一体化，使评价和教学紧密结合。而且，逆向教学设计理论在教学模式上提供了一个令人信服的理论框架，体现了对教学过程的深度理解。格兰特·威金斯和杰伊·麦克泰格认为理解包括两个维度（目的维度和方法维度），回答了"为什么要学"和"怎样学"两个层面的问题。逆向教学设计要求学生达到真正的理解，然后将所学的知识应用到新情境中，产生迁移。逆向教学契合当前新课改背景下"一切为了每一位学生的发展"的核心理念，如何践行这一美好理念，寻找学科核心素养落地的力量，是每一位教育工作者需要思考与实践的问题。

参考文献

[1][美]格兰特·威金斯,杰伊·麦克泰格.追求理解的教学设计[M].闫寒冰,宋雪莲,赖平,译.上海:华东师范大学出版社,2017:18.

[2]中华人民共和国教育部.义务教育科学课程标准(2022年版)[S].北京:北京师范大学出版社,2022:4-7.

[3]叶海龙.逆向教学设计简论[J].当代教育科学,2011(4):24.

(张金燕)

指向核心概念理解的小学科学
单元整体逆向教学设计

——以远东版教材五年级下册第三单元"动物的习性"为例

核心概念是居于学科中心、构成学科骨架、反映学科本质特征的概念。核心概念不同于一般的科学概念，具有较强的聚合能力，能聚合起不同的知识，揭示其内在联系。《义务教育科学课程标准（2022年版）》（以下简称《课标》）设置了4个跨学科概念和13个学科核心概念，要求教师"将科学观念、科学思维、探究实践、态度责任等核心素养的培养有机融入学科核心概念的学习过程中"。[1]聚焦核心概念教学，成了新课标落地的必然之路。对于教师而言，提升学生对于核心概念的理解，可从单元教学目标确定、活动设计、评价等方面入手。然而，反观现行一线教师的科学学科单元教学设计：对于概念层级关系梳理不清，导致目标表述逻辑混乱，重科学事实和分解概念而轻核心概念达成；活动设计鲜少有相关概念学习的支架和提示，核心概念达成无法有效进行；活动评价与目标一致性较弱，导致科学核心概念学习流于形式，不被重视。

逆向设计是基于对知识本质的理解，以目标为导向的教学设计。[2]它强调评价先于教学实施，即优先确定评价并形成一个宏观的框架，避免了传统教学设计的目的性和方向性不强的问题，使评价伴随整个教学过程，帮助教师和学生精准定位教学过程。逆向教学设计将确定预期的学习结果、确定合适的评估证据与设计学习体验和教学有机地统一起来，实现教、学、评相统一，这为单元设计时核心概念的达成提供了新的思考和操作路径。

"动物的习性"是远东版教材五年级下册第三单元的内容，笔者对该内容进行逆向设计，突出核心概念理解的逆向设计在科学教学中的应用。

一、确定预期的学习结果

(一)梳理单元概念层级

指向核心概念理解的逆向教学设计,首先应关注概念的层级关系,参考《新一代科学教育标准》对于概念各层级的关系的描述[3],梳理"动物的习性"单元概念之间的关系,形成"动物的习性"概念建构进阶模型[4]。

第一层为学科基本技能等事实性知识及统摄性较低的分解概念,属于"小概念"范畴;第二层是基于学科内知识整合的核心概念与方法;第三层是基于跨学科内容整合的概念或主题;第四层是哲学观念。其中第二、三、四层属于"大概念"范畴。

(二)明确预期的学习结果

1. 预期的学习目标

学习目标由科学学科核心素养和科学课程标准统整确定。本单元学科核心素养和课程标准以《课标》为依据,共包含以下四方面内容。

第一,知道动物的运动方式、摄食方式等习性与其形态结构相适应,知道休眠、迁徙是一些动物适应环境变化的方式,举例说明沙漠动物的生存需求。

依据的核心素养:科学观念——认识动物的某些结构与行为具有维持自身生存的功能。

依据的课程标准:能举例说出动物在气候、食物、空气和水源等环境变化时的行为。

第二,通过推理对动物习性问题的可能答案做出合理假设,分析动物的习性与环境相适应的证据,进行归纳,比较不同动物的习性。

依据的核心素养:通过分析、比较、抽象、概括等方法,抓住简单事物的本质特征,掌握比较的方法,理解归纳推理的基本方法并将其用于解决真实情境中的简单问题,抽象概括常见事物的本质特征。

依据的课程标准:能分析不同动物在气候、食物、空气和水源等环境变化时的行为。

第三,学会制订较为完整的观察计划,从不同角度有序、全面观察动物形态与结构的特点,综合使用图书馆、网络等搜集动物的习性与环境相适应的证据,绘制动物迁徙的简单线路图。

依据的核心素养：基于所学知识，从事物的结构、功能、变化及相互关系等角度，制订比较完整的探究计划，设计实验方案，反思学习过程和结果，具有初步的自主学习能力。

依据的课程标准：能分析不同动物在气候、食物、空气和水源等环境变化时的行为。

第四，在认识动物习性的活动中，树立尊重自然、保护环境的意识。

依据的核心素养：科学观念——简单描述生物与生物、生物与环境之间相互依存的关系。态度责任——在好奇心的驱使下，表现出对现象发生原因的兴趣，乐于尝试运用多种思路和方法完成探究和实践，愿意采取行动保护环境、节约资源。

依据的课程标准：能积极参与对自然规律的探究活动，关注生物资源保护。

2. 预期的学习结果

（1）预期的迁移

迁移是将学到的知识应用到新的情境中去。迁移分知识和技能的迁移，思想、情感、观点、原理、定律等的迁移。本单元预期的迁移包括：学生能够类比研究动物的习性与环境相适应的过程；根据动物的生存环境，判断陌生动物的生活习性；将推理、分析、比较、归纳的科学思维应用到其他科学研究中去。

（2）预期的理解

理解的对象是大概念，本单元的大概念是动物的形态结构与功能，生物与环境的相互关系，逻辑推理、分析、调查、观察。

逆向教学设计者提出了理解的六个层面：能解释（能说明）——对于现象、事实、资料等提出有系统的叙述，做出有联系的分析，并提出阐明性的举例或例证。能阐明（能诠释）——讲述有意义的故事，对概念或事件能客观地揭示其意义。能应用——将所学应用于新的、独特的真实情境或未知情境中。能洞察（有观点）——提出对事件、主题或情境的个人看法，并做出分析，提出解决问题的方法。能神入（有同理心）：展现设身处地为他人着想的能力，例如参与角色扮演、解读他人想法，以及分析、为他人行为辩护等。能自知——自我反思与评价，以及阐述反思后的新认识，克服有偏见的想法。[5]

本单元的理解事项是：食草动物、食肉动物的内涵（能解释）；分析骆驼等沙漠动物特殊的身体形态结构适应沙漠干燥、缺水的条件（能解释）；调查动物的冬眠、夏眠是动物对冬季、夏季环境变化的适应，认识到这对其生存具有重要意义（能阐明）；观察动物迁徙的路线和原因，知道迁徙行为是动物长期适应生存环境条件改变而形成的习性，为动物研究和保护提供依据（能应用）；人类要尊重自然、保护环境（能自知）。

（3）主要问题

什么是食草动物、食肉动物？食草动物的"嘴""消化系统"有什么特点？食肉动物的"牙齿""智力""感觉""消化系统"有怎样的特点？这些特点与动物食性之间存在着怎样的关系？骆驼等沙漠动物的生活习性是怎样的？它们有哪些特殊的身体形态结构能适应沙漠干燥、缺水的条件？动物为何冬眠、夏眠与蛰伏？其对动物的生存有何重要意义？有些动物会有迁徙行为，这些动物迁徙的路线是怎样的？这样的迁徙路径对其生存有何意义？人类怎样才能做到尊重自然、保护环境？

（4）预期收获的知识与技能

学生将会知道食草动物、食肉动物的定义，食草动物、食肉动物的形态、结构、特征与环境相适应，骆驼等沙漠动物的习性与沙漠环境相适应，动物的冬眠、夏眠与蛰伏是其面对环境变化时的自我保护，动物的迁徙体现了其对环境的适应性。

学生将能够通过推理对动物习性问题的可能答案做出合理假设；分析动物的习性与环境相适应的证据，进行归纳；比较食草动物与食肉动物、不同的沙漠动物、不同的迁徙动物的习性；制订较为完整的观察计划，从不同角度有序、全面观察动物形态与结构的特点；综合使用图书馆、网络等搜集动物的习性与环境相适应的证据；绘制动物迁徙的简单路线图。

二、确定合适的评估证据

合适的评估证据可以证明学生是否获得了预期结果，包含表现性任务、其他证据和自评与反馈。明确的表现性任务是写给学生的，有助于"学"，具有清晰、具体、可操作的特点。逆向教学设计建议从理解的六个维度确定评估证据，注重形成性评估量表的开发，具有形成性、经常性和指导性的特点。

(一)表现性任务

第一,手抄报:查阅资料,图文并茂地呈现食草动物、食肉动物及其"嘴""消化系统"等的特点。

第二,分享会:分小组介绍绘制的食草动物、食肉动物手抄报内容,对比认识不同的动物,发现食草动物、食肉动物的区别。

第三,调研报告:查阅资料,尽可能多地搜集沙漠动物的运动方式、摄食方式等习性,对沙漠动物的身体结构特点进行描述,做成调研报告并在课上展示交流。

第四,绘制思维导图:列举冬眠、夏眠、蛰伏的动物种类,比较冬眠、夏眠、蛰伏的不同。

第五,绘制路线图:在地图上绘制不同动物迁徙的路线图,对典型的迁徙性动物做分析和比较,从迁徙路线和迁徙原因等角度分析动物迁徙习性的特点,了解迁徙习性在不同动物之间有很大差异,但都是动物适应环境、应对环境变化的积极生存策略。

第六,科学情景剧:学生扮演迁徙动物,分小组说出迁徙的原因以及自己迁徙的路线。

(二)其他证据

第一,随堂练习:按照不同的分类标准对动物进行分类,将动物的名字填入方框内。完成单元中每节课相应的选择题。

第二,实验探究:提出自己的假设,通过图书、网络、实地观察、询问他人等方式搜集证据。

(三)自评与反馈

单元学习活动结束时,根据课上的表现进行自评、互评和师评,得到客观全面的评价结果,引导学生学习反思。表1是课堂表现的评估量表。

表1 "动物的习性"课堂表现的评估量表

评价维度	具体指标	自评	互评	师评	得星数
科学观念	知道动物的运动方式、摄食方式等习性与其形态结构相适应	☆☆	☆☆	☆☆	
	知道休眠、迁徙是一些动物适应环境变化的方式	☆☆	☆☆	☆☆	
	举例说明沙漠动物的生存需求	☆☆	☆☆	☆☆	

续表

评价维度	具体指标	自评	互评	师评	得星数
科学思维	能通过推理对动物习性问题的可能答案做出合理假设	☆☆	☆☆	☆☆	
	能分析动物的习性与环境相适应的证据,进行归纳	☆☆	☆☆	☆☆	
	能比较不同动物的习性	☆☆	☆☆	☆☆	
探究实践	学会制订较为完整的观察计划,从不同角度有序、全面观察动物形态与结构的特点	☆☆	☆☆	☆☆	
	能综合使用图书馆、网络等搜集动物的习性与环境相适应的证据	☆☆	☆☆	☆☆	
	能绘制动物迁徙的简单路线图	☆☆	☆☆	☆☆	
态度责任	在认识动物习性的活动中,树立尊重自然、保护环境的意识	☆☆	☆☆	☆☆	

三、设计学习体验和教学

教学活动是实现教学目标的载体,整个教学过程都是围绕教学目标来实现的。[6]所以,该部分的学习活动是以阶段一和阶段二为参照进行设计的,为了更好地体现活动排序,将 WHERETO 元素作为活动编码,如表 2 所示。

表 2　WHERETO 元素

W	学习方向(Where)和原因(Why):让学习者知道他们通过学习需要达到哪些目标,怎样判断是否达到了目标
H	吸引(Hook)和保持(Hold):教学活动要吸引学生的兴趣和好奇心,还要让学生的兴趣贯穿学习始终
E1	探索(Explore)和体验(Experience):活动能让学生完成表现性任务并加深学生对重要概念的理解
R	反思(Rethink)与修改(Revise):学生借助新知识重新整合或丰富已有知识,加深对大概念的理解
E2	评价(Evaluate)工作及进展:为学生提供反思的机会,将自知渗透进教学过程
T	量身定制(Tailor):尽量因材施教,考虑到学生的差异性
O	为最佳效果而组织(Organize):将教学活动的各个要素组织起来,最大限度地提升学习效果

本单元的活动顺序如下：

第一，观看视频《大千世界的动物》，感受动物生活在各种各样的环境中，有各种各样的习性，出示单元学习目标，揭示单元题目。（W，H）

第二，自主探究学习食草动物、食肉动物的图片、文字、视频资源包，提出不同动物食性的假设，通过搜集资料、验证假设，逐步完成食草动物、食肉动物的手抄报，对比食草动物与食肉动物的适应性。（E1，E2，R，O）

第三，提出动物的运动方式、摄食方式的假设，自主探究学习"沙漠动物"图片、文字、视频资源包，通过书籍、网络查阅资料，尽可能多地搜集沙漠动物的运动方式、摄食方式等习性，对沙漠动物的身体结构特点进行描述，做成调研报告并在课上展示交流。（H，E1，E2，R，O）

第四，利用学习任务单和"休眠动物"的图片、文字、视频资源包，通过书籍、网络查阅资料，绘制思维导图，列举冬眠、夏眠、蛰伏的动物种类，比较冬眠、夏眠、蛰伏的不同。（H，E1，E2，R，O）

第五，观看动物的迁徙视频，利用教师提供的"可摆放磁性地图"，根据视频描述，分别在地图上绘制不同动物迁徙的路线图，对典型的迁徙性动物做分析和比较，从迁徙路线和迁徙原因等角度分析动物迁徙习性的特点，了解迁徙习性在不同动物之间有很大差异，但都是动物适应环境、应对环境变化的积极生存策略。（H，E1，E2，R，T，O）

第六，观看视频材料《人与自然》，结合动物的生存主题，开展人类发展与环境保护辩论赛，深入分析人与自然相互依存关系。（H，E1，E2，R，T，O）

逆向设计实现了"教、学、评"一体化，使评价和教学紧密结合。逆向教学设计理论在教学设计模式上提供了一个令人信服的理论框架，体现着对核心概念的深度理解。基于对本单元逆向教学设计的研究与探索，可以看到科学教学设计要从简单关注科学事实性知识和学科分解概念转向核心概念的达成，在达成核心概念的过程中，践行新课标要求，落实科学学科核心素养。

参考文献

［1］中华人民共和国教育部.义务教育科学课程标准（2022年版）［S］.北京：北京师范大学出版社，2022.

［2］［5］［美］格兰特·威金斯，杰伊·麦克泰格.追求理解的教学设计［M］.闫寒冰，宋雪莲，赖平，译.上海：华东师范大学出版社，2017：3.

［3］美国科学教育标准制定委员会.新一代科学教育标准［M］.叶兆宁，杨元魁，周建中，

译.北京:中国科学技术出版社,2020.

[4] 徐丽芳.基于核心概念下的初中科学逆向设计对策探究——以浙教版八年级科学"变阻器"为例[J].考试周刊,2023(7):121-125.

[6] 徐燕秋."大概念"下的初中生物单元整体教学策略探究[J].基础教育论坛,2023(10):50-51.

（李淑丹）

基于核心素养的逆向教学设计

——以小学信息科技"神奇的软件园"为例

《义务教育信息科技课程标准(2022年版)》指出,信息科技课程的核心素养主要包括信息意识、计算思维、数字化学习与创新、信息社会责任,这四个方面互相支持、互相渗透,是课程育人价值的集中体现。信息科技课程要面向信息社会发展需求,强调学生素养教育,凸显学生计算思维发展,加强学生数字化创新能力培养,以及加强跨学科课程实施,这些新的特征势必要求教师在设计教学时,重新审视、学习、整合,设计出更符合新课标,聚焦学科独特的育人价值,促进学生数字素养与技能提升的信息科技课程。

一、逆向教学设计与学科核心素养培养

逆向教学设计是美国课程与教学领域专家格兰特·威金斯和杰伊·麦克泰格在反思传统教学基础上提出的教学设计模式,该模式强调以学生的需求和成果为导向,从预期的学习结果出发,设计有效的教学评估和教学活动,以促进学生的理解力培养。

逆向教学设计是以学生为中心,教师先确定学习目标,然后设计评价方法,最后设计教学活动。它对于指向学科核心素养的教学设计是有启发的,可以帮助教师更好地把握学科本质和重点,整合课程内容,设计教学过程,让学生在明确问题、解决问题的过程中获取解决问题的方法,逐步提升利用信息技术解决问题的能力,这有利于激发学生的学习动机,增强学生的自信心和责任感,促进学生数字素养与技能的提升,提高学生终身学习的能力。

二、逆向教学设计案例

以往的教学设计中，教师在新授课之前很少思考：学习目标达成预期结果是什么？哪些证据能证明学生的学习效果和掌握程度？小学信息科技新课标的出台，增加了信息科技教学设计的难度。如何在新课标的引领下，围绕核心素养，整合教学资源，规划单元教学？信息科技教学方式正面临着变革的迫切需求。

笔者尝试在小学信息科技"神奇的软件园"单元教学中，采用逆向教学设计进行探索实践研究，设计分为三个阶段进行：

(一) 阶段一：确定预期的学习结果

本单元规划是根据上海信息科技地图版教材中"认识图形界面软件"进行整体设计的，了解图形界面软件的一般使用规则是学生学习和使用应用软件的基础，整个单元以走进"神奇的软件园"探索任务为主线，重点是通过各种活动发现图形界面软件的组成要素，体验图形界面软件的操作特点；通过观察、记录、比较、交流来认识图形界面软件，了解图形界面软件的使用规律。在此过程中，学生对各种功能的软件产生兴趣，为今后信息技术探索学习打下坚实的基础。

1. 预期的学习目标

第一，了解图形界面软件的组成要素和操作特点。

依据的核心素养：熟悉信息及其呈现与传递方式。

依据的课程目标：在实际应用中，能按照操作流程使用数字设备，并能说出操作步骤。

第二，了解图形界面软件的一般使用规律。

依据的核心素养：具有一定的信息感知力，善于利用信息科技交流和分享信息。

依据的课程目标：在教师指导下，尝试使用数字设备及数字资源开展学习活动，丰富学习手段，改进学习方法。

第三，了解探索新软件的方法，对各种新软件产生兴趣。

依据的核心素养：具有寻找有效数字平台与资源解决问题的意愿，能根据学习需求，利用信息科技获取、交流学习资源，开展自主学习和合作探究。

依据的课程目标:通过对数字设备的合理使用,了解数字设备的使用过程和方法,激发对信息科技的好奇心和学习兴趣,产生对信息科技的求知欲;基于对事物的理解,按照一定的规则表达与交流信息。

2. 预期的学习结果

(1) 预期的迁移

迁移是将学到的知识应用到新的情境中,在本单元中预期的迁移主要是:通过小组活动,尝试不同的鼠标操作方法,完成写字板软件窗口的基本操作,从而掌握图形界面软件窗口要素的用途和操作规律;通过学习活动,了解判断新软件用途的依据,通过尝试和操作,探索出新软件的用途和使用方法。

(2) 预期的理解

理解的对象是大概念,本单元的大概念是图形界面软件(窗口组成要素、操作特点),新软件(用途、使用规律)。

学生将理解图形界面软件的常用组成要素,图形界面软件和操作特点,判断新软件用途的依据(图标样式、软件名称、窗口要素布局等),新软件的一般使用规律。

(3) 主要问题

如何研究一款新的软件?图形界面软件窗口有哪些组成要素?图形界面软件的操作方法有哪些?图形界面软件有哪些"本领"?判断一款新软件用途的依据有哪些?研究一款新软件的用途有哪些方法?

(4) 预期收获的知识与技能

学生将会知道计算机设备的各种常用软件及软件的作用;启动和关闭计算机软件的方式和步骤;图形界面软件窗口的常用组成要素;各种常用要素的不同状态;思维导图软件的用途;不同的软件有不同的用途,可以解决不同的问题。

学生将能够启动和关闭图形界面软件;识别软件窗口的组成要素;通过尝试操作软件窗口的组成要素,了解要素的作用及操作规律;在计算机中找到满足需求的软件,并选取恰当的方式打开;通过观察新软件的名称、图标、窗口要素(如菜单栏、工具栏等),发现软件的用途;利用思维导图软件制作简单的思维导图;根据需要选择适合的软件,勾画创意软件的窗口界面。

(二) 阶段二:确定合适的评估证据

如何检验学生是否达到了预期的学习目标?有哪些证据能表明学生达到

预期结果？逆向教学设计需要根据收集的评估证据来思考单元教学活动,在逆向教学设计的第二阶段,根据学习目标选择合适的评价方式,判断学生是否能达到预期的学习目标,并根据反馈及时调整教学。

1. 表现性任务

第一,口语报告:观察对比记事本、写字板软件的窗口界面,寻找它们窗口组成元素的异同,能通过口述方式表达出来。

第二,小组汇报:通过个人实践和小组讨论,归纳窗口要素的用途和操作规律,全班分享交流。

第三,上机实践:使用新软件,通过尝试和操作,判断软件的用途,并记录在学习单上;利用思维导图软件制作简单的思维导图。

第四,创意展示:根据功能设想,设计一款软件的窗口界面,尝试使用画图软件画出有创意、有趣的软件界面。

2. 其他证据

第一,"我来找一找——启动软件的大门"学习单、"我来认一认——软件窗口的组成"学习单、"我来试一试——软件窗口要素的用途"学习单、"我来猜一猜——不同用途的软件"学习单。

第二,利用画图软件设计的新软件图片。

第三,制作的思维导图。

3. 自评与反馈

第一,课堂学习表现自评。

第二,小组内参与度互评。

第三,互评作品表现。

(三)阶段三:设计学习体验和教学

逆向教学设计中的第三阶段着重实现预期的学习目标,实施相关的学习体验和教学活动。在设计教学活动前,根据学习目标和评估证据,笔者对单元教学内容进行了深入的思考:对于图形界面软件,以往的教学比较强调计算机、记事本软件窗口的基本要素组成,学生停留在浅层次的认识,只需完成对窗口的基本操作即可;新课标对学科的核心素养提出了更高的要求,信息意识、计算思维、数字化学习与创新、信息社会责任促使我们重新审视教学目标、教学内容,对课程的理解提出了更高的挑战,简单记忆的教学已经不是知识与技能教学的主要目标。如何通过知识技能的学习促进学生思考、归纳、总结,是需要深思的问题。

本单元教学内容属于知识与技能类型，学习内容看似与计算思维的关联度不大，但是技能的熟练程度和信息科技学科知识与方法的培养，直接影响了学生学习效率和对数字化学习工具的选择与创新，间接影响到计算思维的发展。认识图形界面软件是小学生正式接触信息学科课程的起步阶段。在教学中帮助学生进行学习方法的探讨和总结，不断积累成功的学习经历和美好体验，能为后续根据需求选择合适的信息技术工具，螺旋式发展计算思维打下坚实的基础。

根据三年级学生的学习兴趣、文化基础、认知能力，笔者创设单元主题情境，将各种图形界面软件比作"动物园"里的动物，围绕"神奇的软件园"主题，设计生动、有趣的任务情境，通过解决一系列问题，吸引学生主动探索学习。

本阶段活动以 WHERETO 字母元素为活动编码进行设计：

W——了解单元学习的方向(Where)和预期结果(What)。

H——把握(Hook)学生情况和保持(Hold)学生兴趣。

E1——主要观点体验(Experience)和问题探索(Explore)。

R——反思(Rethink)和修改(Revise)学生的理解及学习表现。

E2——允许学生对学习表现进行自评与互评(Evaluate)。

T——根据学生个体的需求、兴趣和能力来设计作业和活动(Tailor)。

O——组织(Organize)教学，使其最大限度地提升学生的学习动力与持续参与的热情，提高学习效果。

"神奇的软件园"单元的任务教学活动为：

第一，我来找一找——启动软件的大门。（W）

观看视频，了解台式计算机和平板电脑的各种常用软件。如何启动软件？启动软件的方式有哪些？调动学生积极性，学习启动和关闭计算机软件的方式和步骤，尝试在计算机中找到并打开满足需求的软件。

第二，我来认一认——软件窗口的组成。（H，E1）

窗口界面软件常用的组成元素有哪些？从记事本软件出发，观察软件的窗口界面的组成，小组交流分享窗口界面的组成元素。通过小组活动，观察、对比记事本、写字板软件的窗口界面，寻找其组成元素的异同。通过交流，归纳图形界面软件窗口的常用要素。

第三，我来试一试——软件窗口要素的用途。（E1）

窗口界面软件常用元素有什么使用规律吗？尝试通过不同的鼠标操作，完成软件窗口的操作。通过小组讨论,归纳窗口要素的用途和操作规律,全班进行分享和交流。

第四,我来猜一猜——不同用途的软件。(E1)

通过情境引入,判断新软件用途的依据有哪些。尝试使用新软件,通过观察、尝试和操作,判断软件的用途并记录下来。通过学习材料感受不同的软件有不同的功能,可以解决不同的问题。

第五,我来用一用——尝试新软件。(E1,R)

思维导图软件的作用有哪些,可以制作哪些有趣的图形?根据图形界面软件的常用元素组成,探索思维导图软件的操作界面,并尝试制作简单的思维导图。

第六,我来画一画——小小软件设计师。(T,E2)

畅想设计的软件有哪些功能。根据想要实现的功能,尝试设计有创意、有趣的软件界面。体会软件的趣味性,对使用各种软件产生兴趣。

三、指向核心素养的逆向教学设计反思

通过"神奇的软件园"单元逆向教学设计的探索实践研究,笔者有以下感悟:

(一)逆向教学设计从关注知识教材转向核心素养

教师要开展有效教学,必须在充分理解学科核心素养的基础上,分析课程模块的基本知识和技能,明确学生应掌握的关键能力,从教材中提炼出符合新课标要求的教学目标、内容、方法和评价,而不是简单地按照教材内容进行教学。逆向教学设计可以很好地帮助教师进行分析、提炼。在利用本单元进行逆向教学设计过程中,笔者先研读与教学相关的学科核心素养,再确定教学目标及评估证据,最后设计教学活动。这样的设计过程使教学设计有迹可循,也更能激发学生学习的主动性和积极性,促进学生深入学习。

(二)逆向教学设计能更好地落实以学生为主体的合作学习

逆向教学设计通过提供清晰的学习目标、有效的评价反馈和多样的教学活动,激发学生的主动性、创造性,促进信息科技学科核心素养的形成和发展。在开始规划本单元活动时,笔者通过调查发现我校三年级学生大都有使用平板电

脑的经历,但使用台式计算机的经历比较少,学生对台式计算机的软件操作比较陌生,单元学习内容也比较枯燥。因此,笔者通过创设情境"神奇的软件园",设计出注重学生体验的教学活动,注重问题式引导,从而促进学生学科核心素养的形成和发展。

(三)逆向教学设计更注重问题式引导

逆向教学设计更注重问题式引导,而不是传统的教师讲授知识点,它强调让学生主动参与学习过程,让学生在体验、理解、合作、交流中达成课程目标。这样的教学设计有利于培养学生的创新思维、批判性思维和合作能力,这与信息科技学科的核心素养培养也是一致的。设计本单元教学时,考虑到三年级学生的思维层次和表达水平,笔者将关键的教学活动以问题的形式呈现在学习单上,用问题引导学习活动,促使学生通过探索、讨论、解决问题来构建知识,促进学生数字素养与技能的提升。

(四)逆向教学设计要达成单元目标、评价和教学的一致性,关键是评价

逆向教学设计的核心是收集和分析评估证据,评价设计先于教学活动设计,教学活动要达成教学目标,最关键的还是教学评价,通过评估证据来反思和改进单元教学效果。结合信息科技学科特点,信息科技课程教学上评价方式更加多样化,评估渠道可以是观察、问卷、测试、作业、讨论等,我们还可以选取合适的网络评价平台进行评价,收集教学过程中的真实数据,根据学生在学习过程中的知识掌握程度、难点、需求等,提供更加有针对性的指导和反馈,发挥评价真实有效的作用。通过逆向教学设计,教师可以更有效地促进学生的深层学习,培养学生的学科核心素养,提升学生的综合学习能力。

参考文献

[1]中华人民共和国教育部.义务教育信息科技课程标准(2022年版)[S].北京:北京师范大学出版社,2022.

[2][美]格兰特·威金斯,杰伊·麦克泰格.追求理解的教学设计[M].闫寒冰,宋雪莲,赖平,译.上海:华东师范大学出版社,2017.

[3]王芳.以评定教 逆向备课——基于信息技术学科核心素养考核要求的教学设计[J].名师在线,2019(15):72-73.

(党映婷)

基于理解的小学音乐逆向教学设计

——以沪教版教材三年级下册"童趣"单元教学为例

  美国课程学家格兰特·威金斯和杰伊·麦克泰格合著的《追求理解的教学设计》从一个新的视角，引导教师跳出一般的教学设计思维，依据成果导向教育理论，对设计程序进行重构，提出了逆向教学设计的理念和方法。这种教学设计能够更好地发展和深化学生的理解力，促使学生的学习产生积极意义，并且能够迁移所学的能力。就音乐教育而言，这种以成果为导向的设计不失为一种培育学生社会主义核心价值观和核心素养的有效教学设计。与一般的教学设计相比，逆向教学设计有坚持成果导向、程序重构的特点。逆向设计"童趣"单元，是以音乐学科核心素养为目标，先确定预期的学习结果，再确定合适的评估证据和学习活动。

一、逆向教学设计的基本内涵

  美国教育家威廉·G.斯派迪（William G.Spady）在 20 世纪 80 年代提出了成果导向教育理论，引导人们关注课程的设计和教学方法，认为所有的课程和教学决策都基于如何最好地实现预期的学习成果。学生在课程结束时应展示的学习结果包括知识、技能、价值观和态度。该理论对学生强调的是：在你开始航行之前，你必须知道旅程的最终目的地。

  逆向教学设计的程序沿用了这一理论的导向策略，学习成果是第一步，接着是评估策略，然后是多样的教学方式、学习活动。学生的学习结果构成了课程开发或课程设计的关键标准。逆向教学设计是相对于一般的教学设计而言的。一般的教学设计往往是先设计与开展学习活动，之后再检测评估。而逆行教学设计是先确定学习成果和评估证据，再设计学习活动。相较于一般的教学设计,逆向教学设计具有坚持成果导向、程序重构的特点。

逆向教学设计以单元为单位进行教学设计,其成果导向特征正如我们用北斗星导航一样,先确定具体的学习目标,明确学生能应用课程内容做什么;再设计能证明实现学习目标的证据,学生的哪些实际表现能证明学习效果;最后设计能引导学生达到学习目的的教学路径和方法。其基本逻辑是:如果期望的学习结果是要学生能迁移、能回答问题,那么,你需要证明学生有能力迁移、有能力回答问题。因此,学习活动必须学会迁移,学会回答问题。

二、"童趣"单元的逆向教学设计

逆向教学设计包括三个阶段,即确定预期的学习结果、确定合适的评估证据、确定合适的学习活动。在此,我们以三年级第二学期"童趣"单元教学逆向设计为例,尝试进行三个阶段的逆向教学设计。

(一)阶段一:确定预期的学习结果

本阶段的内容主要是确定单元教学目标及目标形成的学习结果,后者包括预期的迁移、预期的理解、主要问题及预期收获的知识与技能。

1. 预期的学习目标

第一,感知器乐音色、音乐旋律的特点,体验活泼欢快的音乐情绪和富有童趣的写实性音乐场景,辨别乐曲的速度、力度、节拍的强弱规律,愿意分享对音乐情感与形象的体验,探索音乐的不同表现特点。

依据的音乐学科核心素养:审美感知——学生通过对音乐听觉特性、表现要素、表现手段及独特美感的体验、感悟、理解和把握,培育在联觉机制作用下对音乐音响的综合体验、感知和评鉴的能力,提升艺术素养和人文修养。

依据的课程目标:聆听音乐,对音乐表现要素及其表现作用的感知、理解和判断基本正确,在描述与分析中能较清楚地表明它们的特征。

第二,通过聆听和模拟演奏等,感知管弦乐的器乐体裁、二胡齐奏的演奏形式,知道安德森的代表作及北方民歌的语言韵味。

依据的音乐学科核心素养:审美感知——学生通过对音乐听觉特性、表现要素、表现手段及独特美感的体验、感悟、理解和把握,培育在联觉机制作用下对音乐音响的综合体验、感知和评鉴的能力,提升艺术素养和人文修养。文化理解——通过音乐感知和艺术表现等途径,理解不同文化语境中音乐艺术的人文内涵。

依据的课程目标:聆听音乐,对音乐的体裁、形式、风格等的感知、理解和判断基本正确,在描述与分析中能较清楚地表明它们的特征。

第三,在感知音乐主题、段落和音乐音响的过程中,结合"模唱""视唱""身势律动""图谱体验"等,巩固对音乐节拍、速度的听觉注意力。

依据的音乐学科核心素养:艺术表现——通过歌唱、演奏、综合艺术表演和音乐编创等活动,提升音乐艺术美感和情感内涵的实践能力。

依据的课程目标:初步掌握演唱、演奏等艺术表现的基础知识和基本技能,演唱、演奏做到声音自然,在情感表达、准确性、流畅性、完整性等方面基本符合作品要求,在表达作品的情绪、情感及表现音乐形象等方面体现出自己的想法。

第四,借助教师演唱及律动示范,感受与理解歌词内容,感知旋律特征,认识装饰音及附点四分、八分音符,用统一的音色,按音乐的速度与节拍正确演唱歌曲《花蛤蟆》和《猫虎歌》,并尝试表演。

依据的音乐学科核心素养:艺术表现——通过歌唱、演奏、综合艺术表演和音乐编创等活动,提升音乐艺术美感和情感内涵的实践能力。

依据的课程目标:运用乐谱进行音乐实践,对乐谱中符号、记号的辨识和表现准确度高;视唱简单乐谱,音高、唱名、节奏基本正确;听记简单的节奏、曲调,做到记谱规范,准确度高。

第五,选择、运用适合表现音乐作品形象与情景的打击乐器与发声材料,用正确的演奏方法、适合的力度,参与音乐表演,愿意与同伴一起进行创造性表演。

依据的音乐学科核心素养:艺术表现——通过歌唱、演奏、综合艺术表演和音乐编创等活动,提升音乐艺术美感和情感内涵的实践能力。

依据的课程目标:编创的简易节奏或旋律有一定的结构和变化,能传达相应的表现意图。

2. 预期的学习结果

预期的学习结果是落实所确定的学习目标,目标与结果是抽象与具体的关系。

(1) 预期的迁移

迁移是将学的知识和技能运用到新的情境中,迁移有两种:一种是知识和技能的迁移,另一种是情感态度、原理与定律的迁移。

本单元预期的迁移是:学生通过对本单元作品的感知、体验、表现等,对同类音乐音响进行综合体验,提升感知和评鉴能力;学生通过了解歌(乐)曲中音乐形象与情景,表达人物情感并将其迁移到同种特点的歌(乐)曲中,表现音乐形象、情景和人物情感之间的关联。

(2) 预期的理解

理解的对象是大概念,本单元的大概念是:音乐要素(节拍、速度、力度、乐器音色的特点、旋律特点),音乐情感与形象(音乐情绪、音乐情境与形象的联想),音乐体裁与风格(管弦乐、北方民歌的语言韵味),演奏形式(齐奏、合奏),音乐相关文化(安德森的代表作),演唱(模唱、视唱、按音乐的速度与节拍演唱),演奏(运用合适的乐器与发声材料演奏,用正确的演奏方法、适合的力度演奏),综合性艺术表演(声势律动、歌唱表演、创造性表演),识读乐谱(装饰音及附点四分、八分音符),即兴编创(创编节奏音型)。

逆向教学设计强调对事物的理解,所有学习结果都必须以理解为基础。逆向教学设计者提出了"理解"的六个层面:能解释(能说明)——对于现象、事实、资料等提出有系统的叙述,做出有联系的分析,并提出阐明性的举例或例证。能阐明(能诠释)——讲述有意义的故事,对概念或事件能客观地揭示其意义。能应用——将所学应用于新的、独特的真实情境或未知情境中。能洞察(有观点)——提出对事件、主题或情境的个人看法,并做出分析,提出解决问题的方法。能神入(有同理心)——展现设身处地为他人着想的能力。能自知——自我反思与评价,以及阐述反思后的新认识,克服有偏见的想法。

本单元的理解事项是:辨别歌(乐)曲的速度、力度、节拍,感知乐器音色、音乐旋律特点(能解释);了解器乐体裁和演奏形式,认识装饰音、附点四分和八分音符(能解释);体验音乐要素对表现音乐形象和场景的作用(能阐明);选择、运用适合表现音乐作品形象与情景的打击乐器和发声材料参与音乐表演(能应用);对音乐形象和情景发表自己的观点(能洞察);愿意与同伴合作,用合适的节奏型和乐器,以及合适的语气、神态和动作进行创造性表演(能神入);对歌曲的表现和伴奏的效果进行自我反思和评价(能自知)。

(3) 主要问题

主要问题由预期的理解转化而来:歌(乐)曲在速度、力度、节拍等方面有怎样的特点?乐曲由哪些主奏乐器和音乐旋律来表现欢快的情绪与情景?乐曲《乘雪橇》《小青蛙》是哪种器乐体裁和演奏形式?歌曲《花蛤蟆》《猫虎歌》怎样运用装饰音、附点四分和八分音符来表现欢快的情绪?哪些音乐要素对表现音乐形象和场景具有作用？怎样运用合适的节奏型，运用串铃、响舌、身边物品等打击乐器和发声材料，表现音乐的场景与心情？如何引导学生对音乐形象和情景发表自己的观点？在《花蛤蟆》的演唱中怎样运用夸张的动作、有弹性的声音表现活泼、调皮的蛤蟆形象？在《猫虎歌》的演唱中选择怎样的力度、语气、神态和动作等表现猫虎逗趣的形象？如何引导学生对歌曲的表现和伴奏的效果进行自我反思和评价？

(4) 预期收获的知识与技能

学生获得的知识：通过欣赏《乘雪橇》，感知管弦乐这种器乐体裁，了解安德森的代表作；认识歌曲《花蛤蟆》中的装饰音、八分音符和八分休止符；知道乐曲《小青蛙》源于山东民间儿歌《花蛤蟆》，了解二胡齐奏的演奏形式，了解拨奏、快速抖弓、单弦滑奏等演奏技巧；认识歌曲《猫虎歌》中装饰音、附点以及切分节奏。

学生获得的技能：用轻快、弹性的声音，选择不同的力度、语气、神态等有表情地演唱歌曲《花蛤蟆》和《猫虎歌》；体验乐曲《乘雪橇》主题欢快、起伏的旋律，在全曲中听辨主题的四次出现，简单比较它们的相同与不同；感受、体验乐曲《乘雪橇》中的特殊音效，运用串铃、响舌、身边物品等按固定节奏型为乐曲的主题旋律加入即兴伴奏；感受乐曲《小青蛙》的速度及其变化、旋律的特点，尝试用声势律动等方式表现不同的音乐形象与情景的想象。

(二) 阶段二：确定合适的评估证据

如何知道学生已经达到了预期学习结果？哪些证据能够证明学生已经理解和掌握？这需要根据评估证据来进行单元设计，像"评估员一样思考"，而不是根据学习活动或者讲的内容来判断。本单元的评估证据包括：

1. 表现性任务

第一，感知、体验、表现管弦乐《乘雪橇》、二胡曲《小青蛙》后，能对同类管弦乐和二胡曲进行综合体验，并有一定的感知和评鉴能力。

第二，学生通过了解《花蛤蟆》和《猫虎歌》中的音乐形象与情景及表达的音乐情感，能对同种特点的歌曲有一定的感知和体验能力。

第三，欣赏《乘雪橇》和《小青蛙》，能辨别出主奏乐器和模唱主题旋律，表现欢快的情绪和情景。

第四，学唱《花蛤蟆》和《猫虎歌》，充分运用歌曲中的装饰音、附点四分和八分音符来表现欢快的情绪。

第五，能运用合适的节奏型，运用一些打击乐器和发声材料，表现乐曲《乘雪橇》和《小青蛙》的场景和心情。

第六，学唱《花蛤蟆》，能用夸张的动作、有弹性的声音表现活泼、调皮的蛤蟆形象。

第七，学唱《猫虎歌》，能选择合适的力度、语气、神态和动作来表现猫虎逗趣的形象。

2. 其他证据

体验节奏、速度、力度等音乐要素，表现音乐形象和场景。

3. 自评与反馈

第一，对辨别歌(乐)曲在速度、力度、节拍等方面的特点进行自评和互评。

第二，能对《乘雪橇》和《小青蛙》的器乐体裁和演奏形式有一定的了解。

第三，能对歌(乐)曲中的形象和情景发表自己的观点。

第四，能对歌曲的表现和伴奏效果进行自我反思和评价。

(三) 阶段三：确定合适的学习活动

本阶段的活动以 WHERETO 中的字母来进行设计。这些字母分别表示：

W——帮助学生知道本单元学习的方向(Where)和预期的学习结果(What)。

H——帮助教师把握(Hook)学生的基本情况和保持(Hold)学生的学习兴趣。

E1——武装(Equip)学生，帮助他们体验(Experience)主要观点和探索(Explore)问题。

R——为学生提供机会去反思(Rethink)和修改(Revise)他们的理解及学习表现。

E2——为学生提供机会去自我评价(Evaluate)。

T——对于不同学生的需要进行量体裁衣(Tailor)。

O——合理组织(Organize)教学，提升学生的学习动力和学习效果。

本单元教与学的体验顺序安排如下：

第一，欣赏乐曲《乘雪橇》，根据音乐情绪特点、音乐要素表现特点联想、想象音乐形象和场景，了解作品中一些主奏乐器、打击乐器的特殊音效；探索主题 a 上下起伏的特征，并尝试用简单的固定节奏型为其伴奏。(W, O)

第二，介绍二胡齐奏曲《小青蛙》，感受生动而活泼的情绪，感知三个乐段的相同与不同，对速度、情绪的变化做出反应，了解音乐要素对表现音乐形象和场景具有作用。(R, T)

第三，欣赏乐曲《乘雪橇》和《小青蛙》，了解它们的主奏乐器、器乐体裁和演奏形式。（W）

第四，体验乐曲《乘雪橇》《小青蛙》较快的速度、二四拍以及不同乐段运用了不同力度的特点。（H，O）

第五，欣赏管弦乐《乘雪橇》、二胡曲《小青蛙》后，能对同类管弦乐《打字机》、二胡曲《赛马》等进行综合体验，并有一定的感知和评鉴能力。（H，E2）

第六，举行鉴赏会，学生能对音乐中的形象和情景发表自己的观点，能对歌曲的表现和伴奏效果进行自我反思和评价。（E2，O）

第七，学唱《猫虎歌》时，进行综合艺术表演，能选择合适的力度、语气、神态和动作来表现猫虎逗趣的形象。（W，H）

第八，会用统一的音色，按音乐的速度与节拍演唱歌曲《猫虎歌》，认识附点四分、八分音符，视唱短小旋律，表现音乐形象和情境。（E2，T）

第九，通过学唱歌曲《花蛤蟆》，感受北方民歌的语言韵味，体验跳跃音程、休止符和装饰音，能用夸张的动作、有弹性的声音表现活泼、调皮的蛤蟆形象。（E1，H）

第十，通过了解《花蛤蟆》和《猫虎歌》中的音乐形象与情景及表达的音乐情感，能对同种特点的歌曲《小老鼠找朋友》等有一定的感知和体验基础。（H，E1）

第十一，小小演奏家活动：能运用合适的节奏型，运用一些打击乐器和发声材料，表现音乐的场景和心情。（T，O）

三、逆向教学设计的思考

（一）遵循儿童立场，关注终身发展

进行本单元的逆向设计，要顺应儿童的身心发展规律，站在儿童立场观察世界与理解世界，提炼的预期结果、预期理解和主要问题等，要对应年级的基本要求，不能随意拔高或低龄化。如本单元的主题是"童趣"，就是从儿童的视角出发选取的主题，围绕主题设计相关任务和活动，重点是运用音乐表演基本技能，表达对音乐思想情感和文化内涵的理解。

（二）素材紧扣核心，分析把握重点

本单元目标确定之后，紧扣主题任务，突出重点，而不是面面俱到，形成"用

教材教",而不是教教材"的理念。单元以一体化的内容建立课程与生活世界的联系,打造开放的学习实践和时空,以主题统整各类活动,体现同一主题下的多维度延展,注重同一个目标与内容的逐步递进,体现活动方式的多元,促进学生多种音乐经验的连续、协同发展。

（三）强化整体感知,激发创造活力

本单元是一个整体的主题式设计,虽然各课时分别由一个个不同的任务组成,但各任务、各活动之间绝对不是孤立的,而是紧密关联、相互协作的,它们协调起来,共同促进学生提升审美感知和艺术表现能力。而在各项音乐实践活动中,我们注重营造创造的氛围,激发创新的灵感,特别关注学生创造的过程和方法,帮助学生把自己独特的想法转化为艺术成果,让学生获得成功的体验,这一系列的活动,有助于激发学生的创作活力,增强团队合作精神。

（四）关注个体差异,突出课程综合

本单元主强化实践性要求和表现性评价。本单元的各个学习任务虽然有所聚焦,但学习的过程绝对不是单一的,而是强调联觉的综合运用,更强调音乐与生活的联系,用艺术的实践方式来理解生活中的音乐。单元中每个任务都是面向全体的,但不是一个人干所有的事,而是不同的人干不同的事,尊重孩子在身心发展速度、特点和需要等方面的个体差异,关注孩子在活动过程中表现出来的不同兴趣和能力,给予针对性的支持与指导,注重对孩子在原有水平上的提升,最终其表现形式是综合的,学习认知过程是综合的。

本单元由一系列的课组成,每一节课情境虽一样,但作品不同,功能不同,学习内容和能力培养不同。整个学习的过程,就是引领学生在健康向上的审美实践中感知、体验与理解音乐,逐步提高感受美、欣赏美、表现美、创造美的能力,全面提升学生的音乐核心素养。

参考文献

[1] 中华人民共和国教育部.义务教育艺术课程标准(2022年版)[S].北京:北京师范大学出版社,2022.

[2] 季洪旭.单元教学探索:基于理解的逆向教学设计案例[M].上海:华东师范大学出版社,2019.

（陆惠萍）

下编

可见的成长

指向学习品质的课堂探索

第一部分 项目背景

一、项目目标和价值

(一) 教育目标和改革方向

1. 确定"以人为本、面向未来"的教育目标

《国家中长期教育改革和发展规划纲要(2010—2020年)》明确了培养什么样的人是教育的重要目标。其中,德育被置于首位,强调学生学习能力、实践能力和创新能力的提升。该规划要求树立终身学习观念,为持续发展奠定基础,深化教育教学改革、创新教学方法、注重学思结合,激发学生的好奇心,营造独立思考、自由探索、勇于创新的良好环境。同样,提高教师的业务素质,培养学生学习兴趣和爱好,改进教学方法,增强课堂教学效果也是规划强调的方向。

因此,学校应不断致力于深化教育教学改革,特别关注课堂教学,激发学生的好奇心。通过不断创新教育教学方法,促进每个学生的全面发展,为社会提供具备综合素养的、有活力的未来人才。

2. 制定小学生"学习品质"教学的改革方向

上海市嘉定区教育局于2020年颁布了嘉教〔2020〕45号文件,印发了《嘉定区小学"学习品质"提升三年行动方案》,旨在通过积极推动小学阶段课程与教学工作的改进与提升,培养和提升嘉定小学生的学习品质和综合素养。其目标是促进学生全面、健康而有个性发展,助力区域教育水平达到市郊领先,打造具

有质量、温度和创新活力的品质教育。

具体而言,该方案强调关注小学生学习的四个方面,包括学习投入、学习过程、学习体验、学习成效。为达到这一目标,方案提出了深化小学课程与教学改革的措施,着力于指导提升小学生学习品质的课堂教学。为此,嘉定区将建立基于小学生"想学""会学""乐学"等学习品质的课堂常态化教学和实验教学,并开发形成指向学生学习品质的综合课程。最终形成融合学习品质和学习结果的评价体系,以实现学习目标、教学过程和学习评价的一致性,从而提升学生的学习品质和综合素养。

嘉定区的《打造"品质课堂"指导手册》进一步明确了课堂转型的关注点,包括资源与结构、提问与表达、学科核心价值等方面。该手册呼吁进行教学设计的"流程再造",为各学校的教学设计提供了明确的指导方向。

(二)马陆小学现状及挑战

马陆小学是一所百年老校,一百多年来,我校不断在传承中发展。自2015年,我校开始实施"小精灵"教学,着力培养"爱学习,有灵气;懂礼仪,展灵秀;勤动手,呈灵巧;善合作,显灵通"的学生。

然而,近年来随着城市建设的推进和地域特点的变化,学校面临新的挑战。学校学生中外来务工子女占据绝大多数,这部分学生的家长多数学历不高,由于忙于生计,对孩子的陪伴相对较少,学习督促时间相对较短。这使得学生们在家庭教育方面存在一定欠缺,进而对学校及课堂提出更高要求。

为了更好地应对这一挑战,学校一直致力于通过"灵智课堂"的创建和不断的优化,提升课堂品质,实现更高层次的育人目标。通过"灵智课堂",学校期望在课堂教学中激发学生的学习热情,培养学生的独立思考能力,促使他们在有限的家庭教育支持下,更好地适应学校的学习氛围,实现全面发展。在传承百年教育精髓的同时,马陆小学将继续引领教育创新的浪潮,为学生成长提供更为丰富而有深度的学习体验。

(三)项目总目标和实施价值

项目的总目标是"通过基于理解的逆向教学设计与'灵智课堂'有效融合的实践研究,提高我校学生学习品质、促进教师发展,从而实现学校课堂教学特色发展"。

本研究中我们在三、四年级语文、数学、英语学科中进行基于理解的逆向教学设计，从四大学习品质（笃学、睿思、善辨、合作）出发设定目标，以"目标—证据—活动"为教学设计流程，并通过课堂实践，总结提炼逆向教学设计的实施策略，形成逆向教学设计模式及案例，促进每个学生的个性化与全面发展，为教师课堂教学实践提供思路，从而形成学校课堂教学的特色发展。

具体的实施价值包括：

提升学生的学习品质：通过基于理解的逆向教学设计，专注培养学生的四大学习品质（笃学、睿思、善辨、合作），全面提高学生的学习水平。

促进教师的专业发展：通过总结逆向教学设计策略，为教师提供创新的教学思路和方法，推动教师在专业发展中迈出新的步伐。

形成学校课堂教学特色：通过逆向教学设计与灵智课堂的有效融合，初步形成学校特色的课堂教学模式，推动学校课堂教学的特色发展，提高整体教育水平。

总体来看，项目的实施将为学校的教育事业注入新的活力，使学生和教师在共同成长的过程中迈入更高境界。

二、"灵智课堂"追踪研究方法

（一）研究流程

本研究采用分层整群抽样的方法，抽取马陆小学三年级433名学生进行三期追踪调查，以班级为单位在2022年10月秋季学期（前测）、2023年6月春季学期（中测）和2023年11月秋季学期（后测）分期收集学习品质评估数据和校本成绩数据，考察学生在"灵智课堂"中的学习品质、学业表现发展情况。

（二）研究对象

在三期追踪调查中，前测共400名学生（三年级上）参与，中测共401名学生（三年级下）参与，后测共383名学生（四年级上）参与。本报告分析纳入全部参与三期测试的380名学生。

表 1 马陆小学参与三期评估的学生情况

	前测（2022年10月）			中测（2023年6月）			后测（2023年11月）		
	男生	女生	小计	男生	女生	小计	男生	女生	小计
总计	228	172	400	229	172	401	224	159	383
一班	23	18	41	23	18	41	22	16	38
二班	24	15	39	24	15	39	23	14	37
三班	21	17	38	20	17	37	20	16	36
四班	23	16	39	24	16	40	24	16	40
五班	24	19	43	24	19	43	23	17	40
六班	21	16	37	21	16	37	21	13	34
七班	25	19	44	25	19	44	23	17	40
八班	22	20	42	23	20	43	23	20	43
九班	20	17	37	20	17	37	20	16	36
十班	25	15	40	25	15	40	25	14	39

（三）评估工具

本研究采用学校与问向实验室合作研发的"中国小学生学习品质评估"对学生进行前测、中测、后测。通过教育政策和学习品质文献研究，结合马陆小学"基于理解的逆向教学设计""灵智课堂"特色模式，问向实验室专家和研究员运用心理测量学方法创新地构建出学习品质指标框架和配套评估工具，帮助学校科学、精准掌握"灵智课堂"中学生学习品质的发展情况。

学习品质是指学生在学习过程中展现出的积极态度和良好习惯，主要包括笃学、睿思、善辨、合作四大一级维度，以及学习适应、高阶思维、协作解决等八大二级维度。学生依据真实情况进行自我评定，采用5点计分（0 = 完全不符合，4 = 完全符合）。该评估工具的信效度达到心理测量学标准，内部一致性信度较高（各维度 α 系数均高于0.7），结构效度较高（CFI、TLI、GFI、NFI 均高于0.9）。

表 2 "中国小学生学习品质评估"维度内涵和指标观察点

一级维度	内涵	二级维度	关键指标	指标观察点
笃学	主动利用学习环境，克服困难，有强烈的学习动机	学习适应	/	学习环境适应：能对周围的环境怀有好奇心，熟悉学习环境 学习资源利用：能主动地利用环境提供的各种类型资源辅助自己的学习

续表

一级维度	内涵	二级维度	关键指标	指标观察点
笃学	主动利用学习环境,克服困难,有强烈的学习动机	学习动机	/	学习兴趣:乐意参与学习活动,能直面具有挑战性的学习情境 学习情绪:能调整学习情绪,抑制学习的负面情绪 学习效能:能直面具有挑战性问题的学习情境,生成努力的意愿和成功的信念
		学习愉悦	/	认为学习能让自己产生积极的情绪,对自己的学习能力有信心
睿思	深明、通达的理解,敏捷、灵活的思维	高阶思维	掌握核心概念	理解核心概念的内涵、特征 能准确把握、阐释概念间的关系
			运用科学思维	能应用科学的思维方法(工具)进行敏捷的判断和推理(分类、对比/类比、归纳、演绎、因果分析等)
			运用形象思维	能应用形象思维(工具)展开丰富的想象
			勤于反思	能认识自我学习与目标要求之间的距离 能根据自我评价,调整学习行为
善辨	善于辨析,主动探究	问题探究	整理学习资源	能够主动搜集学习资源,对资源进行有效整理
			生发问题意识	能对问题情境进行多个角度的辩证思考,进行有理有据的质疑 问题表达、呈示清楚,指向明确
			主动探究	面对问题,能积极提出设想 能通过对话、调查、实验等方式对设想进行检验、驳斥或调整
合作	职责共担,善于交往,协同解决问题	团结协作	/	组长能发挥组织协调作用 每个组员明确自己的角色和职责要求 能互助:能运用同理心感知别人的困境,并主动提供帮助;遇到困难,能主动和得体地表达求助需求
		沟通表达	/	会倾听:别人发表意见时,能注视说话的人,不插嘴;听懂的时候能够用点头、微笑或语言回应;不懂的时候能够澄清或提出问题;能整合听到的信息,听出重点和主题,并能简要复述倾听的内容 切题表达:能针对主题清楚表述,不离题
		协作解决	/	能根据任务要求,确定解决问题的步骤和每个人的分工与职责 能按照老师搭建的思考支架,提出并解释自己的观点/方案 能认识和尊重别人的不同观点,观点不一致时能运用合适的沟通技巧,求同存异,积极寻求达成一致 能按照任务要求,以口头表达、对话、演算、图画图表、肢体动作、表演、演讲等方式生成多样的学习成果

第二部分 学生学习品质分析

本模块主要包含两大部分：一是学生前测、中测、后测的追踪结果，帮助学校管理者和教师清晰看到学生在四大品质上的成长变化规律；二是基于学习品质与学业成绩的综合表现，筛选出优秀和待提升的学生，给予教师做个性化教学指导的落地抓手。

一、学生前测、中测、后测追踪结果

（一）学习品质的整体表现

依据三期测试追踪对比结果，学生在四大学习品质上表现如下：

"善辨"呈持续上升趋势（2.84→2.86→2.88）；"笃学""睿思""合作"都呈先升后降趋势，但后测仍高于前测（2.93→3.00→2.94，2.44→2.56→2.55，2.91→3.00→2.99）。

这表明通过一年的"灵智课堂"教学实践，该批学生在四大品质上均有所提升。其中在"睿思"上的进步最大（提升了0.11分），在"善辨"上的进步趋势最稳定（保持升态）。

睿思方面，可能是因为学生的思维提升是一个循序渐进、缓慢显现的过程，在"灵智课堂"前中期，学生或许未完全展现出高阶思维，但随着课程深入，学生的深层次思考逐渐显露；善辨方面，可能是因为"灵智课堂"强调学生主动探究的活动，有助于培养学生的问题辨析能力，使其在问题解决和探究方面能够保持上升趋势。

具体来看，学生在八大二级维度上表示如下：

"问题探究""协作解决"呈持续上升趋势（2.84→2.86→2.88，2.94→2.98→3.00）；"学习动机""高阶思维""团结协作""沟通表达"都呈先升后降趋势，但后测仍高于前测（2.88→3.02→2.98，2.44→2.56→2.55，3.11→3.19→3.16，2.67→2.84→2.82）；"学习适应""学习愉悦"也呈先升后降趋势，且后测低于前测（3.00→3.03→2.98，2.92→2.93→2.87）。

这表明该批学生在"灵智课堂"中提升了多方面的学习品质。其中,需要重点关注的是"学习适应"和"学习愉悦"。

在学习适应方面,学生初期可能因为"灵智课堂"的新颖和有趣而感到适应度较高。然而,随着时间推移,一些潜在因素(如课程深度、学习任务的复杂性和教学变化)可能影响学生的适应。因此,学生在后期可能经历较长的适应过程,导致适应度略微下降。在学习愉悦方面,学生初期可能因为"灵智课堂"的新颖体验和积极学习氛围而感到愉悦。然而,随着学习的深入,学业压力、任务复杂性和学科难度的提升可能加大了学习中的挑战感,降低了学习愉悦度。

(二)学习品质的性别差异比较

通过男女生在学习品质上的追踪比较,我们进一步发现女生在四大维度上的得分均明显高于男生,从变化趋势来看:

在"笃学"上,男女生都呈先升后降趋势,但后测高于前测(男生:2.90→2.97→2.91,女生:2.97→3.04→2.99)。在"睿思"上,女生呈持续上升趋势;男生呈先升后降趋势,但后测高于前测(男生:2.41→2.53→2.51,女生:2.50→2.60→2.61)。在"善辨"上,男生呈持续上升趋势;女生呈先升后降趋势,且后测低于前测(男生:2.81→2.83→2.87,女生:2.90→2.91→2.88)。在"合作"上,男女生都呈先升后降趋势,但后测高于前测(男生:2.87→2.96→2.95,女生:2.97→3.07→3.05)。

这表明在"灵智课堂"中,女生普遍展现出比男生更优秀的学习品质。然而,针对女生群体,值得进一步关注和提升的是"善辨"。可能的原因在于女生通常具备较强的观察力和细致入微的思考能力,但在实际应用中,她们可能需要更多的机会来主动运用这些能力。建议在教学设计中加强培养女生主动观察和辨别问题的能力,通过启发性问题和实践活动激发她们的潜能。

对于男生群体,还需进一步提升的是"笃学"。可能的原因在于男生在学习过程中需要更强调对知识的专注和深度理解。教学设计可以侧重培养学生对学科知识的热情,通过引导他们主动参与学科讨论、深度思考问题,以提高学科学习的深度。同时,鼓励男生制订明确的学习计划,帮助他们更好地规划学业,提高学习的效果。

从学习品质二级维度变化趋势来看,可以进一步定位到男女生群体需要聚焦提升的部分。

针对女生群体需要提升"善辨"这一点,可以重点关注"问题探究"。女生在问题探究上呈先升后降趋势,且后测低于前测(2.90→2.91→2.88),这可能是因为课程设计中未充分考虑到女生的学习需求和习惯,建议在课堂设计中增加更具启发性和针对性的问题,激发女生探究问题的主动性,提升女生解决问题的能力。

针对男生群体需要提升"笃学"这一点,可以重点关注"学习适应""学习动机""学习愉悦"。男生在学习适应上呈先稳后降趋势(2.96→2.96→2.93),这可能是因为课程难度增加,建议在教学中提供更多支持;同时,男生在学习动机上呈先升后降趋势,但后测高于前测(2.89→3.06→2.98),这可能与教学内容的吸引力有关,建议引入更富有挑战性和启发性的学科内容;此外,男生在学习愉悦上呈现先稳后降趋势(2.87→2.87→2.83),这可能受到学业压力等因素影响,建议在教学中营造轻松、积极的学习氛围,引入更有趣味性的内容。

(三)学习品质的班级差异比较

通过三期测试结果的班级比较分析,各班在学习品质一级维度上存在显著差异:

表现最突出的班级(得分较高且呈持续上升趋势)为三班,有发展潜力的班级(得分中等但呈持续上升趋势)为二班、四班、六班,最有待提升的班级(得分落后且呈持续下降趋势)为五班。

具体来看:

三班在四大品质上的表现均明显好于其他班级,并且在"笃学""善辨""合作"上呈持续上升趋势。这可能是因为三班教师在教学中采用了有效的教育方法,激发了学生的学习兴趣,启发了学生主动探究问题的意识,并且营造了积极的团队合作氛围。

二班在"善辨""睿思"上的表现虽处于中等水平,但呈持续上升趋势,表现出很强的发展潜力。这可能是因为二班教师在课堂设计和教学方法上具有创新性,成功激发了学生的思维和学习动力。

四班在"笃学"上的表现虽处于中等水平,但呈持续上升趋势,也表现出较强的发展潜力。这可能反映了四班教师在课堂中注重培养学生的学习兴趣和积极性。

六班在"合作"上的表现虽处于中等水平,但呈持续上升趋势,表现出较强的发展潜力。这可能是因为六班教师在促进学生团队合作和交流方面有独特的优势。

五班在"笃学""善辨""合作"上不仅处于较低水平,而且呈持续下降趋势,仍有巨大的提升空间。从二级维度上看,是由于五班在"学习愉悦""问题探究"

"协作解决""沟通表达"上发展较差,这提示五班教师需要加强教学方法,特别是在激发学生学习兴趣、提高问题解决能力、促进协作和沟通表达等方面的教学策略,以提升学生这些方面的品质。

（四）学业成绩与学习品质之间的关系

除了对学生学习品质进行前测、中测、后测的追踪分析外,我们还深入探究了学业成绩与学习品质之间的关系。鉴于不同学科考试难度和内容的差异,我们将学生的四次学业成绩和三期学习品质得分都转化为百分等级,以进行更为准确的比较分析。

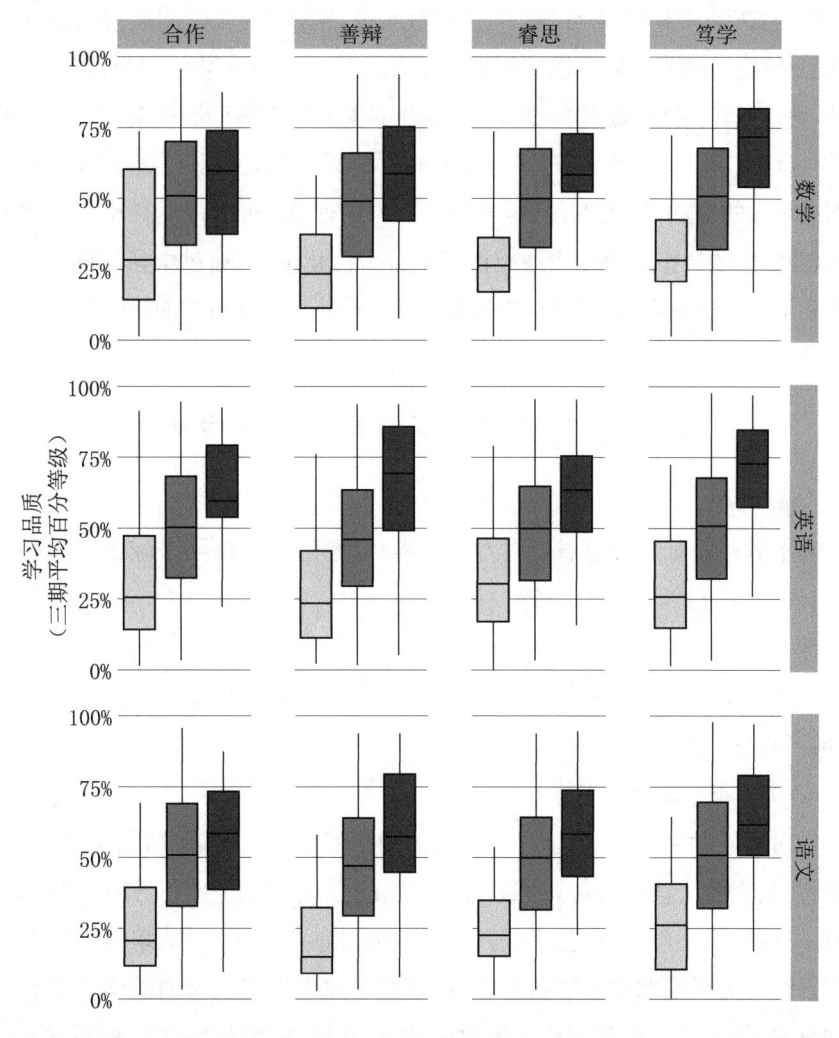

图1　不同学业表现学生的学习品质情况

由图 1 可知,不同学业表现的学生在学习品质上呈现出明显的差异,高学业表现的学生通常拥有更高水平的学习品质。具体而言,对各门学科影响差异最大的品质分别是善辨(语文)、睿思(数学)、笃学(英语)。

这表明提升学生的学习品质通常有助于提升其学业表现。其中,提升"善辨"品质对语文成绩的帮助最大,提升"睿思"品质对数学成绩的帮助最大,提升"笃学"品质对英语成绩的帮助最大。

基于学业表现和学习品质的关联性,我们提出以下建议以促进学生在不同学科中的全面发展。

第一,在语文学科,关注"善辨"品质,通过富有挑战性的阅读材料和问题讨论,提升学生对细节的敏感性和问题分析的能力;第二,在数学学科,强化"睿思"品质,通过设计实际问题和数学探究,提升学生灵活思考问题的能力;第三,在英语学科,注重"笃学"品质,通过多样化的阅读和实际语境应用,提高学生学科兴趣和深度学习的主动性;第四,跨学科培养"合作"品质,通过跨学科小组和项目合作,培养学生的合作精神和沟通技能;第五,个性化辅导,通过学科导师的一对一辅导和个性化学业规划,引导学生根据各自学科特点有针对性地提升学习品质。

二、综合表现优秀和待提升的学生

为了方便教师进行更有针对性的个性化指导,我们进一步筛选出综合表现优秀和待提升的学生。具体筛选标准是:

优秀学生——三期学习品质评估、四次学业考试的综合平均百分位都在年级前 20%,待提升学生——三期学习品质评估、四次学业考试的综合平均百分位都在年级后 20%。

(一)综合表现优秀的学生

针对优秀学生,学校可以提供更具体的拓展课程,例如小型科学实验、趣味数学游戏、文学阅读小组等,通过生动有趣的方式,激发他们对知识的好奇心;同时,可以组织小学科技、艺术、写作比赛,鼓励他们展示才华,培养他们的综合素养;此外,可以定期举办学科兴趣日,邀请专业人士或领域内的学长学姐进行互动分享,帮助他们更深入地了解学科领域;最后,需要鼓励他们在课堂上分享自己的学科发现,培养表达能力和团队协作精神。通过这些具体的活动,可以更好地引导和促进小学生的学科发展和品质提升。

(二)综合表现待提升的学生

对于学业表现待提升的学生,学校可以设立专门的学科辅导小组,由专业老师负责,帮助这些学生针对具体学科的薄弱点进行针对性提高;此外,可以安排学科学习小组,让学生之间相互帮助、共同进步;同时,教师在课堂中可以采取更富趣味性和互动性的教学方式,使学科知识更加生动易懂;最后,建议学校与家长进行密切沟通,共同关注学生的学科表现和学习品质发展情况。

第三部分　教师教学情况分析

为了进一步探究教师在"灵智课堂"中采取了哪些行动策略以提升学生的学习品质,问向实验室基于学习品质指标框架设计了配套的教师教学品质问卷。参与该批调研的38名教师于2023年11月28日完成问卷,基本信息如下:

表3　马陆小学参与调研的教师情况

		教师数	比例			教师数	比例
性别	男	1	2.63%	任教班级	一班	9	23.68%
	女	37	97.37%		二班	10	26.32%
职称	三级	0	0.00%		三班	12	31.58%
	二级	19	50.00%		四班	11	28.95%
	一级	16	42.11%		五班	10	26.32%
	高级	3	7.89%		六班	11	28.95%
	特级	0	0.00%		七班	13	34.21%
任教学科	语文	10	26.32%		八班	14	36.84%
	数学	8	21.05%		九班	9	23.68%
	英语	11	28.95%		十班	6	15.79%
	其他	9	23.68%		/	/	/

注:任教学科中的"其他"包括音乐、劳技、体育与健康等。

一、教师教学品质水平

(一)教学品质的整体表现

71.05%(27名)的教师认为自己基本能适应逆向教学法,10.53%(4名)认为自己游刃有余,73.68%(28名)的教师经常在课堂中使用逆向教学法,52.36%(20名)的教师表示学生在逆向教学课堂中的参与热情很高。教师在四大教学品质上的具体表现如下(各维度满分均为4分):

"笃学"得分为3.27分。

从二级维度来看,学习适应3.24分,42.11%(16名)的教师在课堂中总是会创设积极的学习氛围和情境,帮助学生更好地进行学习环境适应和学习资源利用;学习动机3.29分,47.37%(18名)的教师在课堂中总是会创设有趣的学习环节,来激发学生的学习兴趣,提升学生的参与度与学习效能;学习愉悦3.26分,44.74%(17名)的教师总是会设置合理的教学目标,让学生在课堂中体会到积极的情绪,对自己的学习能力有信心。

"睿思"得分为2.82分。

仅包含一个二级维度高阶思维。42.11%(16名)的教师总是会以问题为导向,让学生准确把握本节课的核心概念,包括设计问题链,让学生应用KWL表格,以小组合作的方式找到问题答案等;23.68%(9名)的教师总是会指导学生使用科学的思维方法来进行敏捷的判断和推理,包括归纳法、演绎法和对比法等;同样地,23.68%(9名)的教师总是会带领学生应用形象化的思维工具来解决实际问题,包括思维导图、流程图等;此外,只有18.42%(7名)的教师总是会为学生提供机会来反思和修改他们的学习目标和表现,包括自评、他评、作业、测验、练习等。

"善辨"得分为2.59分。

仅包含一个二级维度问题探究。只有7.89%(3名)的教师总是会带领学生整理和运用手头的学习资源,来创造性地解决问题,包括运用学习手册、错题本、课堂笔记等,可见,教师需进一步加强辅助学生整理学习资源来进行问题探究的意识;31.58%(12名)的教师总是会鼓励质疑,启发学生从多个角度提问题,包括运用具体内容引导、提前调研、互相补充等方法;26.32%(10名)的教师总是会引导学生积极主动探究问题解决的多种方案,包括跨学科项目式学习、开放式问题引导、小组讨论、及时激励不一样答案等方法。

"合作"得分为 2.82 分。

从二级维度来看,团结协作 2.76 分,31.58%(12 名)的教师总是会开展多样化的小组合作活动,创设学生团结协作的情境;沟通表达 3.03 分,36.84%(14 名)的教师总是会为每组成员提供公开分享表达的机会,引导学生耐心倾听和清晰表达;协作解决 2.66 分,26.32%(10 名)的教师在开展小组合作时,总能设置以目标为导向的驱动任务,注重学生协作解决问题能力的提升。

(二)教学品质的班级差异比较

通过进一步的班级比较分析发现,各班教师在四大品质上不存在明显差异:"笃学"得分排名为一班=二班>三班=四班=六班=七班=八班=九班=十班>五班,"睿思"得分排名为一班=二班>三班=四班=五班=十班>六班=七班=八班=九班,"善辨"得分排名为一班=二班>五班>三班=四班=六班=七班=八班=九班>十班,"合作"得分排名为一班=二班>三班=四班=五班>六班=七班=八班=九班>十班。

总的来说,各班教师都有运用逆向教学法提升教学品质的意识,采取了一些有效行动。例如一班和二班教师在"预设学习成果"阶段,会根据学生的能力差异,设置分层目标与任务;三班教师在"预设证据评价"阶段,会通过自评、他评促进学生反思。而五班、九班和十班教师在"预设学习活动"阶段仍有很大提升空间。例如五班教师可以开展更多的游戏化课程活动,九班教师可以创设更丰富的趣味情境,十班教师可以采取多样、趣味的教学设计活动。

(三)教学品质的学科差异比较

通过不同学科教师的比较分析发现,各学科教师在四大品质上存在一定差异:"笃学"得分排名为其他>语文>英语>数学,"睿思"得分排名为语文>其他>英语>数学,"善辨"得分排名为语文>其他>数学>英语,"合作"得分排名为语文>其他>英语>数学。

总的来说,语文教师在四大品质上的表现均较好,数学教师最需提升。例如语文教师经常通过创设趣味情境、小组合作、归纳总结等方法来提升学生的学习品质;而数学教师在课堂中虽然较多引入真实生活问题,但是较少设置游戏化的活动,未来可以更多地采取多样、趣味的教学设计。

（四）教学品质的职称差异比较

通过不同职称教师的比较分析发现，各职称教师在四大品质上存在一定差异，高级教师在各大品质上均高于一级、二级教师，呈现出随着职称提高，教学品质上升的趋势。

总的来说，高级教师在四大品质上的表现均较好，二级教师最需提升。例如高级教师能够设计新颖有趣的教学活动，有效引导学生协同学习，同时保证每位学生有充分的表达机会。相较之下，二级教师虽然也在创设趣味情境方面有所努力，但在确保学生明确目标与任务方面尚有不足。未来的发展中，可以鼓励高级教师分享成功经验、提供案例指导，以支持二级教师全面提升教学品质。这样的跨职称合作将促进整体教学水平的提高。

二、教师实施逆向教学法情况

（一）教师对逆向教学法的态度

教师对逆向教学法的态度比较积极，具体表现为以下几个方面：

认识到逆向教学法的重要性：55.26%（21名）的教师认为逆向教学法对于提升学生的学业成绩非常重要，同样地，60.53%（23名）的教师认为逆向教学法对于提升学生的学习品质非常重要。这反映了教师对于逆向教学法在培养学生全面素养方面的认可。

对逆向教学法充满信心：44.74%（17名）的教师非常有信心能通过逆向教学法提升学生的学习品质。这显示了教师对于逆向教学法在实际操作中产生良好效果的自信。

未来会持续应用逆向教学法：63.16%（24名）的教师表示未来非常有可能持续应用逆向教学法。这表明教师对于逆向教学法的可持续应用有着积极的预期。

（二）教师遇到的难点和挑战

调查结果显示，60.53%（23名）的教师认为学校的逆向教学课程体系建设非常完善，65.79%（25名）的教师认为学校提供的逆向教学专业培训非常充分，这意味着学校开展逆向教学设计已经有很好的基础。不过，教师在逆向教学设计的各个阶段都遇到了一些难点和挑战。具体情况如下：

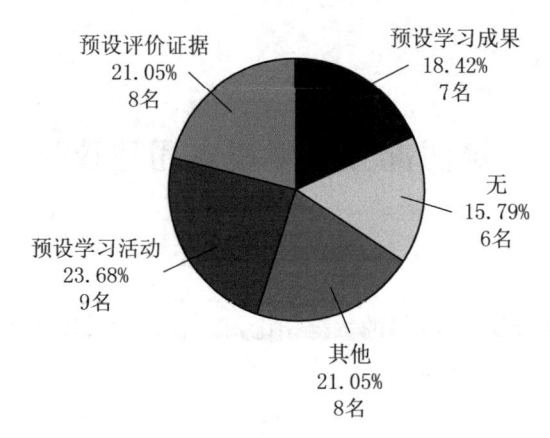

图 2　教师运用逆向教学法提升学生学习品质的难点和挑战

在"预设学习成果"阶段,18.42%(7名)的教师遇到了困难,例如有教师提出很难设置符合低龄段学生的认知学习目标;在"预设评价证据"阶段,21.05%(8名)的教师遇到了困难,例如有教师提出很难对每节课的内容设置学习品质观察点,任务量较大,也有教师表示难以把控操作的可行性及评价的有效性;在"预设学习活动"阶段:23.68%(9名)的教师遇到了困难,例如有教师提出很难设置与学习品质相关的表现性任务,也有教师表示需要耗费较长时间专门设计针对不同品质的多样化活动。

(三) 教师希望获得的支持

教师在实施逆向教学提升学生学习品质的过程中迫切渴望学校的支持,具体表现为四个方面的需求:

28.95%(11名)的教师希望获得"培训指导",包括专题培训和专家指导,特别是希望关注与学科紧密相关的教学设计培训。这表明教师对提升专业技能和理论知识的需求比较迫切。26.32%(10名)的教师希望获得"实操案例",包括分享优秀教师的课堂实例、进行具体课堂实例的分析和课例观摩等。这反映了教师希望通过实际案例来更好地理解和应用逆向教学设计。10.53%(4名)的教师希望获得"团队支持",包括合作备课和组织教研等。这说明教师希望在团队中进行合作,分享经验、互相学习,以提高整体教学水平。5.26%(2名)的教师希望获得"实践机会",例如更多的课堂实践机会。这表明教师认为通过实际操作能够更好地掌握逆向教学的要领。

第四部分　学校应用建议

根据本次"灵智课堂"项目的数据结论,我们从学生、教师、学校三个层面为学校管理者提出如下应用建议:

一、学生层面

学校管理者需要根据该批学生的实际表现情况,为全校学生设置系统的、长期的成长服务机制:

（一）根据不同群体,设计差异化的教学策略

依据学生学习品质的前测、中测、后测追踪结果,不同性别、不同班级学生的学习品质发展存在差异。学校需要依据不同群体的特征,设计差异化的教学策略。从性别差异来看,可以在教学策略上重点提升女生的"善辨"品质,重点提升男生的"笃学"品质;从班级差异来看,可以将表现突出的一班、二班、三班作为榜样示范,邀请三个班级教师向其他班级教师分享成功经验,同时为有待提升的五班、九班、十班提供更有针对性的教学策略指导。

（二）建立学习品质的长效追踪机制,生成学生的数字化成长档案

追踪结果显示,本批学生虽然在四大学习品质上均有所提升,但是在中后期呈现出增长缓慢或下降趋势。这提示学校要重视学生学习品质的长期发展,建立长效追踪机制,定期开展学习品质评估,为每个学生及时生成数字化成长档案,形成"评估—培养—评估—优化培养"的闭环,为教师提供培养学生学习品质的落地抓手和成效量化模式。

（三）由试点学生推广至全校学生的学习品质系统提升行动

针对试点学生的成功经验,学校可以制订推广计划,将有效的学习策略、方法和实践经验推广至全校学生。可以通过定期的座谈会、研讨会,以及专门的培训课程,促使更多的学生受益于这一系统提升行动。同时,在推广过程中,建

议设立学生导师制度,由优秀学生担任导师,与其他学生分享学习心得,形成学生间的互帮互助机制,共同推动学习品质的提升。

二、教师层面

学校管理者需要根据教师在实践中的难点和挑战,提供全方位的、针对性的行动支持:

(一)培训和专家指导

尽管65.79%的教师认为学校提供的逆向教学专业培训已经非常充分,但是大部分教师在应用逆向教学法开展课堂教学的各个阶段都遇到了难点和挑战。学校需要提供专门的培训和专家指导,例如定期举办逆向教学设计培训,设置学科相关的专题,以帮助教师深入理解逆向教学法;邀请学科专家或资深教育从业者,通过工作坊和辅导的形式提供个别或小组指导。

(二)实操案例分享和分析

从调研结果发现,教师希望获得"实操案例"支持,包括分享优秀教师的课堂实例,进行具体课堂实例的分析和课例观摩等。这反映了教师希望通过实际案例来更好地理解和应用逆向教学设计。学校可以提供丰富的实操案例分享和分析,例如建立在线平台或组织召开专门会议,供教师分享和讨论逆向教学设计的成功案例,通过案例分析提高教学水平。

(三)团队合作和教研支持

教师在调研结果中也反馈希望获得更多的"团队支持",包括合作备课和组织教研等。这说明教师希望在团队中进行合作,分享经验、互相学习,以提高整体教学水平。学校可以提供更多的团队合作和教研支持服务,例如设立逆向教学设计团队,鼓励团队成员合作备课,分享资源和经验。此外,我们也发现不同学科教师的教学品质存在一定差异,学校可以定期组织学科交叉的教研活动,促进不同学科教师的合作和共同成长。

(四)提供更多的实践机会

最后,我们也发现教师希望获得更多的"实践机会",这表明教师认为通过实际操作能够更好地掌握逆向教学的要领。学校可以借助校内外资源和平台,为教师提供开展逆向教学的实践机会,例如组织定期的课堂实践活动,让教师有机会尝试创新的教学方法;鼓励教师参与外部比赛和展示活动,提升他们在逆向教学方面的实操技能。

三、学校层面

学校体系的完善对于持续推动逆向教学法在学生、教师和整个学校生态中发挥积极作用至关重要。学校管理者在学校层面的建设上,应特别关注以下关键方面:

(一)选出优秀教师,组建榜样示范队伍,进一步做推广

教师调研结果显示,71.05%的教师认为自己基本能适应逆向教学法,10.53%的教师认为自己游刃有余。为进一步推广优秀教师的经验,学校可以设立教师胜任力考核机制,选拔出在逆向教学法中表现卓越的教师,组建榜样示范队伍。这支队伍可以定期分享成功的逆向教学案例和经验,对其他教师进行示范和辅导,从而促进逆向教学法的推广。

(二)沉淀逆向教学设计经验,生成优秀教学案例资源库

从教师写的教学行动文本内容来看,多数教师都能够在学科教学中运用逆向教学法。学校应沉淀教师在教学过程中形成的逆向教学设计经验,定期鼓励教师总结和分享逆向教学设计的成功经验。同时,将这些经验汇总成一个优秀教学案例资源库,覆盖各学科、年级和不同教学场景。这个资源库既可以作为教师培训的参考资料,也为新老教师提供实际可行的教学范例。

(三)为教师营造良好的教学氛围,建立有效的激励机制

在教师调研中,仅有52.36%的教师认为学生在逆向教学课堂中的参与热情非常高涨,这表明教学过程中存在一些挑战和改进空间。为创造更积极向上的教学氛围,学校管理者应采取积极措施,建立有效的激励机制,例如设置最佳逆向教学案例奖、教学创新奖等,这些奖项可以涵盖不同学科、年级和主题,激励教师更积极地尝试新的教学方法,促使他们在逆向教学中不断突破和创新。

附 录

附录一　学生学习品质分析结果表

一、三期测试学习品质整体得分表
（一）一级维度得分表

	前测	中测	后测
笃学	2.93	3.00	2.94
睿思	2.44	2.56	2.55
善辨	2.84	2.86	2.88
合作	2.91	3.00	2.99

（二）二级维度得分表

	前测	中测	后测
学习适应	3.00	3.03	2.98
学习动机	2.88	3.02	2.98
学习愉悦	2.92	2.93	2.87
高阶思维	2.44	2.56	2.55
问题探究	2.84	2.86	2.88
团结协作	3.11	3.19	3.16
沟通表达	2.67	2.84	2.82
协作解决	2.94	2.98	3.00

二、三期测试男女生学习品质得分表

(一) 一级维度得分表

	男 (N = 221)			女 (N = 158)		
	前测	中测	后测	前测	中测	后测
笃学	2.90	2.97	2.91	2.97	3.04	2.99
睿思	2.41	2.53	2.51	2.50	2.60	2.61
善辨	2.81	2.83	2.87	2.90	2.91	2.88
合作	2.87	2.96	2.95	2.97	3.07	3.05

(二) 二级维度得分表

	男 (N = 221)			女 (N = 158)		
	前测	中测	后测	前测	中测	后测
学习适应	2.96	2.96	2.93	3.05	3.13	3.07
学习动机	2.89	3.06	2.98	2.88	2.97	2.97
学习愉悦	2.87	2.87	2.83	2.99	3.02	2.92
高阶思维	2.41	2.53	2.51	2.50	2.60	2.61
问题探究	2.81	2.83	2.87	2.90	2.91	2.88
团结协作	3.06	3.13	3.12	3.19	3.27	3.22
沟通表达	2.65	2.83	2.78	2.72	2.86	2.86
协作解决	2.91	2.93	2.95	2.99	3.07	3.06

附录二 教师教学情况分析结果表

一、各班教师的教学品质得分表

班级(教师数)	笃学	睿思	善辨	合作
一班(9)	3.30	2.85	2.61	2.82
二班(10)	3.30	2.85	2.61	2.82

续表

班级(教师数)	笃学	睿思	善辨	合作
三班(12)	3.29	2.83	2.56	2.81
四班(11)	3.29	2.83	2.56	2.81
五班(10)	3.28	2.83	2.58	2.81
六班(11)	3.29	2.82	2.55	2.78
七班(13)	3.29	2.82	2.55	2.78
八班(14)	3.29	2.82	2.55	2.78
九班(9)	3.29	2.82	2.55	2.78
十班(6)	3.29	2.83	2.54	2.77

二、不同学科教师的教学品质得分表

学科(教师数)	笃学	睿思	善辨	合作
语文(10)	3.40	3.28	3.07	3.20
数学(8)	2.88	2.59	2.46	2.25
英语(11)	3.33	2.61	2.21	2.70
其他(9)	3.41	2.78	2.63	3.04

注:"其他"包括音乐、劳技、体育与健康等。

三、不同职称教师的教学品质得分表

职称(教师数)	笃学	睿思	善辨	合作
二级(19)	3.14	2.61	2.21	2.46
一级(16)	3.38	2.97	2.90	3.08
高级(3)	3.56	3.42	3.33	3.67

四、教师遇到的难点和挑战(文本分析表)

难点和挑战	频次
预设学习成果:学习过程的预期目标是什么	7
预设评价证据:如何检验学生已经学习	8
预设学习活动:哪些活动将引导学生达到预期结果	9
其他	8
无	6

参考文献

[1] Amrai, K., Motlagh, S. E., Zalani, H. A., & Parhon, H. The relationship between academic motivation and academic achievement students[J]. Procedia-Social and Behavioral Sciences, 2011, 15(1):399-402.

[2] Alloway, T. P., & Alloway, R. G. Understanding working memory[J]. The Educational and Developmental Psychologist, 2015, 32(2):171-172.

[3] Boneberger, A., Kries, R. V., Milde-Busch, A., Bolte, G., Rochat, M. K., & RÃckinger, S. Association between peer relationship problems and childhood overweight/obesity[J]. Acta Paediatrica, 2010, 98(12):1950-1955.

[4] Brown, T., Yu, M. L., & Etherington, J. Listening and interpersonal communication skills as predictors of resilience in occupational therapy students: a cross-sectional study[J]. British Journal of Occupational Therapy, 2020, 84(2):42-53.

[5] Eggenberger Andrea L. B. Active listening skills as predictors of success in community college students[J]. Community College Journal of Research and Practice, 2021, 45(5):324-333.

[6] Elder, L., & Paul, R. Critical thinking: strategies for improving student learning[J]. Journal of Developmental Education, 2008, 32(1):32.

[7] Fortier, M. S., Vallerand, R. J., & G Frédéric. Academic motivation and school performance: toward a structural model[J]. Contemporary Educational Psychology, 1995, 20(3):257-274.

[8] Frei, J. R., & Shaver, P. R. Respect in close relationships: prototype definition, self-report assessment, and initial correlates[J]. Personal Relationships, 2002, 9(2):121-139.

[9] Kelley, T. L. The selection of upper and lower groups for the validation of test items[J]. Journal of Educational Psychology, 1939(30):17-24.

[10] Ma, H., & Bai, X. Development of interpersonal communication scale in adolescent mental health dialysis[J]. Studies of Psychology & Behavior, 2006.

[11] Shanta, S., & Wells, J. G. T/E design-based learning: assessing student critical thinking and problem-solving abilities[J]. International Journal of Technology and Design Education, 2022(32):267-285.

[12] Wang, X., & Ma, H. Adolescent mental health diathesis: a study of the mental quality of interpersonal communication[J]. Studies of Psychology and Behavior, 2007.

[13] Wilding, J., Andrews, B., & Hejdenberg, J. Relations between life difficulties, measures of working memory operation, and examination performance in a student sample[J]. Memory, 2007, 15(1):57-62.

[14] Woodward, L. J., & Fergusson, D. M. Childhood peer relationship problems and psychosocial adjustment in late adolescence[J]. Journal of Abnormal Child Psychology, 1999, 27(1):87-104.

[15] Yelsma, P., & Yelsma, J. Self-esteem and social respect within the high school[J]. The Journal of Social Psychology, 1998, 138(4):431-441.

[16] Zimbardo, P. G., & Leippe, M. R. The psychology of attitude change and social influence[M]. McGraw-Hill, 1991.

[17] Zhang, L. F., & Sternberg, R. J. Are learning approaches and thinking styles related?

A study in two Chinese populations[J]. The Journal of Psychology, 2000, 134(5):469-489.

[18] [美]格兰特·威金斯,杰伊·麦克泰格.追求理解的教学设计[M].闫寒冰,宋雪莲,赖平,译.上海:华东师范大学出版社,2017.

[19] 叶海龙.逆向教学设计简论[J].当代教育科学,2011(4):23-26.

[20] 夏敬标.逆向教学设计与传统教学方式的比较[J].成都教育学院学报,2004(1):41.

[21] 何晔,盛群力.理解的维度之探讨[J].开放教育研究,2006,12(3):28-34.

[22] 何晔,盛群力.理解的六种维度观——知识理解的新视角[J].全球教育展望,2006,35(7):27-32.

[23] 何晔,盛群力.为促进理解而教——掌握逆向设计[J].高校教育管理,2007,1(2):21-26.

[24] 刘志霞.什么是"品质"课堂——品质课堂是"深入人心"的课堂[J].新高考(升学考试),2017(8):57,59.

[25] 崔允漷.学科核心素养呼唤大单元教学设计[J].上海教育科研,2019(4):1.

[26] 张青,安卓炯.论"逆向教学法"的优势所在[J].广州体育学院学报,2003,23(4):95-96,108.

[27] 赵永芝.小学语文逆向教学设计初探——以"书香魅力"单元整合设计为例[J].课程教材教学研究(小教研究),2019(C4):18-21.

[28] 李润洲.指向学科核心素养的教学变革[J].教育科学研究,2019(9):5-10,23.

[29] 王倩燕.实施逆向教学设计 转变课堂学教方式[J].教学月刊:小学版(语文),2019(11):9-12.

[30] 毕群,刘凤林,车向军.初中英语写作课逆向教学设计探究——以一堂写作课为例[J].英语教师,2017,17(9):53-56.

[31] 秦亮.指向高阶思维的逆向教学设计[N].中国教师报,2020-09-23(4).

[32] 孙小建.基于逆向教学设计下语文教学方式的转变[J].小学教学参考,2020(25):51-52.

基于理解的逆向教学设计
——提升"灵智课堂"品质的实践研究

一、课题研究概况

(一)选题缘由

1. 国家推进教育改革的要求

培养什么样的人是教育的重要目标。《国家中长期教育改革和发展规划纲要(2010—2020年)》明确指出:"教师要树立终身学习观念,为持续发展奠定基础,深化教育教学改革,创新教育教学方法,注重学思结合,激发学生的好奇心,营造独立思考、自由探索、勇于创新的良好环境。"因此,学校要始终关注课堂,注重激发学生的好奇心,不断更新教育教学方法,从而促进每个学生的全面发展。

2. 嘉定区实施品质教育的指引

嘉定区教育局于2020年6月印发了《嘉定区小学"学习品质"提升三年行动方案》,方案明确了重点任务,包括"关注教学方式的变革,以常态化教学探索品质课堂转型的有效途径";在常态化教学项目中,提出了"在教学设计过程中,通过'逆向教学设计'进行流程再造",为各个学校教学设计的优化提供了方向。

3. 马陆小学提升"灵智课堂"质量的抓手

马陆小学是一所百年老校,一百多年来,学校不断在传承中发展。自2015年,学校开始实施"小精灵"教学,着力培养"笃学、睿思、善辨、合作"的学生群体。我们期待通过"灵智课堂"的创建及优化提高课堂品质,实现育人目标。

我们期望通过本课题研究提高教师教育理念,为教师课堂教学实践提供思路,促进学校课堂教学的特色发展,从而促进每个学生的全面特色发展。

(二)核心概念界定

1. 基于理解的逆向教学设计

基于理解的逆向教学设计,主要是基于格兰特·威金斯和杰伊·麦克泰格的"逆向设计"进行概念、操作过程和方法的阐释。基于理解的逆向教学设计是一种设计过程，也是一组用于单元课程设计的标准，即先确定什么样的教学目标是达到理解的目标，再考虑用什么办法来证明学生确实掌握了学习目标，实现了理解。在这个基础上，采用多种教学方式或教学活动来达到目标。本课题中"基于理解的逆向教学设计"就是基于格兰特·威金斯和杰伊·麦克泰格所归纳的理解的六个层面——"能解释""能阐明""能应用""能洞察""能神入""能自知"。

2．"灵智课堂"

"灵"是灵魂、精神、灵气、创新，"智"是知识、技能、素养、智慧。本课题中，我们运用基于理解的逆向教学设计中"能解释""能阐明""能应用""能洞察""能神入""能自知"六个层面目标，与我校"灵智课堂"相融合，形成"笃学""睿思""善辨""合作"的"灵智课堂"新样态。

3．课堂品质

"品"是一种评价标准，"质"是达到标准的程度。课堂品质就是达到一定标准的课堂样态。本研究中的课堂品质，指在嘉定区品质教育引领下，根据我校校情构建的"灵智课堂"的"笃学""睿思""善辨""合作"等内涵品质。

（三）研究目标

一是通过大数据测试，实时了解"灵智课堂"的实施情况，为研究持续进行提供依据。

二是在国家培养目标校本化的基础上，以学生发展为目标，进行基于理解的逆向教学设计，形成可供教师借鉴的教学设计模型及教学设计案例。

三是以教师发展为目标，在课堂中实施基于理解的逆向教学设计，形成学校特色的教学模式。

四是建立实施基于理解的逆向教学设计的评价体系，为教师课堂教学评价提供依据。

（四）研究内容

1．"灵智课堂"建设现状

采取线上测评方式，进行大数据测试，分析师生"灵智课堂"前测、中测、后测结果，形成调查报告。这一块研究，我们主要是和第三方公司合作，请他们根据我们的需求为师生设计测试内容，收集测试数据，并对测试结果做科学分析，我们的后续研究就在这一调查报告的基础上进行。

2. 基于学校培养目标的逆向教学设计模型

在国家培养目标校本化的基础上，深化学校培养目标；以学生发展为目标，进行基于理解的逆向教学设计，形成可供教师借鉴的教学设计模型。

3. 提升"灵智课堂"品质的教学模式

在三、四年级语文、数学、英语学科中进行基于理解的逆向教学设计研究，形成逆向教学设计应用模型；根据逆向教学设计应用模型进行课堂教学实践研究；三、四年级语文、数学、英语学科编写基于理解的逆向教学设计案例集；初步形成可供推广借鉴的"灵智课堂"教学模式。

4. 基于理解的逆向教学设计提升"灵智课堂"品质的评价体系研究

研究包括教学设计评价和学习结果评价。

（五）研究方法

1. 问卷调查法

通过问卷，进行大数据分析，针对我校师生"灵智课堂"表现进行前测、中测及后测。了解课题实施前、后及过程中，我校师生在道德层面、认知层面及心理层面的课堂表现状况。

2. 文献研究法

广泛查阅各类文献资料，就"基于理解的逆向教学设计""灵智课堂"等概念进行界定与梳理，为课题研究提供可靠的理论基础与实践经验参考。在研究及教学实践过程中，教师们积极查阅文献，就学科"大概念"等进行查阅，更准确地把握教材、课堂。

3. 案例研究法

在课堂上实施基于理解的逆向教学设计，收集相关案例，并进行深入分析研究。

4. 行动研究法

在"灵智课堂"构建的研究中，推进与优化研究过程，在行动中研究，在反思中进步。

（六）研究过程简况

1. 总体研究思路

（1）基于教学实践进行经验总结与归纳

结合学校对逆向教学的初步探索，对基于逆向教学模式提升"灵智课堂"品质的现有实践经验进行总结归纳，将优秀的实践经验抽象化、理论化、系统化，形成与文献对话的基础。

（2）基于实践与文献研究建构理论框架

在对文献的搜集与分析基础上，与"灵智课堂"品质提升经验展开生动对话，厘清"灵智课堂"、学习品质的内涵、核心要素及其内部关系结构，同时建构学科教学设计模型和"灵智课堂"教学模式。

（3）基于理论框架完善课堂教学实践探索

结合基于逆向教学模式提升"灵智课堂"品质的探索，思考如何将优秀的实践经验理论化、系统化、可推广化，进一步完善提升"灵智课堂"品质的逆向教学设计实践，形成可推广、可复制的理论模型与实践举措。

2. 具体研究路径

（1）前期研究（2020年2月—2020年12月）

前期调研，通过问卷调查法和访谈法分别对教师和学生进行调查分析，为课题研究目标、内容的制定找准了方向。

文献研究，确立课题研究思路。课题组采购了《追求理解的教学设计》《单元教学探索：基于理解的逆向教学设计案例》《基于理解的逆向教学设计案例集》等书籍，查阅了《理解的维度之探讨》《为促进理解而教——掌握逆向设计》《什么是"品质"课堂——品质课堂是"深入人心"的课堂》等文章，归纳整理逆向教学、课堂品质的相关观点，从教学设计、课堂实践、表现性评价等方面进行理性分析，为课题组的研究确立研究思路。

团队培训，明晰逆向教学设计内涵。课题组先行开展逆向教学设计理念学习，聘请专家长期跟踪指导课题研究，确保课题研究方向正确、概念清晰、过程科学。

数字化调研，精准掌握学生学习品质。课题组与第三方公司合作对2019级的10个班级学生进行了学习品质评估，得出了实施逆向教学设计、提升"灵智课堂"品质实践研究前的基础数据。

小组访谈，了解教师对"灵智课堂"的理解和开展逆向教学设计过程中的困惑，倾听他们在教学中的感悟、收获与困难，找到"灵智课堂"品质提升的瓶颈，为课题研究的开展提供依据。

（2）中期研究（2021年1月—2022年12月）

分别从语文、数学、英语、综合四个学科着手推进课堂变革，根据逆向教学设计原理提升"灵智课堂"品质，构建逆向教学设计"灵智课堂"教学模式。完成课题中期汇报。

深入研究逆向教学设计原理及学习品质影响因素，汇编逆向教学设计案例集，提升教师课堂教学水平。

定期研讨，及时进行梳理和总结。课题组每学期至少开展两次研讨会，梳理和总结课题开展进程中的经验和问题，确保后续研究的科学性和有效性。

（3）后期研究（2023年1月—2023年10月）

梳理总结研究成果，整理《让学习品质看得见——"灵慧教师"与"灵智课堂"》，完成《基于理解的逆向教学设计——提升"灵智课堂"品质的实践研究》结题报告。

二、相关文献研究综述

（一）"基于理解的逆向教学设计"的国内外研究述评

国外对"基于理解的逆向教学设计"的研究重理解、讲程序。一是基于美国课程学家格兰特·威金斯和杰伊·麦克泰格的研究与实践。他们在1998年出版的《追求理解的教学设计》一书中阐明了逆向设计（Backward Design）的基本含义。书中指出："逆向教学设计是从想要达到的学习结果出发，以及哪些证据能够表明学习达到了目的，在开始时就要阐明预期结果，根据学习目标所要求或暗含的表现性行为来设计课程。"他们将逆向教学的过程设计为预期结果—评估证据—学习计划三个阶段，初步建立了逆向教学设计的基本框架。二是美国教育专家詹尼斯·斯考隆（Janice Skowron）总结了格兰特·威金斯和杰伊·麦克泰格设计框架的经验，对每一阶段所包含的学生行为表现及教师在此阶段该有何种操作和引导进行了深入思考，最终确定了逆向教学设计的三大部分：期望达到的结果——标准和绩效描述，评估——学习的证据，课程设计——设计问题和决策。

截至2022年12月25日，在中国知网上检索以"逆向教学设计"为主题的研究，共检索到616篇文章，第一篇相关研究发表于2004年，国内真正研究是从2017年开始，闫寒冰、宋雪莲、赖平翻译出版的《追求理解的教学设计》，推动了国内对于逆向教学设计的研究。

表1 "逆向教学设计"国内理论研究主要观点

作者	题目	主要内容
何晔、盛群力（2006、2007）	理解的六种维度观——知识理解的新视角	阐述了理解的六个维度及其对教学理论研究与实践的价值
	为促进理解而教——掌握逆向设计	逆向设计是一种设计过程，也是一组用于单元课程设计的标准，即先确定什么样的教学目标是达到理解的目标，再考虑用什么办法来证明学生确实掌握了学习目标，实现了理解
崔允漷（2009）	课程实施的新取向：基于课程标准的教学	倡导应该实施基于课程标准的教学，并提出了实施的一般程序。在这个程序当中，应将评价置于优先位置，根据目标进行评价和内容的安排，与逆向设计的理念不谋而合
叶海龙（2011）	逆向教学设计简论	论述了什么是逆向设计，为什么要进行逆向教学设计，并通过逆向设计原理进行案例设计
李润洲（2019）	指向学科核心素养的教学变革	指出进行逆向教学设计是培养学科核心素养的路径

自2004年起，我国相继引入基于逆向教学设计理论的课程设计并开始相关研究。从年度发表数据可以看出，国内对逆向教学设计理论的研究起步虽较晚于国外研究，但近五年来基于逆向教学设计理论的课堂教学研究得到了国内广大学者的重视，相关研究也越来越多。

国内"基于理解的逆向教学设计"重视基于课程标准的设计研究。2006年，何晔、盛群力在《全球教育展望》杂志上介绍了"基于理解的教学设计"，阐述了理解的六个维度及其对教学理论研究与实践的价值。2008年和2015年，台湾心理出版社先后出版了台湾学者赖丽珍翻译的格兰特·威金斯和杰伊·麦克泰格合著的中文繁体版《重理解的课程设计》和《设计优质的课程单元：重理解的设计法指南》。2009年，华东师范大学崔允漷教授在《课程实施的新取向：基于课程标准的教学》一文中指出：当前我国的课程实施和教学主要有三种取向，分别为基于教师经验的教学、基于教科书的教学、基于课程标准的教学，倡导我们应该走向基于课程标准的教学，并提出了实施的一般程序。在这个程序当中，崔教授将评价置于优先位置，根据目标进行评价和内容的安排，与逆向设计的理念不谋而合。2011年叶海龙在《逆向教学设计简论》中论述了什么是逆向设计，为什么要进行逆向设计，并通过逆向设计原理进行案例设计。他证明逆向设计符合当前基础教育改革的迫切需要，为实施基于标准的逆向教学设计提供了有益启示。近两年来,多数学者研究集中在基于核心素养目标的教学设计。如2019年李润洲在《指向学科核心素养的教学变革》一文中指出:进行逆向教学设计是培养学科核心素养的路径。

国内基于理解的逆向设计实施,主要是结合具体学科内容进行逆向教学的案例设计。如缪平的《核心素养背景下语文逆向教学设计的研究——以〈鸿门宴〉为例》、杨靓的《基于"教—学—评一体化"的小学英语逆向教学设计——以译林版英语单元教学为例》等都是以学科为例,展示在课堂上如何实施基于理解的逆向教学设计,目前的大部分研究属于此类。

综合国内外研究,我们发现基于理解的逆向教学设计都是基于"成果导向理论"的一种教学设计模式的研究。国外研究理论创意早、实践面广;国内研究起步晚,处于模仿阶段,实践覆盖面有待推广。它们同时存在着一个问题:"理解"和"主要问题"这两个学习成果间的关联度不够。针对现状,我们将基于理解的逆向教学设计中的教学目标、教学评价、教学活动三个环节,形成教学目标决定教学评价、教学评价引导教学活动的因果回归关联,在逆向教学过程中提高学生在学科中某些关键能力,转变学生学习方式及提升学习品质。

(二)"灵智课堂"以及相近概念的国内外研究述评

国外对"灵智课堂"的研究文献还比较少见。国内对"灵智课堂"的研究主要关注课堂上的教育智慧及学校文化。

以"灵智课堂"为主题在中国知网中小学数据库查阅相关文献共10篇。10篇文献中5篇文献指课堂上教育智慧的体现,不是课堂的常态形式,如《"读写互通式"语文课堂更灵智》《灵智应对生成 打造深度课堂》《数学课堂灵智有效的基础——教师的"再创作"》《教材的再处理是思品课堂灵智有效的前提》《教材的再处理是物理课堂灵智有效的前提》等几篇文献;梁国彬的《建设学校特色文化 推动学校品牌发展——"灵智教育"文化构建的实践探索》中的"灵智教育"是有关学校文化建设的;张天佑的《基于学生核心素养提升的"灵智课堂"构建》是有关常态课堂构建的,他所说的"灵智"是以学习卷为载体,在课堂教学中追求学生在知识、思维、情绪三个维度共生共长,致力于培养学生学习能力和问题解决能力。

综上,基于对智慧课堂的概念梳理、研究现状分析,得出不同教育领域学者所关注的研究热点集中于智慧课堂在各个学科的实践研究、智慧课堂教学模式构建研究、智慧课堂各种教学平台的应用研究等,但我国对"灵智课堂"的定义及研究文献还不多见,仅有的少量文献也大多聚焦于课堂教育智慧的体现方面,尚未形成学校特色课堂的整体形态。

(三)"课堂品质"的国内外研究述评

国外学者在"课堂品质"和"课堂质量"等方面的研究比较多,研究内容主要集中在以下三方面。

一是优质课堂的标准。20世纪80年代,国外学者倾向于建立课堂教学有效性的标准。比如罗兰·萨伯围绕教育多样性,认为卓越化研究中心可实现课堂教学有效性体系的构建,主要牵涉到五个标准。另外,夏洛特·丹尼尔森在专业实践构成框架研究过程中,也提出了对应的课堂有效性标准。还有一些学者倾向于从抓住有效教学特点的角度来进行研究,他们认为只要可以总结出有效课堂的特点,就可以界定实际课堂品质。比如赫斯特认为,有效课堂的特点可以归结为:学生兴趣浓厚;学生学习动机被激发;学生有着充分的自主权;学生能够掌握书本上大部分知识,并且进入知识拓展的状态,可以自主去学习课外的知识;学生可以热情地进入讨论的状态,并且在课后保持长时间的探究;学生的学习行为是自主的,而不是被动的;学生内心很希望参与学习活动。

二是影响课堂品质的因素。早在1632年,夸美纽斯在《大教学论》中就提出了"班级授课制"和"课堂"的概念,他认为要找到一种有效的教学方法,这种教学方法不需要教师太多的投入,但是学生却可以在此环境中实现多学,学校也因此可以做一些教育教学管理的工作,继而进入少喧嚣、少厌恶、少劳苦,充分展现出闲暇快乐和坚实特点的课堂状态。这是较早的有关课堂品质的论述。接着,苏联教育家巴班斯基在《教学过程最优化》中也提出教育教学活动会受到社会因素、心理因素和控制因素的影响,实际教学课程要想达到优化的状态,必须妥善处理好这三者之间的关系,由此敲定最佳教学方案,展现出最为理想的教育教学效果。这种将课堂品质标准化的做法,其本质反馈的也是提升课堂品质的诉求。雪莉·R.斯坦伯格在研究有意义的课堂时,认为必须处理好教师、学生和研究三者之间的关系,这是打造有意义课堂的关键所在,也就是说学术研究与教学实践之间要处理好彼此之间的关系。

三是提升课堂品质或者课堂质量的路径和策略。比如美国学者D.S.里德利认为需要构建积极的课堂环境,使学生成为自主学习的行为主体,由此使得课堂朝着优质化的方向发展,他认为可以以积极课堂环境打造的方式,使得学生的情绪安全感、趣味感、自信感、归属感得以满足,由此使得教学互动朝着高效化的方向发展和进步。美国素质教育权威专家托马斯·里克纳在《品质教育学校方略》中也稍微提及了建立品质课堂的部分策略,比如营造一种民主的课堂气氛,在课堂中建立道德社区等,但他的主题更多的是从培养学生优秀品质角度来研究的,而课堂品质的研究只是极为次要的。

  国内有关"课堂品质"的研究有很多,研究方向也和国外基本相同。一是优质课堂的标准。比如杭州中学在研究中把课堂高品质的风格定格为"简约、丰厚",把课堂高品质的目标定位为"轻负高质"。二是影响课堂品质的因素。比如黄美初等人(2015)以翻转课堂教学模式为对象,分析影响翻转课堂教学质量的关键要素,最终发现影响该课堂质量的因素有自主学习能力、获取支持能力、课外学习时间三个方面。虽然该研究主要针对翻转课堂,但是关于此方面的理论成果,在实际课堂质量和品质评价方面的效用也是很明显的。当然也有部分学者倾向于从单一维度去探讨课堂教学质量的影响因素的问题,比如李杰(2017)提出要处理好教学设计与教学质量之间的关系,做好教学设计工作。范杰(2017)认为在实际课堂教学质量提升的过程中,教学资源的合理配置是至关重要的环节,不容忽视。三是提升课堂品质的策略。比如上海交通大学附属中学提出了"新思维创设活跃课堂气氛,新方式搭建互动备课平台,新结构演化生成情景,新设计促进练习整体,新评价注重质量绿色发展"高品质课堂的五要件,即从课堂气氛的调动、互动平台的搭建、情境设计、练习设计、可持续发展几个方面阐述了高品质课堂的实施途径,对一线教师的教育教学有很好的借鉴作用。近年来,有更多一线教师关注课堂品质,试图用更多方法提升课堂品质,如培养倾听习惯、关注思维训练、集体备课、改善课堂交流等多种方法。

  还有很多学者和专家关注的是课堂教学质量评价工作的开展。比如郑有春等人认为要尊重当前双轨运行的基本现实,实现教师课堂教学评价体系的构建,将其作为实现课改的重要驱动力,引导教师积极去思考自身教育教学存在的问题,继而做好针对性的改善和调整,为此不仅仅需要改变教师的评价指标,还需要改变学生的评价指标,在此基础上实现指标比重的合理设置,形成完善的教学质量反馈体系,引导实际的课堂教学质量得以不断提升。

  综上,基于理解的逆向教学设计具体环节直接指向教学目标,在帮助学生理解知识并迁移,提高学生高阶思维、问题解决能力等方面有很大作用,能促进学生学习品质的提升。这一教学设计模式不仅能转变学生学习方式,也能转变教师主体意识,有很高的研究及实践价值,越来越受到学者及一线教师关注。然而,目前,更多的是在学科教学中运用这一教学设计模式,促进某一学科某些能力的提升,把它作为提升学校课堂品质,与学校整体的办学理念、培养目标相结合的研究几乎没有,对实施这一教学设计的课堂教学模式的研究也比较少,没有可供我国一线教师推广借鉴的具体模型。如何把基于理解的逆向教学设计和学校课堂品质相融合并提高课堂教学品质,如何通过学校层面的整体推进实施这一教学设计,这些问题都有待进一步研究。一直以来,我校致力于创建"笃学""睿思""善辨""合作"的"灵智课堂",我们希望通过本研究把基于理解的逆向教学设计和"灵智课堂"相融合,提高"灵智课堂"品质,通过学校层面的整体推进,形成具有学校特色的课堂教学模式。

三、课题研究成果

(一) 明确了学习品质内涵

1. 学习品质评价的价值和目标

《中国教育现代化 2035》提出了推进教育现代化的八大基本理念:更加注重以德为先,更加注重全面发展,更加注重面向人人,更加注重终身学习,更加注重因材施教,更加注重知行合一,更加注重融合发展,更加注重共建共享。《上海市普通中小学课程方案》明确要求学校应建立促进学生全面发展的综合评价体系,积极探索将学生的学业成绩与成长记录相结合的综合评价方式,全面衡量学生的发展状况。

教育是为未来培养人才。从全球的教育趋势和国家的教育政策中,我们不难看出,教育的重点目标是未来人才、全面发展和终身学习。"OECD 2030 学习罗盘"和《中国学生发展核心素养》均指出,能够适应未来世界的人才需要具备批判思维、问题解决、沟通协作等核心素养。这些良好的核心素养和品质不仅会提升学生学业表现,更能为其终身学习提供动力。

马陆小学是一所百年老校,学校不断在传承中发展,着力培养"爱学习,有灵气;懂礼仪,展灵秀;勤动手,呈灵巧;善合作,显灵通"的学生。我校希望从未来人才核心素养的视角体现学校在培养学生学习品质上的前瞻性优势,与第三方实验室一起,以未来人才指标体系为依据、以教育科学的创新实践为使命,坚持"科学性、发展性、应用性"的原则,研发并构建校本评价体系,不断完善育人目标和课堂建设,实现因材施教,提升学生的学习质量和表现,为课堂教学质量

2. 学习品质评价体系的构建

通过政策梳理、教育理论及文献研究，基于小学生学业品质和认知发展的内涵，根据布鲁姆教学目标分类法（Bloom et.al., 1984），学校和第三方共同构建了适合本校学生的学习品质评估模型。

评估模型包含四个一级维度：笃学、睿思、善辨、合作。为了更好地了解学生的认知水平，在善辨维度中加入了中国小学生学业潜能评估，对影响学生学业表现的"专注力、记忆力、执行功能、数感"四个指标进行评价。

（二）搭建了教学设计模型

1. 基于逆向教学原理建构学科教学模型

马陆小学的教学设计模型采用的是美国课程教学设计专家格兰特·威金斯和杰伊·麦克泰格创立的逆向教学设计模型。逆向设计（Backward Design）是一种运用逆向思维设计教学的方法模式。它提倡评价设计优先于教学活动，即先确定教学目标，再基于目标预设评价方式与标准，最后设计教学。逆向设计也被称为"有计划的指导"，即为了达到某种预期的学习目标，需要设计与组织练习。可见，该模式与教师传统的教学设计——正向思维模式（简称"正向设计"，即"学习目标—教学组织—教学评价"）相比，虽然在步骤安排的形式上是逆向的，但从逻辑上来说是顺向的，符合系统性原则且更具有合理性。

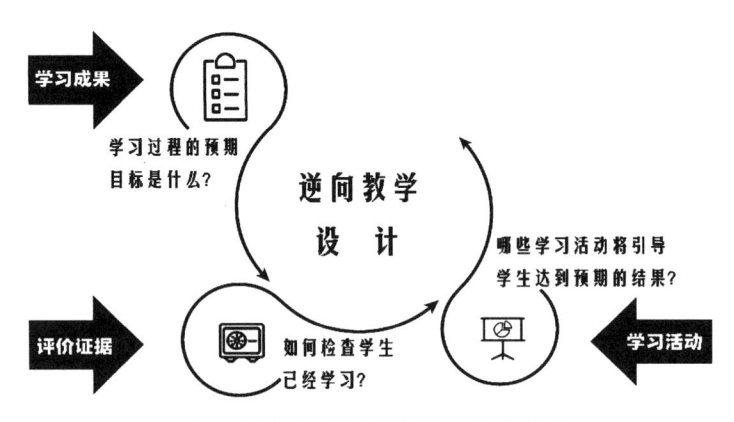

图1 马陆小学学科教学逆向设计模型

逆向设计将课程教学分为三个阶段：预设学习成果、预设评价证据、预设学习活动。逆向设计从教学目标出发，设置相应的评估方式，再安排相关的教学规划。这样的前后顺序有效确保整个教学环节始终围绕学科的教学重点,既确保单元设计的协调一致性,又提高了教与学的有效性。

逆向设计的理论基础是成果导向教育,由美国学者斯派迪于1981年提出,他认为课程设计和课程实施的目标是学生通过教育过程最后所取得的学习成果。其中,成果之重点并不在于学生的课业分数,而在于学习历程结束后学生真正拥有的能力。教育系统则聚焦于促使学生达成此能力,并以学生的行为表现来检视教育教学成效。成果导向教育的基本原理是"所有学习者均成功",其基本假设是所有学生都是有才干的,每个学生都是卓越的,学生是学习合作而非相互竞争的,以及学校是为学生找到成功方法的机构。

逆向教学设计有四条实施原则:利用大概念引导学习者积极学习,协助学习者聚焦于持续理解的六个侧面,三阶段的逆向设计,利用逆向设计打造学习共同体。

2. 逆向教学设计评价的一般方法和步骤

逆向教学设计采用模糊数学、概率论和矩阵计算方法进行评价。

(1) 评价数据收集

评委要对任课教师进行客观评价,根据评价指标对各评价维度进行等级评价,统计者将评委的评价数据输入统计表。如表2所示,它表示10位评委对任课教师的评价统计情况。

表2 逆向教学设计评价表

评价维度	评价指标	权重	评价等级			
			优	良	中	差
预期的学习目标	落实了社会主义核心价值观	0.3				
	落实了学科核心素养					
	落实了课程目标					
	落实了学校育人目标					
	教学目标符合学情					
预期的学习结果	有知识和技能,观点、情感、原理等迁移	0.2				
	有对大概念的六个层面的理解					
	能将理解转换成主要问题,有开放式的问题					
	能落实本单元的基本知识和技能					
	学习结果能涵盖全部学习目标					

续表

评价维度	评价指标	权重	评价等级 优	良	中	差
预期的评估证据	有针对预期学习结果的表现性证据	0.2				
	有针对预期学习结果的其他证据					
	有针对预期学习结果的自评和互评证据					
	评估证据能涵盖全部学习结果					
	所有评估证据都有可操作性的特征					
预期的学习活动1	学习活动与预期学习结果相对应	0.2				
	学习活动与预期评估证据相对应					
	学习活动是所有学习结果的载体					
	学习活动由评估证据证明有用有效					
	设计学习活动前有对相关学习内容的前测					
预期的学习活动2	学习活动符合学生的认知规律	0.1				
	学习活动符合学生的心理特征					
	学习活动符合学生的思想道德特征					
	学习活动体现了WHERETO元素					
	学习活动能观察到学生的进步					

说明：每个评价维度有五个评价指标，都做到者为优，少一个为良，少两个为中，少三个及以上为差。评委在相应评价等级的"优、良、中、差"中选择打"√"进行评价，每个评价维度只能打一个"√"，一张评价表只有五个"√"。

在评价维度中，如给"预期的学习目标"评"优"的有4人，占4/10，评"良"的有4人，占4/10，评"中"的有2人，占2/10，评"差"的有0人，占0/10。依照此法，将"预期的学习结果""预期的评估证据""预期的学习活动1""预期的学习活动2"的评价数据导入表格，如表3所示。

表3 逆向教学设计评价数据统计表

评价项目	权重比值	优	良	中	差
预期的学习目标	0.3	4/10 = 0.4	4/10 = 0.4	2/10 = 0.2	0/10 = 0
预期的学习结果	0.2	3/10 = 0.3	5/10 = 0.5	2/10 = 0.2	0/10 = 0
预期的评估证据	0.2	4/10 = 0.4	3/10 = 0.3	2/10 = 0.2	1/10 = 0.1
预期的学习活动1	0.2	5/10 = 0.5	3/10 = 0.3	2/10 = 0.2	0/10 = 0
预期的学习活动2	0.1	4/10 = 0.4	3/10 = 0.3	3/10 = 0.3	0/10 = 0

（2）评价数据处理

对上述数据采用数学矩阵方法处理，由表3可以得出评价维度矩阵 A 和评价等级矩阵 R。A 矩阵由五个评价维度的权重决定，则 A =（0.3　0.2　0.2　0.2　0.1），R 矩阵由评价等级的比值决定：

$$R = \begin{matrix} 0.4 & 0.4 & 0.2 & 0 \\ 0.3 & 0.5 & 0.2 & 0 \\ 0.4 & 0.3 & 0.2 & 0.1 \\ 0.5 & 0.3 & 0.2 & 0 \\ 0.4 & 0.3 & 0.3 & 0 \end{matrix}$$

对该教师的逆向教学设计评价的矩阵 B 是以上两个矩阵之积，即 B = A×R：

$$\begin{bmatrix} 0.4 & 0.4 & 0.2 & 0 \\ 0.3 & 0.5 & 0.2 & 0 \\ 0.4 & 0.3 & 0.2 & 0.1 \\ 0.5 & 0.3 & 0.2 & 0 \\ 0.4 & 0.3 & 0.3 & 0 \end{bmatrix}$$

则 B =（0.3　0.2　0.2　0.2　0.1）
　　 =（0.4　0.37　0.21　0.02）

矩阵 B 表示：对逆向教学设计评价的 10 位评委中，40% 的人评了"优"，37% 的人评了"良"，21% 的人评了"中"，2% 的人评了"差"。

如果将"优、良、中、差"用百分比对应起来，优 = 95，良 = 85，中 = 75，差 = 65，则可得矩阵 C：

$$C = \begin{matrix} 95 \\ 85 \\ 75 \\ 65 \end{matrix}$$

用矩阵 B = B×C 表示最终评价结果：

$$B = (0.4 \quad 0.37 \quad 0.21 \quad 0.02) \begin{matrix} 95 \\ 85 \\ 75 \\ 65 \end{matrix} = (86.5)$$

(3) 评价结果

统计结果表示该教师的逆向教学设计得分为 86.5 分。

(三) 创设了"灵智课堂"模式

1. "灵智课堂"3W 教学模式

"灵智课堂"3W 教学模式中的"3W",指的是课程教学要回答的三个"什么"(what):学生知道自己将学习什么?学生能够证明学到了什么?学习活动满足要学习什么?这三个"什么"与逆向教学设计紧密相关,具有教学设计与教学实施的一致性特征。

教学模式(Models of Teaching)能提供完善的教学方法,指导学习经验的发展和学习结构的确定。某种教学模式规定了某种学习的类型及达成预期的学习结果。就目前教育界的研究来看,教学模式有上百种之多,每个模式都有各自的优点和缺点,并且可用的模式阵列具有很大的多样性。对某一模式的偏好并不一定意味着优越性或更高的实用性。没有一种放之四海而皆准的教学模式,也不是所有模式都适合所有的教学场景,适合自己学校的就是最好的。

"灵智课堂"3W 教学模式是马陆小学在课程教学变革中逐步探索出来的,是由国家培养目标校本化的"三灵"目标引领,依据成果导向理论和逆向教学设计来进行教学的一种模式。

一是学生知道自己将学习什么。课程教学中,学生将明确自己如何迁移学习,可以将哪些知识、技能和思想观点运用在新情境中;学生将明确用哪些大概念组织单元中需要理解的内容;学生将明确在进行迁移、理解和思考问题的过程中,需要哪些知识和技能。教师将需要理解的内容转换成问题,以这些问题为支架,引导学生思考需要理解的内容,以达到理解的目的。

二是学生能够证明学到了什么。课程教学中,教师设计能评估学习成果的评价指标,学生知道用这些评价指标来证明自己学到了哪些知识和技能,教师和学生都可以用评价指标来进行表现性评价和过程性评价,以明确学生自己学到了什么,学到了什么程度,哪些需要改进,哪些可以进一步发展。

三是学习活动满足要学习什么。课程教学中,教师根据教学设计中的活动编码设计教学情境,围绕要达成什么样的学习成果组织教学,学生需要针对"知道自己将学习什么"来引导自己的学习,需要针对"能够证明学到了什么"来监督和评价自己的学习,学生在整个学习过程中要做到知行合一、学以致用。

2. "灵智课堂"3W教学模式的课堂应用案例

进入课堂教学阶段,面临的就是教学目标。这里的教学目标包含了教与学的目标,是一个事物的两个方面,都指向学习结果。指向学习结果的教学目标设计,受"成果导向教育"理论的影响,克服了传统教育只强调人力和物力资源的"投入",却不重视"产出",即学生"学到了什么"的弊端。它要求学校、教师为学生的学习结果负全责;要求教师把焦点放在学生"学到了什么",而不是"教了什么"上。教学设计者可以改变传统的教学设计流程,采用美国课程学家格兰特·威金斯和杰伊·麦克泰格的"基于理解的教学设计"模式,进行"逆向设计",以培育学生的核心素养。逆向设计遵循"要事优先"的原则,要求将"理解"的任务放在首位。根据"笃学、睿思、善辨、合作"四个维度,教师根据不同学科的需求,可以制定出不同的表现性评价量规,作为第二个W"学生能够证明学到了什么"即课堂学习评价设计的参考。依据表现性评价量规和学习品质校本化指征,教师能够通过问卷、课堂观察记录表、学习任务单等工具采集课堂学习数据,做出科学评价和教学改进。

(1) 确定学习目标

学习目标包括抽象的学习目标和具体的学习结果。目标是教学指向,结果是学习导向,所以,学习目标的设计分两步走。

① 预期的学习目标

这个阶段,马陆小学教师坚持"以学为中心"的原则,只设计学习目标,将教学目标隐含在学习目标之中,以承载学科教育价值的最小单位——单元的教学任务,进行学习目标设计。目标设计的依据有二:一是学科课程标准中"课程目标"所规定的"核心素养""总目标""学段要求",二是学情(与单元相关的先前认知、社会与情感能力等)。学习目标形成的方式以预设为主,以教学过程中的生成为辅。目标实现的机制是教师的教学经验与风格、学生的认识与体验。

以小学语文统编教材五年级下册第五单元为例。这个单元的核心概念是"思维",要求"了解人物的思维过程",进而"加深对课文内容的理解"。在写作方面的要求是"根据情境编故事,把事物发展变化的过程写具体"。

依据《义务教育语文课程标准(2022年版)》中核心素养的"思维能力"要求,针对学生思维能力的现状分析,确定本单元的主要学习目标:用逻辑思维来理解"自相矛盾"的实质,理解日常生活中辩证思维的重要性,在理解性阅读的基础上进行批判性阅读。

② 预期的学习结果

学习目标与学习结果是抽象与具体的关系。借鉴基于理解的教学设计模式，学习结果包括预期的迁移、预期的理解、主要问题、预期收获的知识与技能四个方面。由此，上述三个学习目标要具体地反映在四个方面的学习结果中。

迁移是将学到的知识或技能运用到新情境中去，有知识和技能的迁移，也有思想、情感、观点、定律或定理的迁移。学会迁移是学习的终极目标，学会了迁移等同于学会了学习。所以，我们将迁移放在预期学习结果的头等位置。本单元的迁移要求是：能编写一个自相矛盾的故事，体现逻辑思维；课外阅读时，能在理解性阅读的基础上进行批判性阅读。

理解的对象是大概念。本单元的主要大概念有思维能力（逻辑思维、辩证思维），故事（故事的人物、情节）。基于理解的教学设计模式将理解定为六个侧面，见图2。

理解	说明
能解释 (Explanation)	对于现象、事实、资料等提出有系统的叙述，做出有联系的分析，并提出阐明性的举例或例证
能阐明 (Interpretation)	讲述有意义的故事，对概念或事件能客观地揭示其意义
能应用 (Application)	将所学应用于新的、独特的真实情境或未知情境中
能洞察 (Perspective)	提出对事件、主题或情境的个人看法，并做出分析，提出解决问题的方法
能神入 (Empathy)	展现设身处地为他人着想的能力，例如角色扮演、解读他人想法，以及分析、为他人行为辩护等
能自知 (Self-Knowledge)	自我反思与评价，以及阐述反思后的新认识，克服有偏见的想法

图2　理解的六个侧面

依据学习目标，本单元理解的事项是：理解"自相矛盾"故事中自相矛盾的实质（能阐明）；理解田忌赛马取胜中辩证思维的重要性（能解释、能神入）；理解故事中人物的行为或观点，并有自己的想法（能洞察）；评价自己在逻辑思维和辩证思维方面的优势或劣势（能自知）。

主要问题来源于上述"理解的事项"。理解是目的，主要问题作为教学支架,用于引导学生思考理解的事项。所以,主要问题与理解是相关联的。主要问题要将理解的事项分解为事实性问题、概念性问题和价值性问题。一般情况下,一个理解事项会有两个以上的问题。本单元的主要问题是:"自相矛盾"指的是什么?"自相矛盾"的实质是什么?田忌赛马为什么能取胜?田忌赛马取胜的辩证思维体现在哪些具体的行为中?辩证思维对我们的学习生活有什么重要性?故事中人物的行为或观点是什么?针对这些行为或观点有什么不同的想法?能举例说明自己的逻辑思维和辩证思维吗?能说出这两种思维对自己学习的影响(促进或阻碍)吗?

预期收获的知识与技能:"自相矛盾"的意思、"逻辑思维"和"辩证思维"的意思、"人物、情节"等故事的基本要素、根据事物变化写作的技能。

(2) 设计评价证据

这个阶段是体现逆向设计特征的关键阶段。评价证据与学习结果是相关联的。上述四方面的学习结果都要有证据,以证明学生能够取得这些学习结果。设计时可以按"预期的迁移""主要问题"的顺序进行。"预期的理解"由于已经转换成"主要问题",因此,只要证明学生能够思考基本问题就可以了。"预期收获的知识与技能"基本包含在预期的迁移和主要问题的要求之中,因此,设计证据时也可以基本忽略。证据分三种类型:一是表现性任务,二是其他证据,三是自评与反馈。三类证据共同对应学习结果中的"预期的迁移"和"主要问题",形成学习结果与证据相互对应的关联。

① 表现性任务

表现性任务用于表现性评价。完整的表现性评价应包括三个核心要素:一是目标,即具体的学习结果;二是引发学生相关表现的任务;三是评分量规,用描述性的不同水平的表现来判断学生对目标的掌握程度。

第一,编写故事——在编写的故事中,能够反映自相矛盾的现象。

第二,课外阅读——能在理解性阅读的基础上进行批判性阅读。

表4 表现性任务评价量规

任务	优秀	良好	合格	待改进
编写故事	故事人物身份清晰,故事情节完整,人物的言行存在自相矛盾的地方	故事人物身份清晰,有故事情节,人物的言行存在自相矛盾的地方	故事中有人物、有情节,人物的言行存在自相矛盾的地方	故事中有人物、有情节,人物的言行不存在自相矛盾

续表

任务	优秀	良好	合格	待改进
课外阅读	能读懂读本的内容和主题,理解其意义;能分析或解释作者的观点,发现其中的问题,并提出自己的观点和论据	能读懂读本的内容,理解其基本意义;能解释作者的观点,发现其中的问题,并提出自己的观点和论据	能读懂读本的内容,理解其基本意义;发现读本中的问题,并提出自己的观点	能基本读懂读本的内容;未能发现读本中的问题,也没有提出自己的观点

② 其他证据

第一,能用课文中的原话说明"自相矛盾"指的是什么。

第二,能说出"自相矛盾"的实质是人的某些行为或言语先后不对应、互相抵触。

第三,能说出田忌赛马取胜的原因是巧妙地安排马的出场顺序的谋略。

第四,能指出田忌赛马取胜的辩证思维体现在用下等马对上等马、上等马对中等马、中等马对下等马的具体行为中,使劣势变成了优势。

第五,能举例说明什么是辩证思维(比如,自己的优势或劣势是相较他人而言的,优势或劣势由于自己的努力是可以改变的),对我们的学习生活有什么重要性(正确对待优势或劣势,自身的努力很重要)。

③ 自评与反馈

第一,举例说明什么是辩证思维,能从事物之间的联系和事物是发展变化的这两个方面进行评价。

第二,向同学分享辩证思维或逻辑思维对自己学习的影响(促进或阻碍),进行具体的反馈。

(3) 设计学习活动

学习活动的设计要求有多种维度、多种形式,能够引发学生的有效探究、质疑和决策,从而唤起学生已有的经验,激发学生的潜能,满足学生的个性需求,促进学习反思的生成和预期学习结果的达成。学习活动有两个功能:一是作为实现学习目标,即达成具体学习结果的载体;二是为评价证据的使用提供关联的对象。所以,学习活动的设计有两个要求:一是活动能达成学习结果,二是活动能使用评价证据。设计学习活动时,可以先安排迁移的学习活动,再安排思考主要问题的活动,然后依据基于理解的教学设计要求"WHERETO",补充课程教学的起始和结束活动,调整已经设计好的学习活动,使之符合认知规律和本单元的学习顺序。

W——了解单元学习的方向和预期结果（What）。

H——把握（Hook）学生情况和保持（Hold）学生情趣。

E1——代表知识体验观点的探索（Equip）。

R——反思（Rethink）和修改（Revise）。

E2——允许学生对自己的作业和应用进行自评、互评（Evaluate）。

T——根据学生个体的需求、兴趣和能力来设计作业和活动（Tailor）。

O——组织（Organize）教学，使其最大限度地提升学生的学习动力与持续参与的热情，提高学习效果。

本单元的主要学习活动是：

第一，分角色情景阅读。阅读课文《自相矛盾》，能用课文的原话回答"自相矛盾"指的是什么，同时能用自己的话说明"自相矛盾"的实质是什么。阅读课文《田忌赛马》，能具体分析田忌赛马为什么取胜。阅读课文《跳水》，分小组讨论故事中人物的行为或观点是什么，对这些行为或观点有什么不同的想法。

第二，情景分析。在教师讲解辩证思维意思的基础上，四人小组指出田忌赛马取胜的辩证思维体现在哪些具体的行为中，其他小组可以进行质疑。

第三，生活情境。以班级为单位，教师先举学校学习生活或家庭生活的例子，同学们说明所举例子中有哪些思维方式属于辩证思维，并说出辩证思维对我们平常的学习生活或家庭生活有什么作用。

第四，情境回忆。以班级为单位，根据《自相矛盾》和《田忌赛马》中的逻辑思维和辩证思维，每四人小组选出一位同学，说出以往自己有过的逻辑思维和辩证思维的经历，并说出这两种思维对自己的学习是起促进作用还是阻碍作用，其他组的同学进行质疑。

第五，编故事比赛。四人一组，编写一个自相矛盾的故事。要求有人物，有事物发展变化的情节，然后在班级讲自己编写的故事。依据表现性评价量规，自评和互评本小组和其他组编写的故事。

第六，亲子阅读。从《故事会》杂志中选一篇故事，阅读后写一篇读书笔记。内容包括：对故事中词语的意思、运用了比喻或拟人等修辞方法句子的欣赏，对故事主题的理解；针对故事情节或其他方面的疑问，提出自己的看法，最好用证据证明自己的看法。

逆向教学设计中的学习活动强调主动学习，教师要充分利用从被动学习到主动学习的心理转化机制，注重将外部的强制或奖赏转化为学生的兴趣和动机,从而使学生产生学习内驱力,实现真正意义上的主动学习。要实现这一点,教学活动的设计重点要放在活动的情境化上,给学生以体验的机会。

通过课堂观察和信息化技术大数据平台收集学生各项学习行为和结果数据,并以自动化方式处理分析,能够提炼出可描述其行为特征的数据分析图或标签集,进而从各维度完整地描述学生学习品质表现。

四、课题研究成效

(一)提升学生学习品质

本课题对一个年级的学生学习品质进行了三次评价测试,使用同一套评估工具对同一批学生进行评估。前测安排在 2022 年秋季学期,中测在 2023 年春季学期,后测安排在 2023 年秋季学期。使用 SPSS 统计工具对数据进行信效度检验,在信效度达标的情况下,对数据进行了如下分析。

从整体上看前测结果,首先,参与测评的(三年级)学生在"笃学"维度的平均分相对最高。该维度包含"学习适应""学习动机""学习愉悦"三个二级维度。学生在适应学习环境、利用学习资源方面有较好的基础,也有良好的学习动机和积极的学习情绪,能够获得良好的学习成效。其次,学生在"合作"维度的平均分同样较高。被测学生在"团结协作""沟通表达""协作解决"三个二级维度的得分差异明显。学生在"团结协作"和"协作解决"两方面表现较好,说明在面对共同目标或困难时,学生有意愿和能力展开合作、解决问题。在"沟通表达"上,被测学生的得分相对偏低,反映出学生在交流的过程中可能存在一定的问题。再次,参与测评的学生在"善辨"(主动探究)维度上平均分较高。学生在遇到困难时能够发挥主动性,愿意进行探索和尝试,寻找资源解决问题。最后,参与测评的学生在"睿思"(高阶思维)维度上平均分相对偏低,但并不能说明学生在高阶思维方面表现差。这一方面是因为三年级学生的认知水平、科学思维、反思能力处于发展阶段;另一方面是因为缺少其他年级的数据,无法进行比较。综合以上结果,学校提升学生学习品质的重点在于培养高阶思维,在各学科的教育实践和学校活动中为学生提供支持,鼓励学生发挥想象力,使用科学思维方法解决问题,并在完成任务后进行反思和复盘。

在中测结束后,将其数据与前测相比,学生学习品质的整体水平有所提升:

中测的学习品质平均分为 2.84 分,高于前测的平均分 2.78 分。

表 5 学习品质一级维度前中测比较(平均值和标准差)

学习品质	前测	中测	差异(中测－前测)	p值
笃学	2.92(0.54)	2.96(0.60)	0.04	0.048*
睿思	2.44(0.44)	2.55(0.48)	0.11	<0.001**
善辨	2.85(0.70)	2.85(0.70)	0	0.7
合作	2.90(0.59)	2.98(0.66)	0.08	0.012*

注:* 表示差异在 0.05 水平上显著,** 表示差异在 0.01 水平上显著。

从学习品质的一级维度表现来看,在"笃学""睿思""合作"三个维度上,学生的中测平均得分显著高于前测。虽然"睿思"在四个维度中平均得分最低,但提升极其显著(p<0.001)且幅度最大(0.11),而学生在"善辨"维度的得分与前测相比没有变化。

细分到二级维度:学生在"学习动机""高阶思维""沟通表达"指标上的进步尤为明显,存在统计学上的显著性(p<0.05),这表明经过一学期的学习,学生的学习兴趣、学习情绪和学习效能均有提升。其中,学生的高阶思维能力(如运用科学思维、形象思维和反思能力)显著提升,在沟通上能够更好地运用倾听、表达等技巧。在"团结协作"指标上,学生的表现也有一定程度的提升,表明学生在学习过程中提升了相应的社会情感能力(如同理心、责任感、亲社会行为等)和在团队中的领导能力和协作能力。

表 6 学习品质二级维度前中测比较(平均值和标准差)

学习品质	前测	中测	差异(中测－前测)	p值
学习适应	2.99(0.59)	3.00(0.68)	0.01	0.6
学习动机	2.88(0.65)	2.99(0.68)	0.11	<0.001**
学习愉悦	2.90(0.67)	2.91(0.75)	0.01	0.4
高阶思维	2.44(0.44)	2.55(0.48)	0.11	<0.001**
问题探究	2.85(0.70)	2.85(0.70)	0	0.7
团结协作	3.10(0.65)	3.17(0.66)	0.07	0.047*
沟通表达	2.66(0.70)	2.81(0.74)	0.15	<0.001**
协作解决	2.94(0.73)	2.95(0.80)	0.01	0.6

注:* 表示差异在 0.05 水平上显著,** 表示差异在 0.01 水平上显著。

（二）推动教师专业成长

以本项课题研究为契机,学校成立了逆向教学课题研究小组,共吸纳 43 位教师参与课题研究。在为期三年的研究过程中,学校每学期定期举行逆向课题研究专项推进会,聘请专家定期到校指导课题组开展研究。截至 2023 年 11 月,学校以本课题为基础,共承办、参与区级及以上活动 4 次。课题组成员多次承担基于课题研究阶段成果的课堂展示和主题交流活动,共撰写了 28 篇逆向教学设计文章,其学科包含语文、数学、英语、音乐、体育、美术、科技等。近 3 年内,围绕本课题,学校又先后获批立项四项区级课题,形成了包含语、数、英多门学科的逆向教学课题群,真正发挥了龙头课题的引领作用,提升了教师的科研能力。

表 7　近三年逆向教学区级课题一览表

编号	课题名称	负责人
JB22054	在小学中高年级英语阅读教学中用逆向教学设计提升思维品质的实践研究	彭 蕴
JB22055	基于逆向教学设计理论的小学高年级英语课堂提问策略的实践研究	陆建松
JB23076	逆向设计视域下小学语文发展型学习任务群的设计与实施	曲虹叡
JB23077	指向理解的小学数学高年级概念教学逆向设计的实践研究	李晓倩

（三）深化学校文化建设

学校文化是集管理制度、课程教学、师生交往、环境建设等教育活动要素于一体的复合型整体,四部分综合性地体现了学校文化建设的行动性逻辑。

在基于逆向教学设计提升"灵智课堂"品质的研究过程中,学校将"笃学、睿思、善辨、合作"的学习品质凝练为"三灵"少年的育人目标,并将其写入学校规章制度中,以制度约束引领学校文化发展。

物质文化往往能够以显性的方式呈现学校文化的生命与活力,通过将"笃学、睿思、善辨、合作"等课堂品质体现在学校的布局、标语、文化墙上,让教师和学生了解学校基本文化理念,潜移默化地提升其对学校文化的认同感和参与感。

在师生交往的过程中,教师是学校文化的建设者,而学生浸润在学校文化中,是学校文化的受益者。教师在教育教学活动中,关注学生的学习品质提升,将学校文化融入教学之中,将课程与学校文化连接起来,充分发挥了学校文化的育人作用,实现了师生发展和文化建设的良性循环。

五、反思与展望

(一) 研究反思

学校以课题为引领,围绕"培养什么样的人"这一教育的重要目标进行教学流程的再设计,是对嘉定区品质教育的理念的践行。课堂品质是学生个性发展的保障,基于理解的逆向教学设计能转变学生学习方式,让学生通过实践体验主动学习,从而更好地达成学习目标。目前,基于理解的逆向教学设计模式与学校课堂品质的融合的实践研究几乎没有,基于理解的逆向教学设计的课堂教学模式也比较少。本课题通过实施基于理解的逆向教学设计,总结出有学校特色的课堂教学模式。同时,在课题研究过程中,教学将学习结果作为教学设计的起点,这种以学习者为中心的教学意识,遵循了以目标达成为基础的现代教育原则,因此,逆向教学设计反映的是教师的教育主体意识的转变。这种转变对于学校教育的变革及学生社会主义核心价值观的培育和践行有着重要的现实意义。

(二) 创新之处

1. 从研究目标来说

本研究围绕"培养什么样的人"这一教育目标进行设计,是对嘉定区品质教育的理念的践行。逆向教学设计反映了以学习者为中心的教学意识及教师的教育主体意识的转变,对于学校教育的变革有重要的现实意义。

2. 从研究价值来说

目前,基于理解的逆向教学设计模式与学校课堂品质相融合的实践研究很少,本课题通过实施基于理解的逆向教学设计,总结出有学校特色的课堂教学模式,从而提高学校课堂品质。

3. 从研究方法上说

本课题采用了多种教育行动研究方法,保证研究基于教学实践,而又高于实践,将研究的意识带到教学过程中,更有利于教师发现教学中的问题。

(三) 后续研究展望

2020年10月,中共中央、国务院印发的《深化新时代教育评价改革总体方案》中提到要"探索建立中小学教师教学述评制度,任课教师每学期须对每个学生进行学业述评,述评情况纳入教师考核内容",这是"学业述评"首次正式出现在教育评价的视域里。随后有为数不多的学者、学校管理人员和一线教师对"学业述评"这一概念开展了研究，但现有研究成果尚无法解答"学校该如何引导教师开展学业述评""各学科教师当如何开展学业述评"等现实问题。学业述评是一个内涵丰富的概念，但在实际落地操作中仍十分困难，存在很多问题。

  基于学校开展的本项课题的研究成果，我们发现逆向教学设计视角下的"灵智课堂"建设，能够更适切地组织教学资源与教学活动，更客观地描述学生的学习经历，更科学地反映学生的学习品质，而这些特征能够为开展学业述评提供重要支持。基于逆向教学设计理论的教学，让教师在有限的时间内有依据地、精准地开展学业述评成为可能。因此，未来学校将在本课题已有科研成果的基础上，探索学业述评实施路径，进一步完善学校管理的整体架构。

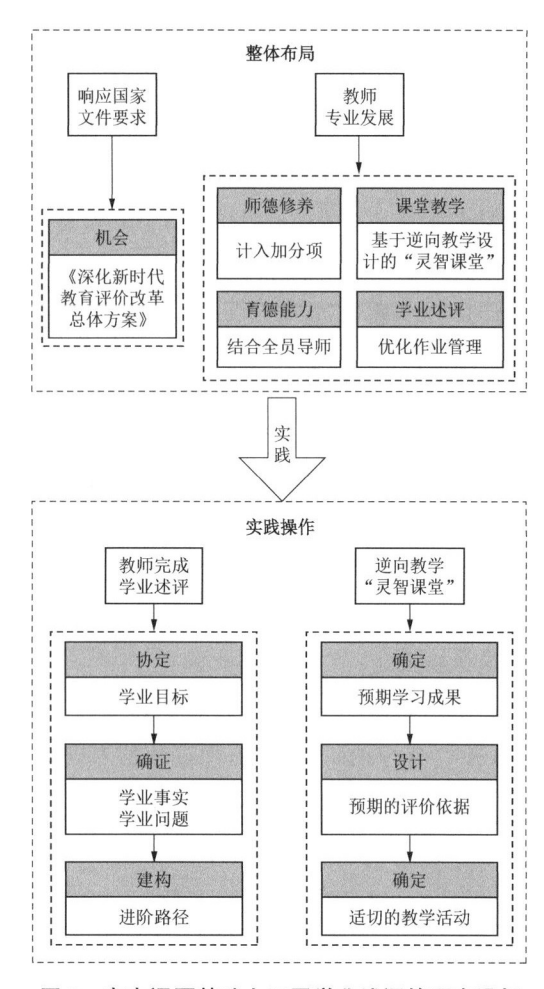

图 3　在本课题基础上开展学业述评的研究设想

后　记

《让学习品质看得见——"灵智课堂"与"灵慧教师"》是马陆小学教育与教学改革探索的成果。

马陆小学"灵智课堂"的目的是促进学生德智体美劳全面而有个性地发展，为达到这个目的，朱英校长以爱岗敬业的教育情怀，领导学校管理团队将国家义务教育课程目标系统地落实在学校课程实施方案中，然后具体落实在校本化的"灵智课堂"之中。在具体的操作层面上，朱英校长以教学前沿理论指导教师们利用可视化学习(Visual Learning)策略进行逆向教学设计，促进学生的主动学习，从而形成"笃学""睿思""善辨""合作"的学习品质，成为具有"灵气、灵巧、灵通"的"三灵"学生。学校则以此为特色，屹立于嘉定优质学校之林。

学校"三灵"培养目标需要以课程为载体，通过课程教学来实现。逆向教学设计是课程教学的组成部分。对于实现学校培养目标而言，逆向教学设计属于方法论的范畴，有利于教师明确教学的具体目标，实现成果导向的教学。逆向教学设计的理论基础是成果导向，其特点是由具体的学习结果引导学生的学习，从学习开始学生就明白学习的结果是什么，所以，与到学习结束才知道学了什么的传统教学方法相比，更能提升教与学的效果，达到提升"灵智课堂"品质的目的。

马陆小学国家课程校本化实施的过程是培养"三灵"学生的过程，使学生随"灵智课堂"增长灵智。在这个过程中，教师在逆向教学设计的引领下，以各种可视化的形式呈现信息，例如思维导图、韦恩图、视频、图表、幻灯片、海报、电影、游戏。可视化学习与"让学习品质看得见"是一种输入与输出的关系，前者是输入，后者是输出，两者形成直接或间接的因果关系。

"让学习品质看得见"，表示课堂不再是"在仪式定义的环境中处理预定的问题"，而是"用美好温润儿童心灵"，让学生尽情展示自己的心灵。这种让学生展示心灵的课程教学改革，使得教师必须创设创造性和探索性的学习情境，以引导学生通过可视化的形式与同学、老师和环境分享交流各种学习信息。由于利用了可视化手段,学生的学习不再脱离现实生活,不再局限于课堂之内,外面精彩的世界与教室有了紧密的联系,学生可以开放地使用各种可用的资源,体验不再局限于课堂,而是超越课堂,从而促进了学习内容在虚拟和现实之间的"输入"和"互动"。

在当今技术驱动的社会中,可视化用于展示视觉效果,学生可以将注意力集中在视觉带来的意义上,使课堂上的语言更加真实和生动,学生可以保持注意力,参与有趣的课堂学习。在课堂上,视觉内容是生活的重要组成部分。越来越多的教师正在引入先进的视觉辅助工具来改善学习,而专业人士开发的在线可视化工具使得远程学习交流更为便捷。

"让学习品质看得见"的教学意义是由心理学的完形理论和物理学的相对论决定的。可视化学习能使学生更轻松地保留和理解信息。从完形理论的视角看,视觉语言比任何其他交流工具都能更好地传播知识。通过视觉交流,学生能够以实物形式表达和传递他们的经验,学习品质也因而能在这个过程中得以清晰呈现。

尽管视觉刺激很重要,但在教育背景下可视化学习自有它的局限性。因此,马陆小学实施的是传统与现代相结合的教学方法,力争让每位学生都有一片属于自己的学习天地。

胡立德
2023 年 10 月 30 日

图书在版编目(CIP)数据

让学习品质看得见：“灵智课堂”与“灵慧教师”/
朱英主编.— 上海：上海社会科学院出版社，2024
 ISBN 978-7-5520-4392-1

Ⅰ.①让… Ⅱ.①朱… Ⅲ.①中小学教育—研究
Ⅳ.①G63

中国国家版本馆 CIP 数据核字(2024)第 094920 号

让学习品质看得见——"灵智课堂"与"灵慧教师"

主　　编：朱　英
责任编辑：包纯睿　陈如江
封面设计：黄婧昉
出版发行：上海社会科学院出版社
　　　　　上海顺昌路 622 号　邮编 200025
　　　　　电话总机 021－63315947　销售热线 021－53063735
　　　　　https://cbs.sass.org.cn　E-mail:sassp@sassp.cn
照　　排：南京理工出版信息技术有限公司
印　　刷：苏州市古得堡数码印刷有限公司
开　　本：710 毫米×1010 毫米　1/16
印　　张：19.75
插　　页：1
字　　数：328 千
版　　次：2024 年 5 月第 1 版　2024 年 5 月第 1 次印刷

ISBN 978-7-5520-4392-1/G·1319　　　　　　　　　　　定价:98.00 元

版权所有　翻印必究